国家社会科学基金青年项目（12CGL118）资助
北京市教育委员会专项（01691854220101）资助

U0600254

城乡接合部规划建设模式与土地利用协调机制研究

Study on the Coordination Mechanism of
Land Use with the Mode of Planning and Construction in
Rural-Urban Continuum

李 强／著

首都经济贸易大学出版社
Capital University of Economics and Business Press
·北 京·

图书在版编目（CIP）数据

城乡接合部规划建设模式与土地利用协调机制研究/李强著. -- 北京：首都经济贸易大学出版社，2018.10

ISBN 978 - 7 - 5638 - 2880 - 7

Ⅰ.①城… Ⅱ.①李… Ⅲ.①城乡建设—研究—中国 Ⅳ.①F299.21

中国版本图书馆 CIP 数据核字（2018）第 233855 号

城乡接合部规划建设模式与土地利用协调机制研究

Chengxiang Jiehebu Guihua Jianshe Moshi Yu Tudi Liyong Xietiao Jizhi Yanjiu

李 强 著

责任编辑	刘 欢　彭 芳
封面设计	风得信·阿东 FondesyDesign
出版发行	首都经济贸易大学出版社
地　　址	北京市朝阳区红庙（邮编 100026）
电　　话	(010) 65976483　65065761　65071505（传真）
网　　址	http：//www.sjmcb.com
E - mail	publish@cueb.edu.cn
经　　销	全国新华书店
照　　排	北京砚祥志远激光照排技术有限公司
印　　刷	人民日报印刷厂
开　　本	710 毫米×1000 毫米　1/16
字　　数	286 千字
印　　张	16.75
版　　次	2018 年 10 月第 1 版　2018 年 10 月第 1 次印刷
书　　号	ISBN 978 - 7 - 5638 - 2880 - 7
定　　价	49.00 元

前　言

　　在城市化快速发展时期，社会经济的高速发展对城镇空间拓展的需求不断增强，城乡接合部作为城市区域的一部分，分担着城市的部分功能，同时拥有相当大的土地容量和发展腹地，是城市发展的重点地区。特别是随着城市建设步伐的加快，城市不断向外扩张，昨日的郊区已变成今日的城区，而今日的郊区也即将变成城区，已成为我国各级城市发展中存在的普遍现象和基本发展趋势。

　　国内外有关城乡接合部的研究多集中在城市化快速发展时期，国际上较关注城市化扩张、区域发展模式、城市发展缓冲带及绿带功能研究等方面；国内研究多认为城乡接合部是基于城乡分治的"二元社会"管理体制而存在的，已成为我国社会转型时期多种矛盾冲突的交汇地，城乡接合部地区目前被视为"问题区域"，涉及农民上楼、环境整治、外来人口管理、集体经济转换以及绿色空间实施等多项问题。现阶段，城乡接合部的研究多集中在区域范围界定、形成特征与发展规律、影响因素与演进的动力机制以及公共设施建设等方面，大致经历了概念界定与界限划分研究、演变机制研究、多视角综合研究和城乡一体化与城乡统筹发展研究 4 个阶段。随着城乡统筹战略的实施，城乡接合部的发展方向、规划建设模式与土地管理制度改革成为保障区域发展的重要支撑，而土地利用政策对保障区域发展和建设具有"推进剂"与"限制瓶颈"的双重效用，有关城乡接合部的规划建设模式及其相配套的土地利用政策研究成为社会各界关注的热点。

　　目前，我国城市化快速发展、经济持续增长，这一社会背景使得城乡接合部处在利益与矛盾交织的地带，保障发展、保护耕地与改善环境协调共赢的需求在城乡接合部区域更为迫切，同时，诸如农民上楼、环境整治、外来人口管理、集体经济转换以及绿色空间实施等问题在城乡接合部区域更为突出。因此，系统研究城乡接合部规划建设模式与土地利用协调机制，对于规范与促进该类区域的规划建设实施、引导区域产业发展具有重要的应用价值；同时，研究优化区域的二元社会管理体制，探寻城乡接合部"问题区域"矛盾冲突的本质与根源，科学有序地实现城市化进程的推进与城市健康发展，规范集体建设用地流转，配置区域公共基础设施，保障民生，维护生态安全及培育景观特色等，在模式选择与政策制定方面也具有较强的应用价值。

城乡接合部规划建设模式与土地利用政策协调机制研究，是从城乡统筹发展的视角构建城乡接合部的发展方向与规划建设模式，是融合区域发展、城乡规划、环境科学与土地管理等学科的综合性应用研究，对于提升土地管理在宏观调控中的有效"抓手"作用，丰富与发展区域发展管理、城市规划与土地管理的研究，促进学科间的融合具有重要的理论意义。

为此，我们重点选择北京、武汉、成都、杭州等城市，调研城乡接合部的现状，从人口、产业、环境、土地、生态、体制、空间七个方面，分析不同类型城市城乡接合部区域的特征与问题；应用博弈论分析揭示城乡接合部土地权利变化过程中各级政府之间、政府与土地管理部门之间以及政府、土地管理部门、开发商与居民之间权力和利益博弈的规律与实质；综合评价城乡接合部已有的规划建设模式与土地利用改革创新机制，从民生保障（农民上楼与就业）、经济发展（产业布局与业态引导）、空间布局（建设用地布局与规模）、设施配置（交通与市政）与环境改善（生态安全格局与景观形态）五个层面优化城乡接合部规划建设模式与实施机制；运用 Logistic 多元回归模型，分析城乡接合部土地利用结构变化与驱动因素之间的关系，优化城乡接合部规划建设实施模式，促进区域城市规划、土地规划的有机结合与有效实施，构建民生保障、经济发展、空间布局、设施配置与环境改善的五大土地利用机制系统，实现管控、优化与促进并举；结合不同区域、不同类型城乡接合部规划建设的现实特征与需求，建立差别化的应对机制，提出适合现阶段我国不同区域、不同类型城乡接合部的规划建设模式框架与相应的土地利用改革思路。

城乡接合部特有的过渡性、动态性、边缘性与二元性，使得城乡接合部规划建设实施与土地利用研究更为复杂、内容异常丰富，本书仅从城乡接合部的现实特征与土地利用核心问题入手，试图优化城乡接合部规划建设模式，构建土地利用机制系统，探究城乡接合部规划建设路径与土地利用问题的解决机制。由于水平所限，本书的一些观点和看法难免有失偏颇，加之时间仓促，书中的不足与疏漏在所难免，真诚期望国内外同人和本书的读者朋友们批评指正，提出宝贵意见！

在项目研究与本书编写过程中，中国人民大学严金明教授、南京大学黄贤金教授、北京师范大学赵烨教授给予了热情指导；首都经济贸易大学城市经济与公共管理学院张国山教授、王德起教授、彭文英教授、张杰教授等结合研究与教学实践给予了大量帮助；中国人民大学张磊副教授、河北经贸大学刘蕾副教授、中国人民大学夏方舟博士以及首都经济贸易大学张惠、杨雪、王子鑫、王弘月、李文睿、孙倩青等研究生参与了项目研究工作，在此一并表示诚挚的感谢！

本书在编写过程中，参考了诸多专家学者的论著与研究成果，查阅了国内外学者大量的文献资料；对引用部分，文中都一一注明，但仍恐有挂万漏一之误，如有遗漏之处，敬请多加包涵。

本书的出版得到了首都经济贸易大学出版社杨玲社长及编辑的大力支持与协助，在此表示诚挚的感谢！

目　录

绪　论

在城市化快速发展时期,社会经济的高速发展对城镇空间拓展的需求不断增强,在 1996 年至 2016 年的 20 年间,我国的城镇化率由 29.37% 快速增长到 57.35%,城乡接合部作为城市区域的一部分,分担着城市的部分功能,同时拥有相当大的土地容量和发展腹地,是城市发展的重点地区。特别是近几年来,随着城市建设步伐的加快,城市不断向外扩张,昨日的郊区已变成今日的城区,而今日的郊区也即将变成城区,已成为我国各级城市发展中普遍存在的现象,而城乡接合部土地利用政策对保障区域发展和建设具有"推进剂"与"限制瓶颈"的双重效用。因此,城乡接合部的规划建设模式与土地利用政策也亟须研究、变革。

1.1 研究背景及意义

1.1.1 快速城市化的现实背景

改革开放 40 多年来我国经济社会高速发展,城市化水平持续快速增长,同时,也面临较为严峻的社会、人口、资源与环境压力,而城乡接合部是城市化快速发展过程中矛盾与问题集中呈现的核心区,也是城市化快速发展引致生态景观快速变化、生产生活方式迅猛变革的区域。

1.1.1.1 城市化是社会经济发展的必然选择

2013 年,中央城镇化工作会议[①]提出:要以人为本,推进以人为核心的城镇化,提高城镇人口素质和居民生活质量;要优化布局,根据资源环境承载能力构建科学合理的城镇化宏观布局,把城市群作为主体形态,促进大中小城市和小城镇合理分工、功能互补、协同发展;要坚持生态文明,着力推进绿色发展、循环发展、低碳发展,尽可能减少对自然的干扰和损害,节约集约利用土地、水、能源等资源。同时,推进城镇化,既要坚持使市场在资源配置中起决定性作用,又要更好发挥政府在创造制度环境、编制发展规划、建设基础设施、提供公共服务、加强社会治理等方面的职能;中央制定大政方针、确定城镇化总体规划和战略布局,地方则从实际出发,贯彻落实总体规划,制定相应规划,创造性开展建设和管理工作。并要求在城镇化过程中提高城镇建设用地利用效

---

① http://politics.people.com.cn/n/2013/1215/c1024-23842026.html.

率与城镇化建设水平，按照严守底线、调整结构、深化改革的思路，严控增量、盘活存量，优化结构，提升效率，切实提高城镇建设用地集约化程度。

2016 年的中央城市工作会议特别指出：城市工作是一个系统工程，要尊重城市发展规律，统筹空间、规模、产业三大结构，统筹规划、建设、管理三大环节；同时，要坚持集约发展，框定总量、限定容量、盘活存量、做优增量、提高质量，立足国情，尊重自然、顺应自然、保护自然，改善城市生态环境，在统筹上下功夫，在重点上求突破，着力提高城市发展持续性、宜居性。贯彻创新、协调、绿色、开放、共享的发展理念，提高城市治理能力，着力解决城市病等突出问题，不断提升城市环境质量和人民生活质量，建设和谐宜居、富有活力、各具特色的现代化城市[①]。

城乡接合部是城市系统的重要部分，也是城市化系统推进的重要区域，该区域的规划建设实施与相配套的土地利用政策对城市化健康发展至关重要。

1.1.1.2 城市化水平持续增长的现实

城市化是指由农业为主的传统乡村社会向以工业和服务业为主的现代城市社会逐渐转变的历史过程。我国城市化发展迅速，尤其是 1996 年以来的 20 年间，全国城市化水平自 29.37% 快速增长至 2016 年的 57.35%，20 年时间增长了 27.98%，年均增长超 1.33%（图 1-1）。快速城市化推动着经济社会的跨越式发展，城市化也为工业发展创造了劳动力资源和消费市场，提供良好的基础设施和原材料；城市化在生活方式、社会秩序、思想观念等方面使城市与农村生活相互融合，引起了社会生产、生活的变革。

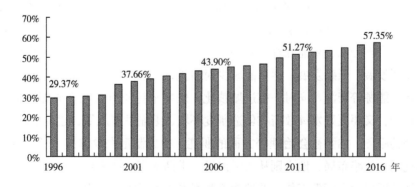

图 1-1 1996—2016 年我国城市化水平增长图示

---

① http://news.xinhuanet.com/politics/2015-12/22/c_1117545528.htm.

城市化的快速发展也使得城市化区域土地利用方式发生着深刻变革，土地利用覆被变化、土地权属调整、土地市场与资产、土地保障与产出等均发生着同步变革，土地利用格局的调整也为城市化提供了空间与资本的支撑，同时也引致规划建设与土地利用间的系列问题，我国大部分城市均存在的共性问题在城乡接合部集中呈现。因此，城乡接合部是城市化优势与问题的汇集区域，在快速城市化的现实情境下，城市在社会经济中的核心地位不断增强，且规模持续扩大，城乡接合部作为城市扩张的前沿与重点区域也在发展演替，其范围、特征、功能等发生着深刻变革。

1.1.1.3　快速城市化对城乡接合部的影响

　　（1）城市化快速发展推动了城乡接合部的产生与变革。与城市相毗邻的乡村地带受中心城市的影响最大，成为城市化过程中最活跃的地带，并且，城市作为一个发展的有机体，其城市化进程的不断加快迫使城市建设寻求新的发展空间，城乡接合部就成了城市扩张的首选区域。在自身发展的要求以及区位、环境等因素的影响下，城市中心区的一些人口和企业开始迁移到空间更为开阔的城市周边地带，这一过程直接影响着城市周围的用地结构和乡村景观。基于此，在城市与乡村的接合部位出现了一个城乡因素相互作用、相互冲突的中间地带，空间上即为城乡接合部。

　　我国城市化进程加速推进、城市化水平持续增长的现实情景，直接导致城市人口的迅速增加与城区范围的向外扩张，使城市中心区承载力不足，尤其是特大城市的中心城区更是集中了过度的人口和城市功能，也使得特大城市面临交通拥堵、人口过度聚集、环境污染加重、资源消耗过度以及空间蔓延等一系列城市问题。同时，城乡接合部是快速城市化影响最为直接的区域，城市扩张占用原城乡接合部土地，城市人口迅速增长致使中心城区疏解人口、外来人口在城乡接合部持续聚集，在给城乡接合部带来发展机遇的同时，也使城乡接合部面临着诸多的现实问题和难以解决的矛盾。

　　（2）城市化快速发展改变了城乡接合部扩展的方式。城市化快速发展导致城市范围的持续扩张，但无限的外延扩张使得城乡接合部也随之发生动态更替（方创琳等，2007），这种扩张方式受到各界的普遍反对。例如，要解决北京市人口规模的迅速扩充与区域化积聚，在城市发展与建设方面就要从过去的"摊大饼式"发展转向组团式发展。城市空间结构转型的实质就是要使城市在高速城市化进程中实现空间的有机疏散以避免严重城市病的产生，必须要有许多新城的超前发展，产生反磁力，吸引大城市人口向新城转移，从而实现城市空间结构转型。同时，北京对新城的功能定位、规模、品质、发展模式和规划实施等都给予了更高的定位和要求，实施"两轴—两带—多中心"的城市空间布局建设，也使城乡接合部的动态外延式更替方式发生了变革。

（3）城市化快速发展使城乡接合部成为社会问题多发区域。城市化快速发展使得城市空间转型速度加快，异质化、多中心化、破碎化成为转型期中国大城市空间演化的重要特征。城市化快速发展首先呈现的是土地利用方式的变革，即土地的城市化，但城乡接合部经济、社会发展滞后，城乡接合部的一些新城往往出现"有城无业"或"睡城"等形式。

在空间和土地使用转变的同时，也伴随着经济、社会、政府和制度的转型，而它们往往和空间的再生产交织在一起。就中国大城市的城乡接合部而言，快速城市化发展已对城乡接合部的居民构成、土地利用、产业转型、管理模式和空间结构等产生重要影响与冲击，导致城乡接合部被视为"问题区域"。

1.1.2 研究意义

我国城市化快速发展、经济高速增长的社会背景，使得城乡接合部处在利益与矛盾交织的地带，保障发展、保护耕地与改善环境协调共赢的需求在城乡接合部更为迫切，同时，诸如农民上楼、环境整治、外来人口管理、集体经济转换以及绿色空间实施等问题在城乡接合部区域更为突出。因此，系统研究城乡接合部规划建设模式（产业发展与规划建设）与土地利用协调机制，对于规范与促进该类区域的规划建设实施、引导区域产业发展具有重要的应用价值；同时，研究对于优化区域的二元社会管理体制，探寻城乡接合部"问题区域"矛盾冲突的本质与根源，科学有序实现城市化进程的推进与城市健康发展、规范集体建设用地流转、配置区域公共基础设施、保障民生、维护生态安全及培育景观特色等模式的选择与政策制定，具有较强的应用价值。

城乡接合部规划建设模式与土地利用政策协调机制研究，是从城乡统筹发展的视角，构建城乡接合部的发展方向与规划建设模式，是融合区域发展、城乡规划、环境科学与土地管理等学科的综合性应用研究，它对于提升土地管理在宏观调控中的有效"抓手"作用，丰富与发展区域发展管理、城市规划与土地管理的研究，促进学科间的融合具有重要的理论意义。

1.2　城乡接合部相关研究进展及趋向

1.2.1　国际上城乡接合部研究进展

国外学者对城乡接合部问题的研究已有近 70 年的历史。从最初边缘区的概念定义，到尝试分析边缘区的形成特征，再进一步从城市所处区域出发，通过经济、空间、功能等多角度分析边缘区的问题。研究普遍认为城乡接合部正成为城市发展中必须面对的综合区域，并逐渐被人们所重视。从研究的历程看，城乡接合部问题的研究多集中在城市化快速发展时期。研究的内容从最初的空间状况认识开始，逐渐深入到讨论城乡接合部发展的规律、影响因素、动力机制、设施建设等。

1.2.1.1　国际上城乡接合部的研究历程及趋向

（1）国际上城乡接合部的研究阶段。国际上城乡接合部研究历程大致分为概念与界限划分研究阶段、演变机制研究阶段、多视角综合研究阶段、城乡一体化与城乡统筹发展研究阶段等 4 个阶段。

1936 年，德国地理学家 Louis 在研究德国柏林城市地域结构时发现，原先的乡村地区逐步被城市建设区占用而成为城市的一部分，该类地区被称为城市边缘带。1942 年，Wahrwein 认为边缘区是明显的工业用地与农业用地的转变地带，并指出边缘区的两个重要特征：一是交通改善引起居住增长，二是边缘区居住方式的改变。同年，Andrews 指出，城市边缘带属于乡村—城市边缘带的一部分，只有乡村—城市边缘带这一概念才能代表城市和乡村过渡地带。1947 年，迪肯森综合考虑历史发展和城市地形等条件的影响，进一步验证了同心圆理论的真实性，将土地利用结构由市中心向外依次划分为中央地带—中间地带—外缘地带。1953 年，麦坎与波恩赖特将边缘区划分为内边缘带、外边缘带、城市阴影区和外围农业区。同时期的奎恩和托马斯将大都市区的结构分解成内城区、城乡接合部和城市腹地三个部分；Wahrwein 首先将城乡接合部定义为城市土地利用与专用于农业地区之间的用地转变区域（张晓军，2005；闫梅等，2013）。

1962 年，Wrssink 分析了边缘区的各种土地利用，认为该区域是各种利用者的随机混合，他称之为"大变异地区"，反映了城乡接合部不舒适、不卫生的状况。Whitehand 在研究城市边缘土地利用的空间模式时，称边缘区是城市新区的拓展区域，可归为都市发展区。1967 年，哈罗德·玛耶（H. Mayor）认为，城乡接合部研究的两个重要领域是土地竞争和开放空间的保存。1975年，Russwurm 在研究城市地区和乡村腹地中，发现城市地区和乡村腹地之间存在一个连续的统一体，并将现代社会的城市区域划分为核心区、城乡接合部、城市影响区和乡村腹地，阐述城乡接合部是城市核心区外围，其土地利用正处于农村转变为城市的阶段，是城市发展指向性因素集中渗透的地带，是一特定的社会空间实体，已发展成为介于城市和乡村间的连续统一体（Russwurm，1975）。

20 世纪 70 年代中后期，以 Carter 和 Wheatley 为代表的学者提出：城乡接合部已发展成为一个独特的区域，其特征既不像城市，也不同于农村，土地利用类型具有综合特点，研究中应以多角度研究边缘区的演替，特别应注重边缘区人口、社会特征的城乡过渡性。英国乡村协会认为，城乡接合部的研究应从城市与城乡接合部、城市土地管理与城市发展、城乡接合部的发展、土地利用关系与冲突以及城乡接合部多种政策间的相互联系等方面开展。

到了 20 世纪 80 年代，国际上城市发展到了一个新的阶段，出现了日趋郊区化的大都市地区，城乡接合部的研究在此基础上进一步发展。Desai 等（1987）提出了相对于城乡接合部的乡村边缘带；穆勒（Muller）运用城市地域的概念，将大都市地区分成衰落的中心城市、市郊区、外郊区和城乡接合部 4 个部分（张建明 等，1997）；还有一些研究提出，城乡接合部是反映错综复杂的城市化过程的特殊镜子，既客观地反映了长期形成的居民迁移规律，又是城乡融合的先锋地区，从社会发展的角度看，该区域是城市的扩展区、乡村城市化的区域，是城市到乡村的过渡地带。

（2）城乡接合部的研究趋向。20 世纪 90 年代以后，布劳德（John O. Browder）等研究提出，城乡接合部在形态和功能方面的多样性，使其成为社会经济的多面体，不能仅用社会经济类型或空间标准来轻易进行分类（张晓军，2005）。随着社会的进一步发展，城乡一体化和城乡统筹的研究进一步发展成为城乡接合部研究的重点。加拿大学者针对城市化、环境改善以及人口迁移的问题，在 1998 年提出了全球城市与全球乡村平衡发展的研究计划

（Afshar，1998）；Friedberger（2000）的研究认为，乡村—城乡接合部已成为美国急剧增长和变化的区域；Hammond（2002）认为，这也是导致来自生产农场的非农居民增加，使得非农居民和农场主或农民在冲突中达成一种和谐，他通过对加利福尼亚农业缓冲经验的研究，提出了城市与农田共存、协调共生的理念。Sullivan 等（2004）在研究中注意到，美国中西部城市在扩张时，多靠转变农用地为居住场所的形式进行发展，这一过程将农户家庭和农场带至冲突的中心，为此，其研究提出了 3 种农业缓冲带（no buffer，basic buffer and extensive buffer）、6 种缓冲类型的设计，以缓解城乡接合部的冲突，通过分析农场主或农民（farmers）、城市居民（residents）和专家学者（academics）的认识，发现各方对基本缓冲（basic buffer）的支持率最高，这也符合人们对环境效益和农业景观的要求，在城乡接合部的研究方式与发展限制方面进行了很好的探索。

近年来，国际期刊对中国城市化扩张与城乡接合部发展模式的研究日渐重视，如在 2003 年，Cheng 和 Masser 以武汉市为例，研究建立了城市扩张模式模型，指出武汉市城市发展进入了新的阶段（Cheng 等，2003）；Sun Sheng Han（2010）则从城市边缘、小城镇发展的角度研究当代中国的城市扩张，指出经济重组、收入增加以及人们需求导致新的土地与建筑需求，催生了较大规模的工厂与农业联合体，也使得规划需要较大的调整；Wu 等（2016）的研究则显示，在快速城市化进程中，有大量的农村土地转变为城市土地，而在这个过程中，土地管理机构扮演了关键角色，其乘数效应达到 0.166，其意义是一个百分点的增加导致城市土地面积增大 0.166%，并且，研究认为，影响城市土地扩展的主要因素是土地管理机构、城市人均可支配收入、第二及第三产业、技术进步和人口密度，其中土地管理机构是影响城市扩张的关键因素，而人口密度和第三产业具有阻尼效应。

1.2.1.2　国际上规划建设模式研究

国际上规划建设模式研究多为政府行为，多是伴随着城市化进程而逐步推进的。英美等发达国家在城市化进程中注重中小城镇建设，协调城乡发展；日韩等国家在工业化和城市化进程中加强对农业与农村扶持，积极推动农村现代化。

美国在加强大都市圈和城市群建设的同时，非常重视中小城市和村镇的发展。随着产业活动及就业活动的郊区化，经济活动和人口持续不断地由城市中心向外围扩散，由大城市向中小城市迁移，郊区人口在总人口中的比例越来越大，制造业和服务业成为地方经济的支柱产业，乡村和城市的生活方式逐步融合，经济上的差别变得越来越不明显，城乡一体化格局逐步形成。

英国是城市化起步最早的国家，在社会发展进程中，为解决城市建设的土地问题，实施了区域规划，其内容主要是促使农业区与城市发展区统一规划布局，达到城乡协调，非常重视郊区新镇建设。1946—1970 年，英国共建立了 33 座新镇。新镇建设是英国在第二次世界大战后最重要的城市政策，其发展经验广泛用于世界城市规划和建设领域；20 世纪 70 年代后，新镇开发已不仅局限在大城市周围地区，而是进一步扩展到整个城乡区域（陈晓华等，2005）。

德国在 20 世纪 60 年代的土地规划中，以城市和临近地区为主，农村地区处于陪衬地位，并未深入研究农村发展问题（刘英杰，2004；李晓俐，2010）。这种不均衡的城乡发展，促使德国政府自 20 世纪 60 年代末开始在全国范围内推行村落更新计划，以挽救日益衰退的乡村。在村镇建设中，提倡"以人为本"的规划建设战略，以《土地整治法》与《建筑法》为法律支持，分层次制定建设规划。

20 世纪 60 年代以后，日本乡村城市化飞速发展，农村地区人口外流情况严重。为此，日本政府制订了农村整备计划，先后出台了《町村合并法》《过疏地区振兴法》等一系列政策法规，目的是以此控制大城市的盲目发展，引导工业的合理分布，促进农村的开发，其目标是在农村实现城市化、工业化和生活现代化（王宝刚，2002）。

韩国在急剧的城市化与工业化过程中，相继实施了地区社会开发事业（1958 年）、示范农村建设事业（1960 年）和新村运动（1970 年）；20 世纪80 年代后，实施了区域整体开发。新村运动是设计实施一系列开发项目，以政府支援、农民自主为基本动力，以项目开发为纽带，带动农民自发地建设家乡；项目实施中，改善生活环境是工作建设的重点，通过项目开发和工程建设增加农民收入，改变乡村面貌。20 世纪 90 年代后，又逐渐转变为通过规划、协调和服务来推动新村运动向深度和广度发展，在扩大非农收入、建设现代化农村、鼓励农业经营、增加信用保障基金、搞活农用耕地交易、健全食品加工制度、建立农业支持机构等方面推出了诸多措施。

1.2.1.3　城乡接合部土地利用与环境改善

土地利用与环境改善是近年来国际上的研究热点，对城乡接合部有借鉴

意义的研究多为城乡接合部土地利用与环境改善研究。Ganta 等学者在 2009
年的研究中，基于伦敦乡村—城市边缘的政策和压力，深入研究了边缘土地
的土地利用变化情况，特别是针对绿带（Green Belt）政策在英国大城市的乡
村—城市边缘形成的"混乱的（Chaotic）"景观进行了详细的研究，提出绿
带的首要功能是控制城市扩张，针对城市强有力的发展形成边缘土地，并对
伦敦大都市绿带的一部分进行了具体的案例研究，利用规划记录、揭示了土
地利用变化向绿带和毗邻建设区发展的长期趋向，并通过研究区域边缘土地
利用模式分析、边缘土地的发展控制、规划设计政策等，总结了研究区域
1947—2009 年的变化情况，对研究区域边缘土地利用未来的不确定性进行了
探讨（Ganta 等，2011）。

可见，城乡接合部土地利用研究，尤其是大都市边缘区绿带建设导致的
土地利用变化机制对区域景观与社会经济发展作用的研究，对我国城乡接合
部规划建设与发展模式的确定有较好的借鉴意义。

1.2.1.4 公共农业政策和区域环境保护计划

欧盟一些国家力图通过一系列政策改善农村环境，促进农业可持续发展；
研究中普遍关注政府在农村环境保护中的作用，并且提倡农民或农场主的积
极参与。英国在 1991 年开始实施欧盟的农业环境政策，在土地利用上进行了
较大的调整，促进了农村环境的改善（Robinson，1991）；德国在 1994 年提出
了农业环境方案，并基于此建立了乡村环境政策（Wilson，1994、1995）；爱
尔兰在 1999 年开始实施农村环境保护计划，为改善农村环境提出了 11 项措
施和 6 项补充政策，并使环境管理和农户生计相关联，随后进行了公共农用
地权利调整，建立了相互合作的环境管理措施（Emerson 等，1999）；荷兰在
1998 年开展了通过土地利用规划寻求农村发展和环境保护的平衡机制研究，
提出了农村发展要服从空间规划、环境规划和水资源管理 3 个规划体系，将
农村区域的自然环境作为规划研究的重点，并对城市化在农村环境中的作用
进行了研究（Vander，1998）。

欧盟一些国家还实施了公共农业政策和环境保护计划（Gorman 等，2001；
Van Rensburg 等，2009），在促进城乡协调发展、形成良好的生态环境、保障
农业可持续发展方面发挥了积极有效的作用，其具体的政策框架和具体措施，
可为区域规划建设以及土地综合整治提供有益的借鉴。

1.2.1.5 城市非正规性发展与社会公平研究

城市化是一些部门在特定时期和特定地点以非正式方式产生的一个复杂

进程，非正式可能被视为城市化正式程序中的一种例外情形，一般认为是非正式部门和区域从正式城市分离或级别低于正式城市（Roy，2005）。也有研究认为，城市非正规性被理解为一种新的生活（Zhao，2016），在许多发展中国家，非正规土地开发是城市贫民住房的主要来源。低房价、低房租以及疏松的城市管理是城市贫民选择非正规居民区居住的主要原因；有代表性的是，这些居民区被看作贫民窟，生活在城市经济的底层、伴随着较低的生活标准的大量贫困人口，还有非正式的劳动力市场（Breman，2003）。此类非正规开发也多位于城乡接合部区域，有相对低廉的成本、靠近城市的便捷度与区位优势。然而，非正式居住社区不是专门适用于贫民的，在第二和第三世界城市，它们也是中产阶层和精英的重要选择；低房价、更自然的乡村生活是这些较高收入者选择非正式居住社区的原因。在北京，为享有高标准的生活和好的环境，许多高收入家庭选择居住在城郊的非正式封闭社区（Zhao，2016）。

可见，作为交易，决策和影响力超越了发生在土地利用规划系统规则和结构外的各种土地利用活动在城乡接合部区域更为突出，农地非正式住房开发不仅是城市居住区的关键问题，也是对国家土地利用规划体制的关键挑战之一，因此，城乡接合部区域规划实施与土地利用协调机制的研究成为城市化发展过程中的关键要素。

1.2.2 国内研究现状及趋势

近40年的改革开放，使得我国社会、经济得到了全面的发展，取得了举世瞩目的辉煌成就。快速的工业化和城市化进程，也使得城乡接合部的发展面临众多新的机遇与挑战。城乡接合部的相关研究在国内发展迅速，并且，随着我国城市化进程的加快，城乡接合部的研究也形成了新的趋势，为该类区域的健康快速发展，乃至整个区域的协调科学发展奠定了坚实的研究基础。

1.2.2.1 国内城乡接合部研究历程

国内对城乡接合部的研究始于20世纪80年代末期，并于90年代中期进入快速发展阶段。顾朝林等（1989）研究认为，城乡接合部作为城乡融合的先锋地区，从社会发展角度看，实质上是"从城市到农村的过渡地带"；崔功豪等（1990）以南京等城市为例，研究了中国城乡接合部空间结构特征及其发展，认为城乡接合部是城市地域结构中的一个重要组成部分，是城市环境向乡村环境转化的过渡地带，是城乡建设中最复杂、最富于变化的地区。地理概念上，城乡接合部是指包围城市而又毗邻城市的环状地带，也就是城市行政界限以内、城区用地周围的田园景观地带以及为城区服务的农副业经济区，是城市的重要组成部分。而城市规划学界所讲的边缘区用地是指：城市规划区的外围—城市发展需要控制的区域—城市周围在政治、经济、文化和国防事业的发展上与市区有密切联系的区域。

顾朝林等（1993）通过对北京、上海、广州、南京等大城市的调查，在探讨中国城乡接合部划分的基础上，对城乡接合部的人口特性、社会特性、经济特性、土地利用特性以及地域空间特性进行了研究，其出版的研究成果《中国大都市边缘区研究》，基本上形成了国内城乡接合部的理论框架（顾朝林，1995）。自此，我国城乡接合部方面的研究进入了快速发展期，对城乡接合部的认识也逐渐趋于统一：城乡接合部是指城市发展到一定阶段所形成的独特地域实体，是核心区的社会、经济功能和影响等因素集中向周边区域的辐射与扩散；它是位于城乡之间，特征、结构和功能实质介于传统城市和乡村之间的地理区域，是城市和乡村的社会、经济、环境等要素相互作用、相互融合、相互转化的特殊地带；其在土地利用上，则表现为由城市向乡村过渡的混合土地利用地带（顾朝林等，2008）。

1.2.2.2 国内城乡接合部的研究层面

（1）城乡接合部空间范围界定。城乡接合部空间范围的界定最初多采用定性判定的方法。路易斯从城市形态学的角度研究了柏林的城市地域结构，将城市新区与旧区分界的土地划作城乡接合部。迪肯斯提出三地带理论，把城市空间划分为中央地带、中间地带和外边缘带。弗里德曼依据对人们日常通勤范围的经验判断，将城市周围大约50千米的区域划分为城乡接合部。洛斯乌姆将城市建成区外10千米左右的环城地带划为城乡接合部。卡特指出城市由于内部压力向四周扩散，其间有静止阶段，这一阶段形成的边界以外是边缘区。勒萨利用消费者新家位置界定城乡接合部，他认为家庭、社区和学校的区位决定了住宅的区位，进而确定了城乡接合部的范围。

国内较早的研究对城乡接合部范围的界定是以郊区作为城乡接合部。崔功豪等（1990）将南京市域分为市区、内缘区和外缘区，内缘区为南京4个郊区，外缘区为江宁、刘合、江浦3个县。涂人猛（1990）认为，武汉城乡接合部包括武汉的 3 个郊区 4 个县，内边缘区包括 3 个郊区，中层边缘区包括武汉的卫星城镇，外边缘区是中边缘区以外的郊县。宋金平等（2000）指出，北京城乡过渡带包括朝阳、丰台、石景山、海淀 4 个区。陈晓军等（2003）提出，北京城乡接合部包括朝阳、海淀、丰台、石景山 4 个区未与建成区相连的乡镇，顺义、昌平、通州、大兴等地的大部分乡镇，怀柔、密云、平谷、房山、门头沟等区县中与近郊区靠近的平原乡镇。

采用指标体系，定量界定城乡接合部空间范围的方法主要是应用区域非农人口与农业人口的比例以及聚集指数进行划分。例如：洛斯乌姆采用非农人口与农业人口的比例对城乡接合部进行了界定，指出该比例小于等于 0.2 的区域为农村，在 0.3 ~ 1.0 的为半农区，在 1.1 ~ 5.0 的为半城区，大于 5.0 的为城市区域；加拿大地理学家科比将城市向外延伸 10 ~ 16 公里的区域划为城乡接合部，并用非农业人口与农业人口之比来确定边缘区的界限；德赛采用聚集指数和郊区化指数的结合指数来划分城乡接合部与乡村边缘区，结合指数大于 50% 属于城乡接合部，小于 50% 为乡村边缘区。

国内研究者对城乡接合部界定方法进行了深化，方法更为具体。顾朝林等（1993）提出：内缘区的划分运用城市核心区划分的方法，外缘区的划分采用城市影响区的判定方法。他运用人口密度指标，以街道作为基本单元，对上海的城乡接合部做了定量分析。陈佑启（1996）构建了 5 类 20 个指标，采用"断裂点"法对北京的城乡接合部进行了界定。李世峰等（2005）提出了大城乡接合部地域特征属性的概念，从人口、用地、经济和社会方面选取指标，利用模糊综合评价法探讨了城乡接合部的划分。林坚等（2007）从非农化建设密度、土地权属特征入手，应用门槛值法、空间叠加法探讨了城乡接合部的识别问题。曹广忠等（2009）借助非线性回归、空间自相关和地理信息系统（GIS）手段，通过寻找服务业、制造业的空间分布特征的突变点，确定了城乡接合部的内外边界。

此外，应用遥感影像与数学模型结合的方法进行城乡接合部界定，使得城乡接合部的界定更为直观和科学。程连生等（1995）应用遥感技术与信息熵原理计算土地利用景观紊乱度熵值，划分了北京城乡接合部。章文波等（1999）将 TM 影像与突变检测方法结合，对城市用地比率进行突变检测，确定了城乡过渡带的内外边界。方晓（1999）采用遥感图像判读，结合土地利用现状和人口密度，划分了上海的城乡接合部。钱紫华（2005）利用遥感图像，采用城市用地比例，依据"断裂点"法划定了西安的城乡接合部的范围。钱建平（2007）应用土地利用信息熵模型，采用突变点检测方法划分了荆州的城乡接合部的边界。张宁等（2010）基于突变理论和"断裂点"法，使用建设用地比率指标划分了北京城乡过渡带。

在我国城市化快速发展的阶段，城市建成区持续扩张的趋势将在一定时期内持续，并且基于形成城镇化的时代背景，解决城乡接合部的规划建设与土地利用机制协调问题是社会各界的关注热点，而城乡接合部范围的界定是开展城乡接合部研究的基础。由于城乡接合部边界的渐变性、动态性、交错性和模糊性等特征，在以往研究中，城乡接合部的空间范围界定没有形成统一的标准。无论以何种方式进行城乡接合部范围界定，都是以一定的研究目标为基础，都有一定的社会认可度和适用条件。

（2）城乡接合部空间扩展模式以及驱动机制研究。城乡接合部空间范围是城乡接合部研究的主要领域，1988—2016 年，以"城乡接合部"和"空间"为主题的研究文献达 502 篇。城乡接合部空间扩张模式以及驱动机制的研究是近年来城乡接合部研究的主要方向，且研究多集中在大都市区；以"城乡接合部（或城市边缘区）"和"空间扩展"为主题，2000—2016 年共有研究文献 267 篇。例如：较早期的研究中，崔功豪等（1990）认为城乡接合部用地形态的空间分布上，工业用地始终位于边缘区扩展的前沿，并带动居住和商业用地的外移；杨山（1998）以江苏的南京、常州、镇江等城市为例，对城乡接合部的基本概念，以及城乡接合部的空间结构特征和动态演变特征进行了归纳。近期的研究中，张宁等（2010）研究了北京城乡接合部空间扩展特征及驱动机制，从扩展总量、扩展类型、扩展方向、扩展区域以及扩展强度等方面，分析了城乡接合部空间扩展的特征与驱动机制，指出边缘区空间扩展受到自然地理条件的限制，同时，经济发展、工业增长、城市基础设施等社会经济因素的影响也较大，城市规划也对边缘区空间扩展具有一定的影响；该分析认为，北京的城乡接合部在扩展总量和扩展强度上均呈加快趋势，且扩展类型多样，并具有明显的方向差异性；作者还将城乡接合部扩展分为两个阶段：第一阶段以内部填充为主，其变化主要发生在区域内部，呈现为用地比率提高、基础设施完善等，扩展方向以向东为主，第二阶段城乡接合部进入快速扩张阶段，城乡接合部以向东、向北扩展为主。

吴铮争等（2008）以北京市大兴区为例，应用 1994 年、2001 年和 2006

年 3 期 TM 遥感影像资料，基于城市扩展强度、城市扩展梯度、城乡接合部空间扩展模式等，研究了城乡接合部的城市化过程与空间扩展行为，认为城市土地面积不断扩张、利用扩展强度不断增强，而农村地区小城镇建设的高速发展使得建设用地面积大幅度增加；并将大兴区分为城市化高速扩展带、城市化快速扩展带和城市化低速扩展带，紧邻中心区的城市化高速扩展带，以集中连片式扩展为主，该模式在边缘区空间扩展中居于主导地位，而城市化快速发展带土地利用以轴向扩展模式为主，对区域城市化进程具有持续影响。吕蕾等（2008）以南京市江宁区为例，将城市用地扩张归纳为剧变型、快变型、缓变型及相对稳定型 4 种类型，认为在推动城乡接合部建设用地扩张的因素中，科技水平是决定因素，经济水平、人口状况的间接影响大于直接影响。倪少春等（2006）以上海市西南地区为例，基于多时段 TM 遥感影像资料，通过计算城市化成熟区中的建成区用地面积密度值，提出了"城市化进程指数"，对城乡接合部土地利用与城市化空间过程进行了研究。

在城市空间扩展模式方面，国内许多学者提出了各具特色的城市空间扩展模式。杨荣南等（1997）提出中国的城市扩展包括集中型同心圆扩张、沿主要对外交通轴线带状扩张、跳跃式组团扩张和低密度连续蔓延等 4 种模式。王宏伟（2004）则根据城市总体规划案例，借鉴发达国家城市增长与空间组织的理论，将中国城市空间扩展概括为多中心网络式、主—次中心组团式和单中心块聚式 3 种典型模式。杨新刚（2006）则以合肥市城乡接合部为例，将城乡接合部的扩展模式分为轴向延展式扩展、片状蔓延式扩展、跳跃膨胀式扩展三种模式。李翅（2007）提出城市空间扩展应基于区域整体视野，采用适度的规模与合理的城市形态，并提出了 3 种城市空间开发模式：控制型界内高密度开发模式、引导型界外混合开发模式和限制型绿带低强度开发模式。顾朝林等（2008）在对中国城市空间增长过程研究中，概括出了中国的城市发展具有从同心圆圈层式扩展形态走向分散组团形态、轴向发展形态乃至最后形成带状增长形态的发展规律。

在城乡接合部空间结构方面，顾朝林等（1995）研究认为，北京的城乡接合部大致形成了内环带、近郊环带和远郊环带三个分异带；涂人猛（1990）认为，可以将城乡接合部划分为内层边缘区、中层边缘区和外层边缘区三个层次，并以武汉市为例，研究了城乡接合部的空间结构，认为内边缘区已经形成多种高层住宅区，有比较完善的服务设施和社区组织系统，已经成为城市连绵区的一部分，中层边缘区内有大型企业、经济开发区等，外层边缘区为郊县地带，以农业为主，保留有大片的农田，并提出了武汉城乡接合部空间扩展的"点—轴—圈"模式。

（3）城乡接合部产业发展研究。城乡接合部资源合理配置与产业发展问题也是城乡接合部研究的重点之一，具体包括城乡接合部农业产业和非农产业的发展。

龙开元等（1999）研究提出，城乡接合部工业必须充分利用边缘区的资源，提高结构层次，加强规划力度，以达到优化城乡接合部工业结构的目的。曹广忠等（2009）研究了北京城乡接合部非农产业的活动特征与形成机制，指出非农产业的发展是城乡接合部形成的重要标志；产业结构的升级促进了边缘区的圈层扩展和空间演进，边缘区的外移过程中，制造业具有稳定的优势，交运仓储、生产资料租赁等传统生产者服务业的优势也随之强化；认为城市规划、城郊高速公路和开发区建设、地价和综合环境的改善是城乡接合部产业空间演变的重要动力。宋金平等（2012）则指出，北京市城乡接合部的产业结构演化趋势为第一产业逐渐下降，第二产业稳步增长，第三产业快速发展，第二产业中轻工业发展最快，第三产业中以商业、饮食服务业及新型第三产业如信息、咨询、房地产等产业的发展为主，此外，还对该区域观光农业的发展模式与方向等进行了较多研究。王晓明等（2010）认为，乡镇产业发展对统筹城乡发展具有重要意义，他们以成都市郫县（今郫都区）安德镇为例，通过实证分析指出，乡镇对其直接面向的农村地区具有强大的吸引力，能够有效地促进农村劳动力转化为产业工人，是城镇化的重要环节；并且，乡镇产业发展能够加速城乡生产要素，尤其是资金和土地要素的市场化进程。

在城乡接合部农业产业发展方面，有研究认为，城乡接合部的农业正向产业化发展，同时又表现出高度集约化的趋势，而经济发达的大城乡接合部具有发展观光农业的独特优势，应通过重点培植观光农业精品、优化布局等多种方式推动城乡接合部观光农业的发展（邓楚雄，2009）。

（4）城乡接合部规划建设研究。城乡接合部规划建设研究主要集中在经济较发达地区的村庄的城镇化发展模式、村镇规划与建设用地节约集约利用研究。

城乡接合部村镇建设用地节约集约利用的研究主要集中在集约利用评价方面。叶健文等（2010）引入空间聚集度指数，构建了城乡接合部村镇建设用地节约集约利用评价指标体系，对北京市房山区各乡镇2006年建设用地的相关数据进行了分析，将房山区各乡镇的建设用地节约集约利用水平分为基本集约、初步集约和粗放利用3个等级。宋吉涛等（2007）基于大都市边缘区乡镇土地集约利用与增长方式的转变构建了土地集约利用评价指标体系，以北京市海淀区北部新区西北旺镇、苏家坨镇、温泉镇和上庄镇4个镇为例，确立了经济协调发展、资源集约利用、社会和谐发展和生态环境友好指标在内的4个二级指标，包括土地集约利用效率、土地利用强度、生态适宜等在内的15个三级指标和66个四级指标，该评价指出，大都市边缘区乡镇经济增长方式的转变与土地集约利用程度具有极强的耦合关系，并认为城乡接合部农村居民点土地集约利用程度较低，且部分城镇建设用地增长速度过快，需要整合各专项规划，促进城乡接合部村镇建设。何芳等（2001）从城市化与土地利用的角度，指出城市土地集约利用是个动态的概念，最佳集约度与城市化水平密切相关：伴随产业结构的调整，以及企业、居民对空间的理性选择，中心城区土地利用出现结构性调整，城市土地集约形式表现为结构型集约；随着城市土地利用空间形态发生城乡融合，土地集约利用表现出更高层次的集约形式即生态型集约。

在城乡接合部村镇规划与城镇化建设模式方面，研究集中在城乡接合部规划建设问题分析、城市周边小城镇建设实践（冯娟，2008），以及有关城乡接合部村镇建设模式（裴丹等，2006）的研究等方面。例如：张毅（1998）分析了广州市城乡接合部规划建设的问题，包括：规划滞后，村镇建设无章可循；违法建设严重，土地资源浪费；用地功能布局混乱，生活设施不配套，环境质量低下等。他提出了一些对策建议，但在城乡接合部村镇建设如何健康持续发展方面，还有待于深入研究。庞永师（2002）以广州市番禺区为例，分析了城市发展过程中周边小城镇发展的有利条件和存在的问题，指出：当前小城镇规划建设要取得好的经济效益、社会效益和环境效益，就要编制科学的城镇规划，并认真执行，而且要将城乡结合在一起统筹考虑。陈新等（2009）以天津市环外新家园居住区选址建设为具体案例，分析了城乡接合部空间扩展规划的实施措施。丁蔓琪等（2009）以杭州杨家牌楼村为例，对城乡接合部农民新村建设的现状、问题及其空间格局进行了实际分析，认为城乡接合部区别于农村腹地，农村建设模式应因地制宜，保持特色。

在城乡接合部规划建设模式方面，李强等（2012）研究指出：在城市化快速发展时期，社会经济的高速发展对城镇空间拓展的需求不断增强，城乡接合部的规划建设模式与土地利用政策也成为亟须面对的问题；并以武汉市城乡接合部为例，在城乡统筹发展战略的指引下，从城乡接合部实现生态框架构建、区域经济发展诉求、城市整体空间优化与农用地资源保护相互协调共赢的土地利用机制等层面开展研究，将武汉市城乡接合部涉及的 12 个区、37 个乡（镇、街、场）分为生态控制型乡镇、引导发展型乡镇和城镇发展型乡镇 3 种类型，在此基础上，以区域产业布局为支撑，构建了"镇区 + 社区 + 园区"的区域规划建设体系。曾赞荣等（2014）研究认为，城乡接合部是城市建设的重点和难点地区，其关键问题是城乡接合部土地利用和开发，而绿化隔离带政策可以作为规划实施中的重要手段；并指出，城乡接合部的规划建设开始从项目平衡向区域平衡转变、由单一土地市场向统一土地市场转变，政府主导的城乡统筹的改造模式将成为城乡接合部规划实施的重要方式。

（5）城乡接合部土地利用规划研究。城乡接合部的土地利用规划研究主要是针对城乡接合部的特殊情况，探索研究该区域适用的土地利用规划模式与方案。城乡接合部土地利用规划有助于缓解该地域内土地利用中的矛盾。靳晓雯等（2008）认为，城乡接合部土地利用规划是控制城市（城镇）规模、协调城乡过渡地区农地转为建设用地的速度和时序的重要指导性控制规划，它着重分类别安排区域内土地的开发用途、方向、时序和强度，但城乡接合部土地利用规划编制中存在人口难以准确预测、基础数据采集难以全面和用地规模难以确定的问题，在规划编制上应加强与城市规划的衔接。为提高城乡接合部土地规划编制的现实性与科学性，王炳君等（2008）从规划理念、规划理论与方法、规划评估机制等方面对城乡接合部土地利用总体规划进行了创新探索。在城乡接合部规划实践中，曾丽群等（2008）以成都市正兴片区为例进行了城乡接合部土地利用规划研究，通过用地布局规划与用地结构调整，营建农村新型社区，引导农民集居，以有效提高城市化率。城乡接合部土地利用规划中的景观谐调问题是关注的主要方面之一。姜广辉等（2005）研究认为，城乡接合部存在景观不谐调问题，应利用边缘区土地利用规划予以缓解，通过视觉形象设计、土地规划分区、土地利用密度和强度调控等，创建城乡接合部的和谐生态空间。

规划实施是多因素共同作用的过程，它们相互非常紧密地结合在一起，在过程中共同起作用，且政府、企业、民众作为规划实施的三大主体，而不同实施主体之间也存在着利益冲突，存在博弈关系。因此，土地利用规划实施是多元主体博弈的体现。土地利用规划实施可总结为：当土地利用总体规划被批准以后，依托一定的组织形式，综合利用各种政策资源，采取行动，将规划决策逐步落实到物质环节，以指导持续的协调发展。

（6）城乡接合部其他研究。有关城乡接合部的其他研究，主要集中在耕地保护、土地制度以及公共管理体系的整合、城乡一体化体制的建立等方面。

城乡接合部耕地资源保护主要是就城市扩张与耕地保护的问题进行研究，寻求破解途径，为实现该区域土地资源的持续利用，从技术、政策以及发展规划等方面进行研究。并且，城乡接合部耕地演变机理和驱动机制是主要研究方向。于伯华等（2008）以北京市顺义区为例，研究城乡接合部耕地面积变化的时空特征及其驱动机制，指出：10 年间（1990—2000 年），顺义区流失耕地的 57% 转为建设用地，43% 转为生态用地，且粮食作物的种植面积减少最为严重，而菜地和果园面积快速增加；并利用主成分分析和逐步回归模型，研究认为工业发展是耕地流失的第一驱动力，人口城市化、房地产开发等加速了耕地流失。赵曦等（2006）利用耕地面积变化的时间序列模型、耕地动态度模型、耕地重心变化模型对城乡接合部耕地的时空演变特征进行了定量分析，并以武汉市黄陂区为例，认为社会经济的快速发展、人口增长、农业结构调整及耕地比较效益是影响耕地演变的主要因素。

城乡接合部土地制度研究主要是针对该区域耕地非农流转的驱动因素以及农地整体流转模式和建设用地流转、入市等问题的试点进行探讨。严金明（2009）研究提出，土地制度改革是统筹城乡发展的关键因素，农地发展权与土地增值收益的分配决定了城乡土地统筹的改革导向；在其后续研究中（严金明等，2011），又以成都统筹城乡综合配套改革试验区为例，进行了基于城乡统筹发展的土地管理制度改革创新模式评析与政策选择研究，认为土地管理制度改革创新打破了城乡二元结构，统筹了城乡协调发展的重点和难点，他同时还就土地制度改革的不同模式进行了评析。

城乡接合部公共管理体系的整合研究是从城市化、城乡一体化的背景出发，进行城乡接合部土地管理制度、户籍管理制度和行政管理制度创新，整合公共管理政策体系，以达到城乡社会经济统筹发展、实现城乡一体化的目标（王开泳等，2007）。

1.2.2.3 国内研究的新趋势

除上述研究层面的不断深化加强外，随着我国城市化的快速发展以及国家政策制度方面的调整，城乡接合部相关研究还呈现新的研究趋向，特别是统筹城乡发展战略与资源节约型和环境友好型社会建设（两型社会建设）综合配套改革的实施，都为城乡接合部的研究在推进城乡一体化方面发挥了政策支撑作用（张衍毓等，2010；赵烨等，2006）。在统筹城乡发展中有两个大的核心要素：一是人，二是地。人，主要是户籍制度的改革；地，主要是土地制度的改革，尤其是土地管理制度改革的问题。因此，城乡接合部土地制度改革，特别是农村集体建设用地产权的流转和征地制度改革、耕地保护补偿机制与农村土地综合整治成为该类区域新的研究方向。

另外，城乡接合部农田非正常开发现象普遍，这是当地乡村集体在向市场经济转变背景下对社会经济不平等的自发回应，主要涉及与土地利用相关的分配不平等、程序不平等和关系不平等，这就迫切要求建立一个更加关注社会融合而不是聚焦在集中控制的土地利用规划（城乡规划）体系（Zhao，2016）。在影响城市土地扩张的驱动因素研究方面，一些研究通过使用 GIS 技术和内源增长模型，对城市土地集约与持续利用的影响进行了量化，调查了城市扩张的内源性因素；并基于包头市的实证研究，认为土地管理机构扮演了关键角色，其乘数效应达到 0.166（其意义是一个百分点的增加导致城市土地面积增大 0.166%）。该研究结果显示：①影响城市土地扩展的主要因素是土地管理机构、城市人均可支配收入，第二、三产业，技术进步和人口密度；②土地管理机构是影响城市扩张的关键因素；③技术进步与第二、三产业结合对城市扩展具有积极影响；④人口密度和第三产业具有阻尼效应（Wu 等，2016）。

随着城市发展和农村居住生活条件、生产方式的变革，城乡接合部建设用地结构布局与规划建设实施成为该类区域亟须解决的问题，这事关区域农（居）民的生产、生活与保障问题，应慎重选择与实施。因此，城乡接合部规划建设模式的研究是该领域研究的难点，也是必须面对的发展趋势之一。另外，城乡接合部产业结构调整与农业发展模式的选择是随着城乡统筹战略的实施需要逐步推进的，也事关城乡统筹发展的成效；因地制宜，研究不同区域城乡接合部产业结构的转变方式以及规划建设模式、规划实施体系等，是支撑区域发展的基础。

1.3 研究目标与内容架构

1.3.1 研究目标

　　城乡接合部特有的过渡性、动态性、边缘性与二元性特征，使得城乡接合部规划建设实施与土地利用研究更为复杂、内容异常丰富，本研究仅从城市城乡接合部的现实特征与土地利用核心问题入手，以优化城乡接合部规划建设模式，构建土地利用机制系统，探究城乡接合部规划建设路径与土地利用问题的解决机制为研究目标，具体可分为以下3个方面。

　　（1）基于实地调研与问卷调查，分析不同城市城乡接合部的发展阶段，从人口、产业、环境、土地、生态、体制与空间等7个方面揭示城乡接合部区域的特征与问题。

　　（2）分析城乡接合部的空间布局演变、设施配置形态及景观生态格局，构建规划建设模式框架，并基于民生保障、经济发展、空间布局、设施配置与环境改善5个层面，分别研究其具体的规划建设模式与实施机制。

　　（3）以管控、优化、促进并举为目标，从利用政策、流转机制、产权制度与市场调节等方面构建差别化的土地利用应对机制。

1.3.2 研究内容框架

　　（1）城乡接合部现状调研与特征分析。针对我国目前城乡分治的"二元社会"管理体制与城乡接合部特征的区域差异，研究选择北京、武汉、成都、杭州等城市调研城乡接合部现状，提出不同类型城市城乡接合部范围的界定标准，从人口、产业、环境、土地、生态、体制、空间7个方面分析不同类型城市城乡接合部区域的特征与问题。

　　（2）城乡接合部已有的规划建设模式、土地利用改革模式评价。分析判断当前城乡接合部经济社会发展和土地利用所处的发展阶段；系统总结国内外不同时期城乡接合部的规划建设模式、产业发展策略，借鉴国际上城乡接合部土地利用、环境改善的成功案例与欧盟的公共农业政策与环境保护计划以及国内城乡统筹综合配套改革的土地利用制度创新经验，综合评价城乡接合部的开发带动实施模式、政策支持实施模式、资金支持实施模式的绩效，分析其积极效应、存在问题并提出改进建议；针对城乡接合部试点推行的城乡用地"一张图"模式、集体建设用地使用权流转模式、城乡建设用地增减挂钩模式、土地综合整治模式、宅基地承包地双放弃/退出模式、生态搬迁模式和耕地保护基金创设模式等 7 种模式，从尊重农民意愿、保护农地、节约集约用地、健康城镇化、可持续发展、符合法理精神和以人为本等 7 个方面进行绩效评价。

（3）城乡接合部规划建设模式框架与实施层面构建。构建城乡接合部规划建设模式框架，通过进一步优化土地储备模式、企业—乡村合作模式、乡村自主改造模式和整建制转居模式，提出适合现阶段我国不同区域、不同类型城乡接合部的规划建设模式框架与相应的土地利用改革思路。在城乡接合部规划建设实施层面，针对城乡接合部亟须面对的问题，从民生保障（农民上楼与就业）、经济发展（产业布局与业态引导）、空间布局（建设用地布局与规模）、设施配置（交通与市政）与环境改善（生态安全格局与景观形态）5 个层面研究城乡接合部规划建设具体模式与实施机制。

（4）武汉市城乡接合部规划建设模式实证研究。城乡接合部规划建设模式是指导与规范区域内规划建设的基本思路与发展准则，在城乡接合部的现实情境与发展困境分析、其他城乡接合部已有规划建设模式与土地利用机制创新总结的基础上，进行武汉市城乡接合部的实证研究。实证研究从武汉市城乡接合部规划建设模式构建基础，到产业发展与规划建设的协同模式两部分构建武汉市城乡接合部规划建设模式与体系。

（5）城乡接合部规划实施驱动要素分析。基于博弈论及动力机制的研究，在城乡接合部区域现状调研与问卷调查的基础上，构建 Logistic 回归模型，以现有的城乡接合部规划实施模式为因变量，构建个人特征变量、规划实施现状特征变量、规划实施意愿特征变量，以此三大类的实施要素为自变量，系统分析城乡接合部规划实施模式的驱动因素。

（6）保障城乡接合部规划建设实施的土地利用机制构建。研究保障规划建设模式实施需要配套的土地利用政策，构建民生保障、经济发展、空间布局、设施配置与环境改善的五大土地利用机制系统，实现管控、优化与促进并举，结合不同区域、不同类型城乡接合部规划建设的现实特征与需求，建立差别化的应对机制。

（7）协调城乡接合部规划建设与土地利用机制的对策研究。分析城乡接合部规划建设模式与土地利用政策的耦合效应，通过控规模、优布局、多功能、促形态、调标准等规划建设对策，协调土地利用政策机制，构建实现生活、生产、生态共赢的城乡一体化发展策略，以促进城乡接合部社会经济快速转型、规划建设持续健康发展。

1.4 研究方法与技术路线

1.4.1 研究方法

（1）系统分析法。在研究区域上将城乡接合部与城市作为一个系统，研究内容上综合规划建设与土地利用协同开展研究。

（2）博弈论研究法。运用博弈论分析揭示城乡接合部土地权利变更过程中各级政府之间、政府与土地管理部门之间，以及政府、土地管理部门、开发商与居民之间的多主体的博弈规律与实质。

（3）模型分析法。运用驱动力多元回归模型（Logistics）分析城乡接合部土地利用结构变化与驱动因素之间的关系，构建土地资源在不同部门配置的最优决策模型，促进区域城市规划、土地规划的有机结合与有效实施。

（4）实证研究法。选择北京、武汉、成都、杭州等城市进行城乡接合部实地调研，问卷调查区域内的各类样本，结合具体案例，研究城乡接合部的规划建设模式，提出与土地利用政策协调的机制。

（5）空间分析法。基于 GIS 空间分析技术与实地调查手段，采集城乡接合部的空间数据和属性数据，以 GIS 为平台进行分析评价，分析城乡接合部的空间布局演变、设施配置形态及景观生态格局。

1.4.2 技术路线

依照"现状调研与阶段研判→经验借鉴与评价→规划建设模式构建→土地利用机制保障→协调策略研究"的总体思路开展研究，具体逻辑框架见图 1-2。

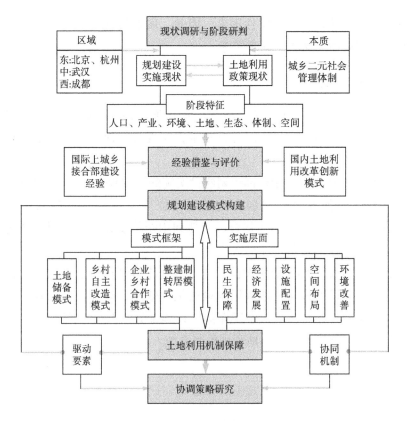

图 1-2 城乡接合部规划建设与土地利用协调机制研究技术路线

1.5 研究观点与创新之处

1.5.1 研究观点

（1）城乡接合部是二元社会经济体制冲突与协调并存、利益与问题共享的特殊区域，城乡接合部的规划建设需要将城乡接合部与城市作为一个系统来统筹考虑。

（2）城乡接合部规划建设模式应从民生保障、经济发展、空间布局、设施配置与环境改善 5 个方面统筹规划，需要人口、土地制度改革、规划建设模式调整、产业发展促进方面等共同推动。

（3）土地利用问题是城乡接合部最为突出的问题之一，土地利用政策是关系到城乡接合部发展的决定性因素，因此，城乡接合部的规划建设模式与土地利用机制要协同考虑、同步实施。

1.5.2　创新之处

（1）将城乡接合部与城市作为一个系统进行整体研究，基于公众视角，应用驱动力多元回归模型与空间分析技术，实现规划建设模式与土地利用机制协同研究。

（2）基于公众对城乡接合部规划建设实施的认知程度，从个人特征变量、规划实施现状特征变量及规划实施意愿特征变量的调查分析入手，运用 Logistic 多元回归模型分析城乡接合部土地利用结构变化与驱动因素之间的关系，优化城乡接合部规划建设实施模式。

（3）在城乡接合部规划建设模式与土地利用机制构建的基础上，利用城乡接合部规划建设模式与土地利用政策的耦合效应，充分发挥二者的协同机制，从民生保障、经济发展、空间布局、设施配置与环境改善 5 个层面构建保障城乡接合部健康发展的土地利用机制系统。

2

城乡接合部的基本认知与研究缘起

随着城市化的快速发展，城市不断向外扩张，昨日的郊区已变成今日的城区，而今日的郊区也即将变成城区，城乡接合部正处在这快速发展变动之中。城乡接合部的内涵与特征、空间范围与形成机制等也存在动态演进性、认知递进性和系统复杂性等特性；与此同时，城乡接合部呈现出农居生活交叉、城乡地域交叉、街乡行政交叉的共融共生特性，城乡接合部的土地利用问题、生态环境问题、公共基础设施缺乏及社会经济发展滞后等现象并存。系统分析城乡接合部现有的规划建设情景，探究城乡接合部规划建设与土地利用的博弈关系，是城乡接合部规划建设与土地利用协调机制研究的基础；另外，探究城乡接合部的功能体系，明确规划建设模式与土地利用的协同关系，是区域发展的客观需要，也是城乡接合部科学有序发展的基本诉求。

2.1 城乡接合部的内涵与基本特征

2.1.1 城乡接合部的一般认知

城乡接合部是介于城市和农村之间，在土地利用、社会和人口特征等方面的要素特征发生融合渐变的区域。随着我国经济社会的快速发展，特别是城市化进程的加速，城乡接合部的发展成为各界关注的热点与问题较为集中的区域。为有效分析城乡接合部的问题与特征，深入开展具体研究，有必要对城乡接合部在空间范围、形成机制、土地利用以及城市扩张与规划建设等方面的基本认知进行综述。

2.1.1.1 城乡接合部的空间范围

城乡接合部空间范围的界定具有一定的复杂性，而关于城乡接合部空间范围界定的依据和方法也多种多样。最早是根据定性的经验判断来界定城乡接合部范围，例如：德国地理学家路易斯（H. Louis）从城市形态学的角度研究了柏林的城市地域结构，将城市新区与旧区分界的土地划作城乡接合部；迪肯斯（R. E. Dikinson）提出的三地带理论把城市空间划分为中央地带、中间地带和外边缘带。此外，还有研究者以行政边界、城市道路、土地利用方式、人口密度、建筑密度等为依据，进行城乡接合部空间范围的界定与划分（宋金平等，2012）。在界定的方法上，按照不同的指标体系构建数学模型、利用遥感影像进行指标提取，结合数学模型进行城乡接合部边界的划定（王海鹰等，2010；许新国等，2009）。因此，城乡接合部的空间范围界定没有统一的标准。无论以何种方式进行城乡接合部范围界定，都是以一定的研究目标为基础，都有一定的社会认可度和适用条件。

城市规划管理部门和大量研究都认为，城乡接合部的空间范围一般难于精确界定，大多数现代城市的城乡边界没有明显的景观界限，且难于识别，城乡接合部边界的渐变性、动态性、交错性和模糊性是其典型特征。

2.1.1.2 城乡接合部的形成机制

（1）城乡接合部的产生与存在。城乡接合部的产生是在特定经济和社会条件下，城市和乡村两种异质空间共同作用的结果，其产生随着城市的发展而出现，城市本身的发展演变又引致城乡接合部的演替。

城乡接合部作为一种现象是普遍存在的，在城市边缘总有一个带状区域处于从乡村向城市的转化过程中，无论是发达国家还是发展中国家，是大城市还是中小城市，无论是城市化初期还是城市化中后期，这都是普遍存在的现象，世界上再发达的大城市都有经济欠发达的城乡接合部，且难以消灭。

（2）城乡接合部形成的动力机制。城乡接合部的形成主要体现在生产力的区域差异、科学技术进步的实践响应、城市规划的空间调控以及土地利用的利益驱动。

生产力的发展是城乡接合部形成的动力机制之一。生产力的发展体现在数量的增加（劳动者、劳动资料和劳动对象数量的增加），质量的提高（劳动者知识的丰富、智力的提高、素质的改善和能力的增强，劳动工具先进性、经济性的提高），结构的改善（生产力诸要素在地域空间分布上的调整和优化），以及流动性的增强（生产力要素在城乡间更大范围和更高层次上的合理流动）。此外，在地域上，生产力发展包括城市生产力发展和乡村生产力发展，城乡生产力的不同发展方向使得城市要素和乡村要素在城乡接合部集聚、交叉、渗透和融合。

科学技术进步是城乡接合部演变的强化驱动机制（戚本超等，2007）。生产力发展是城乡接合部形成演变的动力机制，而科学技术是第一生产力，并且，科学技术对各生产要素功能具有倍增效果，呈现为生产力乘数原理。因此，科学技术进步具有推动城乡接合部演变的倍增效果。从改革开放以来我国城乡接合部形成演变的发展历程来看，科技进步对它的作用机制主要是通过交通设备发展、建筑技术进步以及产业结构升级等层面的科技进步与革新，促进各生产要素在城乡地域空间上的流动与配置，使得城乡接合部的演替与发展进一步加速。

城市规划的空间调控对城乡接合部形成、发展与演变同时具有重要的推动与限制作用。城市空间发展模式在不断地发展演变，霍华德的"田园城市"、盖迪斯的"有机区域规划"、佩里的"邻里小区"等理论与探索的不断出现，使城市建设与发展在不断地自我修正与调整，不同时期编制实施的城市总体规划、土地利用总体规划都对中心城区范围有明确的界定，在限定中心城区发展的同时也驱动了城乡接合部的形成与演变。

区位差异导致土地利用成本与收益不同是城乡接合部形成、发展的利益驱动。利益驱动效应的影响使得位于城市中心城区的大量企业外迁，占地大、效益低的企业通过土地置换，获得新的产业发展空间，同时降低了企业生产成本，而新建企业也多落户于城乡接合部。另外，各地的开发区、产业园区也均是在土地利用效益驱动的作用下在城乡接合部设立的；而大型居住社区在城乡接合部的快速发展也是城乡接合部形成发展的重要因素。城乡接合部的形成发展引导着城市的扩展与城乡接合部的演进。

（3）城乡接合部形成的传导机制。交通条件是城乡接合部形成与要素流动的通道（李世峰，2005）。交通条件的改进和完善，使得城乡间的交通通达性提高，有利于生产力要素在地域空间上的集聚与扩散，城市轨道交通的兴建与延伸带动了大型居住社区、产业园区的郊区化发展。而通信技术是城乡接合部形成演变的信息传播基础，在人类社会经济活动中，信息流驱动着人流、物流和资金流的有序流动。通信技术的发展进步，使得信息的快速传递和共享引导着人口、产业、商业等城乡的要素集聚与扩散，对城乡接合部形成的关键要素具有传导作用。

（4）城乡接合部形成的促进机制。产业结构升级是城乡接合部形成的有效促进机制。产业结构升级也是产业结构不断演变的过程，随着经济社会的发展和国民收入水平的提高，就业人口有逐渐由第一产业向第二产业转移，再向第三产业转移的发展趋向。产业结构升级的发展变化过程即城市化进程推进的历程，产业结构的升级，必将导致产业空间载体的变换。城市和乡村是承载不同类型产业的空间载体，分别承担着城市和乡村产业的空间实现；随着产业间结构变化，城市与乡村所担负的承载空间也发生变化，产业发展所需的资本结构、投资结构、劳动力结构、技术结构以及资源禀赋、自然条件等，也在城市和乡村的演替中进一步优化调整。因此，产业结构升级推进着城乡接合部的发展演变。

（5）城乡接合部形成的保障与助推机制。制度与政策是城乡接合部形成的保障和助推机制。在我国，城乡接合部形成过程中，人口政策、土地利用制度、市镇建制政策和乡镇企业政策等对城乡接合部形成与演变具有保障与助推的双重效用。

人口政策是保障与助推城乡接合部形成发展的要素之一。中华人民共和国成立初期，城乡高度分割，严格限制人口流动，城乡界限分明，逐步形成了城乡二元化结构。改革开放以来，农业人口向城市转移的户口迁移制度得到了逐步调整，为城乡要素特别是农村剩余劳动力向城乡接合部的集聚提供了制度保障和政策依据，一方面促进了城市第二、三产业的发展，另一方面，也为城市与乡村的文化、信息交融建立了基础。

土地利用制度是城乡接合部形成与发展的保障机制。城乡土地制度在所有权、利用方式、流转机制等方面存在显著差异，并且城市土地价格在城市中心与乡村之间呈显著的梯度变化。土地利用效益的差异，使得大量位于城市中心区域的工业、仓库和住宅纷纷外迁，其原有用地被收益率更高的商业、贸易、金融等第三产业所取代，导致城市用地结构的变化。而城乡接合部相对较为充足的土地资源和较低的土地价格以及较好的通勤条件与区位优势，成为房地产开发商和城市迁出产业寻求新发展空间的首选区域，这使得城市持续扩张，城乡接合部进一步演变。

2.1.1.3　城市扩张与城乡接合部规划建设

城市扩张是我国城市化发展的直观现象和显著特征，快速的城市扩张对城乡接合部的最直接影响体现为"昨日的郊区已变成今日的城区，而今日的郊区也即将变成城区"。相关研究统计显示，我国城市的建成区面积从1990年的1.22万平方千米增长到2000年的2.18万平方千米，增长了78.69%，再到2010年，全国城市建成区面积达到4.05万平方千米，与1990年相比，增长了231.97%；与此相反的是，自2000年开始，全国城市建成区的使用效率开始下降（王雷等，2012）。城市扩张使原位于城乡接合部范围内的村镇纳入城区范围，因而，城乡接合部内村镇建设是与城市扩张同步实施的，并且伴随着城市发展与城乡接合部范围的演替。

随着我国农村发展进入传统农业向现代农业快速转变的重要机遇期，国内一些地区实施的城乡接合部农村社区化建设使得农村的城市化进程迅速加快，也带来了诸如农民"被上楼"等社会问题，因此，城市扩张与城乡接合部村镇建设是目前城乡接合部引致矛盾和问题的主要方面，也是社会管理与研究关注的重点。

2.1.1.4　城乡接合部耕地保护与高效利用

城乡接合部处于城市建成区与乡村地域之间，受城市辐射的影响深刻。城乡接合部土地开发与耕地保护间的矛盾日益突出：在1990—2010年的20年间，我国城市空间扩张使建成区面积增加了2.83万平方千米，其中，占用耕地进行城市建设的有1.7万平方千米，占城市建成区扩张面积的60.07%（王雷等，2012）；可见，城市扩张面积中大部分为占用的城乡接合部耕地，由城市扩张引致的建设用地需求与城乡接合部耕地保护之间的矛盾突出。

城市化快速发展对建设用地的大量需求以及农业用地与建设用地收益的巨大差距，是导致城市化过程中农业用地向建设用地转化的根本动力。城市扩张占用耕地资源引致的粮食安全、土地生态服务功能及美学价值的损失，已引起广泛关注。此外，城乡接合部耕地高效利用是城市化快速扩张趋势下保护耕地与改善区域环境状况的举措之一，都市农业、设施农业以及休闲农业在城乡接合部的发展是协调城市建设占用与耕地保护、生态功能平衡的发展趋向，也是城乡接合部产业发展的主要路径。

2.1.1.5　城乡接合部土地利用制度

我国土地制度的基本国情决定了城乡接合部"二元"土地利用制度的存在。随着城市扩张，在城乡接合部发展过程中征用集体土地进行城市开发，形成了土地国家所有与集体所有交叉并存的所有制分布形态；并且，在土地利用方式上，城乡接合部集体所有的产业用地、居民宅基地、农用地，以及国家所有的工业园区、居住区、公共设施用地等利用方式多样，形成了城乡接合部土地权属混杂、开发活跃、违建较多的土地利用形势。

在城乡接合部土地利用制度探索中，国家试点实施的城乡建设用地增减挂钩、集体建设用地流转、农业用地利用制度改革等制度，是改善城乡接合部发展问题的主要土地利用机制保障。城乡接合部的城市扩张、村镇建设、产业发展、耕地保护等与土地利用制度密切相关，土地利用制度改革与配套研究是优化城乡接合部发展的主要制度保障。

2.1.2　城乡接合部的内涵与特征

城乡接合部的内涵是研究分析城乡接合部问题的基础。明确城乡接合部的内涵，是科学合理分析城乡接合部的基本特征、城乡接合部的发展困境以及城乡接合部的空间演进等的先导条件。基于此，本研究从城乡接合部的概念比较、内涵剖析两个方面进行阐述。

2.1.2.1 城乡接合部的概念比较

城乡接合部最初起源于西方国家郊区化带来的土地利用问题和社会问题。郊区化是城市在经历了中心区绝对集中、相对集中后的一种离心分散阶段，表现为人口、工业、商业等先后从城市中心区向郊区外迁。在该区域范围内，城市用地不断扩张，占用外围的农用地、改造原有的建设用地，城市景观逐步替代乡村景观；实施着乡村向城市的转变，位于转变过程中的区域即为城乡接合部。城乡接合部位于"城"与"乡"两种系统之间，是城市化最敏感且变化最大、最迅速的地区。

关于城乡接合部的概念，1936 年，德国地理学家赫伯特·路易斯（H. Louis）首次提出城市边缘带的概念，开创了城乡接合部相关研究（张建明等，1997）。随后的研究中，不同时代、不同学科的学者都对城乡接合部开展了大量研究，但由于研究目的的差异、研究视角的不同，导致了城乡接合部的称谓和概念不同。

国际上，自路易斯开始，威尔文（Wahrwein）、安德鲁斯（Andrews）、麦坎（M. C. Mckam）与波恩赖特（R. G. Burmgnt）等诸多学者对城乡接合部的概念均有不同见解（于伟等，2011）。在文献查阅的基础上，将国际上关于城乡接合部的概念总结如表 2–1 所示。

表 2–1　国际上城乡接合部相关概念比较

提出时间	研究者	称谓及概念
1936 年	赫伯特·路易斯 （H. Louis）	城市边缘带：原先的乡村地区逐步被城市建设区占用而成为城市的一部分，把这一与城市土地利用类型不同的地区称为城市边缘带
1942 年	威尔文 （Wahrwein）	城市边缘区：城市土地利用与农业地区之间的用地转变区域
1942 年	安德鲁斯（Andrews）	乡村—城市边缘带：土地利用、人口与社会特征的过渡地带
1947 年	迪肯森 （D. Kinson）	中央地带—中间地带—外缘地带：将土地利用结构由市中心向外依次划分为中央地带—中间地带—外缘地带

续表

提出时间	研究者	称谓及概念
1953 年	麦坎（M. C. Mckam）与波恩赖特（R. G. Burmgnt）	扩展边缘带：边缘区划分为内边缘带、外边缘带、城市阴影区和外围农业区
20 世纪 50 年代	奎恩（Queen）和托马斯（Thomas）	城市边缘区：核心城市以外与城市有密切关系的地域，大都市区的结构分解成内城区、城乡接合部和城市腹地三个部分
1962 年	威锡克（Wrssink）	大变异地区：认为该类区域是各种利用者随机混合，反映了城乡接合部不舒适、不卫生的状况
1965 年	威迪汉德（Whitehand）	都市发展区：城市新区的拓展区域
1968 年	普利尔（R. G. Pryor）	乡村—城市边缘带：一种土地利用、社会和人口的过渡地带，位于中心城连续建成区与外围几乎没有城市居民住宅及非农土地利用的纯农业腹地之间，兼有城市和乡村的特征，人口密度低于中心城区，但高于周围农业地区
20 世纪 60 年代	科曾（M. R. G. Conzen）	城市边缘带：城市边缘带不仅是一种解释城市景观变化的方法，而且是一种将复杂的城市发展过程有序化的手段。认为城市边缘带是城市地域扩展的前沿，但这种扩展并非稳步推进，而是呈加速期、静止期、减速期这三种状态周期性变化的，并划分出了内缘带、中缘带和外缘带三个组成部分
1975 年	罗斯乌姆（Russwurm）	城乡接合部：城市核心区外围，其土地利用正处于农村转变为城市的阶段，是城市发展指向性因素集中渗透的地带，也是郊区城市化和乡村城市化地区，是一种特定的社会空间实体，已发展成为介于城市和乡村之间的连续统一体，将城市区域划分为核心区、城乡接合部、城市影响区和乡村腹地
20 世纪 70 年代	卡特（H. Carter）和威特雷（S. Wheatley）	城乡接合部：该区域为一个独特的区域，其特征既不像城市，也不同于农村，土地利用类型具有综合特点，研究中应以多角度研究边缘区的演替，特别应注重边缘区人口、社会特征的城乡过渡性

国内城乡接合部的研究始于 20 世纪 80 年代。由于城市化水平与发展程

度的差异，这类研究相比国外起步较晚，但发展较快，学者们相继提出了城乡接合部、城市边缘区、城乡交错带、城市边缘带、城乡过渡带等不同称谓和相关概念。国内有关城乡接合部的具有较大影响力的概念界定见表2-2。

表2-2 国内城乡接合部相关概念界定

提出时间	提出者	称谓及概念
20世纪80年代中期	城市规划和土地管理界	城乡接合部或城乡连续体：从小村庄到城市的聚落连续体，是近期城市发展的地段，且为城市居民与农业人口的混居地段
1989年	顾朝林，熊江波	城市边缘区：作为城乡融合的先锋地区，从社会发展角度看，实质上是"从城市到农村的过渡地带"
1990年	崔功豪，武进	城市边缘区：城市地域结构的一个重要组成部分，是城市环境向乡村环境转化的过渡地带，是城乡建设中最复杂、最富变化的地区
1990年	姜维镔，管凤久	城乡接合部：城市外围，城市与郊区相连接，城市建成区与农田区域犬牙交错的地段。
1993年	王万茂	城乡接合部：城市向农村的过渡地带
1993年	顾朝林	城市边缘区：认为城市边缘区的内边界应以城市建成区基本行政区单位（街道）为界，外边界以城市物质要素（如工业、居住、交通、绿地等）扩散范围为限，将这一城乡互相包含、互有飞地和犬牙交错的地域划为城乡接合部
1995年	陈佑启	城乡交错带：一个动态的、由社会、经济、文化等多种因素综合作用所形成的地域实体，指城市建成区与广大乡村地区相连部位，城乡要素逐渐过渡、彼此相互渗透、相互作用，各种边缘效应明显的中间地带。城乡交错带可大致划分为城乡接合部和乡村边缘区两类区域
1997年	吴良镛	城乡交接地带：该区域的特点就是过渡性，城市是不断发展的，今天的交接带可能成为明天的城区，今天的乡村可能成为明天的交接带，不断地向外推移

综合国内外研究中对城乡接合部的概念界定，无论是城乡接合部、城市边缘区、城乡交错带还是城市边缘带、城乡过渡带等，都是指市与农村之间的过渡地带；对该类区域，没有统一的命名，基于不同的研究目的与背景，

形成了不同的称谓。本书对研究区域采用城乡接合部的称谓，所称的城乡接合部，是指介于城市和农村之间，在土地利用、社会、经济和人口特征等方面的要素特征发生融合渐变的区域。

2.1.2.2 城乡接合部的内涵剖析

基于城乡接合部的概念比较，结合我国目前城市化快速推进与城乡统筹发展的社会背景，城乡接合部的内涵主要体现为城乡接合部的过渡性、动态性、边缘性与二元性。

（1）过渡性。城乡接合部是城市向乡村过渡的区域，城乡接合部所特有的过渡性包括：地域的空间过渡性，即城乡接合部是介于城市与乡村之间，城市与乡村交融过渡的区域；土地利用的过渡性，即城乡接合部在土地利用上呈现为土地所有权、使用权等产权制度的国家所有与集体所有的交叉存在，还有城镇建设用地、农村建设用地与农用地、生态用地等土地利用方式的过渡与并存；经济产业的过渡性，即城市经济活动向农村经济活动的过渡，城市核心产业向配套产业的过渡，城市二、三产业类型（工业、服务业）向农业第一产业的过渡，国有经济向集体经济的过渡等；人民文化生活方式的过渡性，即城市边缘人民生活受城市文化的影响辐射与农村居民传统理念的双重影响，使该区域居民在生活方式上呈现城市居民向农村人口的过渡。

（2）动态性。城乡接合部是动态发展的区域，随着我国城市建设步伐的加快，城市不断向外扩张，昨日的城乡接合部已变成今日的城区，而今日的乡村已发展为城乡接合部，也即将变成城区。主要体现为：空间范围的动态性，即城乡接合部是动态发展的区域，其空间范围随着城市化的推进呈现持续的变动性；土地利用的动态性，即城乡接合部是土地利用方式变动最为迅速的区域，尤其是农业用地向非农用地的转变，集体建设用地向国有建设用地的转变，且具有多次性与不稳定性；产业更替的动态性，城乡接合部内的产业类型多随城市主导产业而调整，以配套产业为主；人口流动的动态性，城乡接合部区域内居住生活成本较低，外来人口甚至超过原有农村居民，居住在城乡接合部、工作在城市中心区的现象普遍，呈现出人口居住、生活、迁移的动态性。

（3）边缘性。城乡接合部具有城市边缘和乡村边缘的双重特性。在临近城市的一侧，受城市扩散影响强烈，主要体现着城市的工业、住宅以及商业、服务业等功能，与中心市区联系紧密，但与城市中心区仍有较大差异；在靠近乡村的一侧，则以农业生产方式为主，但又由于毗邻城市，农业生产水平、集约化程度以及商品率较高，且乡镇企业发展迅猛，依托便利的交通运输以及优越的地理位置，形成为城市主导产业的配套服务。

（4）二元性。城乡接合部是我国"二元"特征最为显著的区域，体现在户籍政策的二元性，即城镇居民和农村户口并存的二元性，在社会保障、就业、医疗等方面具有显著差异；土地利用制度的二元性，即土地国家所有与农民集体所有制二元体制的并存与交融，并呈现土地集体所有向国家所有的单向流动。

2.1.2.3　城乡接合部的基本特征

城乡接合部作为城与乡之间的过渡区域，有其固有的特殊性。基于我国人口政策、土地制度等方面的基本国情，城乡接合部的基本特征主要体现在土地利用、经济形态、空间结构、社会人口以及景观生态等方面。

（1）土地利用特征。由于二元土地管理制度的存在，城乡接合部土地利用类型多样、权属复杂、变动剧烈，并且土地利用矛盾突出。区域内国有建设用地、集体建设用地（产业）、农民宅基地、农用地、生态用地等多种利用形式并存；并且，城乡接合部处于城市扩张的前沿，随着产业和人口的转移，城乡接合部农用地锐减，土壤污染问题较为严重；另外，城乡接合部区域内产业结构不合理、布局零散，土地使用效率低、利用较为粗放。同时，城乡接合部缺乏统一规划与土地利用科学布局，呈现"农村包围城市"与"城市包围农村"并存的局面，违法建设较多，且是由土地问题引致的社会问题最为集中的区域。

（2）经济形态特征。城乡接合部同时受城市和农村经济的双重影响，其经济形态具有综合性与多样化的特点，既有城市经济的功能区经济，也有集中布局的高新技术产业，以及为城市经济服务配套的物流、食品加工、包装印刷等配套经济产业，同时，以租赁经济和传统作坊等为主的农村集体经济与之并存。另外，随着城市工业经济的外迁，城乡接合部的产业园区也在快速发展。

（3）空间结构特征。随着城市建设步伐的加快，城市不断向外扩张，昨日的郊区已变成今日的城区，而今日的郊区也即将变成城区，城乡接合部也不断外移，这成为我国各级城市发展中普遍存在的现象。并且，城乡接合部内部结构混杂，城市与乡村的并存导致空间破碎不断加剧，使得该区域规划建设的实施更为困难。

（4）社会人口特征。城乡接合部具有城市和农村的双重社会文化背景，城市社区与村庄并存，在户籍制度与文化观念等方面，均体现了典型的"二元"化特征；并且在人口结构方面，城市居民、农村居民、外来流动人口混杂，其受教育程度不同、职业多样、收入差异较大，形成明显的社会分异现象。

（5）景观生态特征。城乡接合部同时具有城市和乡村景观，具有高度的景观异质性和生态界面效应，但并非城市与乡村景观的简单叠加。在我国大部分城市的城乡接合部，城乡的融合渗透使得城乡接合部的传统农业生态景观遭受破坏，而城市生态系统又残缺不全，导致区域生态环境较差，且土地利用变动剧烈，景观扰动与生态破坏严重。并且，城乡接合部是位于城市生态系统与乡村生态系统之间的城乡复合生态系统，是城市和乡村之间物质、能量、信息流通交混的通道（贾铁飞等，2006）。在景观特征上同时包含城市与乡村景观的特征，并且在城乡接合部的内缘区和外缘区景观生态特征具有渐变的过渡性，随着城市开发与扩张模式的变革，城乡接合部的景观生态特征呈现较强的异质性和景观突变。

2.2　城乡接合部的现实情景与发展困境

2.2.1　城乡接合部的规划建设情景

城乡接合部的规划建设有其特有的发展模式与特点，不同城市的城乡接合部存在的经济社会发展水平、区位因素、自然地理环境因素的差异，使得不同区域、不同级别的城市城乡接合部规划建设呈现出一定的特殊性。但从发展模式看，城乡接合部规划建设的特点可以总结为以下几个方面。

2.2.1.1　新城区模式——小城镇与中心城市融合发展

小城镇与中心城市融合发展是靠近城市中心区城镇的主要发展模式，因其城乡接合部城镇与中心城市联系紧密，小城镇规划需要结合中心城市圈层发展，以便融入未来的城市空间、交通结构中（McMillen 等，2003）。在产业方面，需要协调区位的双重性矛盾，接受中心城区产业功能外溢，同时通过产业审核，保证城镇在完成功能细分后，城乡之间能够形成合理的专业化分工模式；小城镇应与中心城区的道路交通与市政设施充分对接，充分发挥对外交通、大型市政设施的辐射优势（袁中金，2006）。

例如，北京市大兴新城规划[①]提出："打破城乡二元结构，有效引导城镇化健康发展，构筑城乡一体、统筹协调发展的格局，是大兴全面建设小康社会的必然要求。"并且在城镇空间结构上"实施以新城、重点镇为中心的城市化战略，与城市空间布局和产业结构调整相适应，逐步形成分工合理、高效有序的网络状城镇空间结构。加强农村居民点的整合，改善生态环境，提高公共设施和基础设施服务水平，推动产业向规模经营集中、工业向园区集中、农民向城镇集中"；根据新城地域的区位条件分析，将北京市大兴区现有城镇划分为"全部纳入新城"、"部分纳入新城"、"新城周边"和"相对独立型城镇"，实施分类指导的城镇发展策略。

2.2.1.2 新市镇模式——距中心城区一定距离

新市镇模式主要适用于中远郊具有一定规模、对周边地区有较强服务功能的小城镇。符合这一条件的城镇，应通过集中兴建住宅、医院和发展企业，建立文化、休闲和商业中心等公共服务设施，形成全新的、相对独立的城市型社区。在国外有英国"卫星城"、新加坡"新市镇"等案例，综合这些城镇建设的经验，适合新市镇发展模式的小城镇主要适用于距中心城市有一定距离、已有良好的发展基础，且具有较大发展潜力的城镇或城镇组合。新市镇的发展目标是大都市核心区外围的小城市，为周边小城镇及农村地区提供城市型服务。

例如，北京市房山新城规划[②]提出："以新城、新城周边城镇为中心的城镇化战略，与城市空间布局和产业结构调整相适应，逐步形成分工合理、高效有序的网络状城镇空间结构。加强农村居民点的整合，改善生态环境，提高公共设施和基础设施服务水平，推动产业向规模经营集中、工业向园区集中、农民向城镇集中。"在发展模式上，"针对新城周边城镇、平原独立发展城镇和山区小城镇不同的基础条件、资源状况和发展水平，制定分类指导的发展规划和政策。引导和鼓励经济联系紧密、资源互补的城镇进行协作和联

---

① http：//www.bjghw.gov.cn/web/static/articles/catalog_ 431/article_ 7474/7474.html.

② http：//www.bjghw.gov.cn/web/static/articles/catalog_ 431/article_ 7475/7475.html.

动发展，形成重点镇带动一般镇、平原镇带动山区镇、小城镇带动农村的发展格局"。其规划的空间格局如图2-1。

图2-1 北京市房山区城镇规划格局

重点建设"长阳、阎村两镇紧靠房山新城的良乡、燕房组团，成为中心城区人口疏散的重要聚集地区，其中长阳镇小清河以西地区纳入新城中心区良乡组团；窦店作为新城重要的产业发展配套区，也成为重要的人口聚集地"。目前，房山长阳区域已粗具城市社区规模（图2-2a），临近的住宅小区及公共设施仍在如火如荼地建设中（图2-2b）。

a长阳镇新建小学　　　　　　　　　b长阳镇建设工地

图2-2 北京市房山区长阳新城

2.2.1.3 产业化城镇模式——产业发展为支撑

产业化城镇模式主要适用于以某一种或两种产品的专业化生产为主，具有一定规模、主导镇域经济发展和就业格局的乡镇经济区的小城镇。这类小城镇应通过完善其产业区规划，并加强其与中心城市或周边新市镇的交通联系，成为区域产业的增长极。专业镇是建制小城镇发展提高经济实力，尤其是经济欠发达小城镇实现跨越式发展的有效途径之一，同时也是组织社会主义新农村建设、实现城乡统筹发展的重要措施。专业镇的发展目标是成为发展产业特色明显、经济发达的新型城镇，并成为城镇体系的有机组成部分。

《北京城市总体规划（2004—2020年）》确定在北京市域范围内构建"两轴—两带—多中心"的城市空间结构，亦庄被确定为北京市未来重点发展的三个新城之一，并承担高新技术产业发展中心的城市职能。北京市亦庄新城规划①中提出"优化产业发展空间布局，引导高端、高效、高辐射力的产业集聚发展，依靠科技进步和自主创新，走新型工业化道路"。"高新技术产业、先进制造业、生产性服务业为支柱"，实现以产业链集聚优化亦庄的产业发展。

该规划还指出在亦庄新城范围内，构建"两带—七片—多中心"的"组团网络式"城市空间结构。"两带"指沿京津塘高速公路向东南方向协调发展的生活带、生产带，建立职住均衡、职住近接、同步成长的发展模式。"七片"指新城范围内有京津塘高速公路、六环路、凉水河和新凤河穿过，自然将新城划分为七个片区（核心区、河西区、路东区、亦庄枢纽站前综合区、马驹桥居住组团、物流基地、六环路路南区）。"多中心"指建立多个辐射区域、服务新城的城市公共中心，包括面向区域的亦庄枢纽站前综合服务中心、荣华路高端产业服务中心、凉水河滨水科技中心及六环路南区公共中心，并明确片区的功能分区，如图2-3所示。

---

① http://www.bjghw.gov.cn/web/static/articles/catalog_431/article_7483/7483.html.

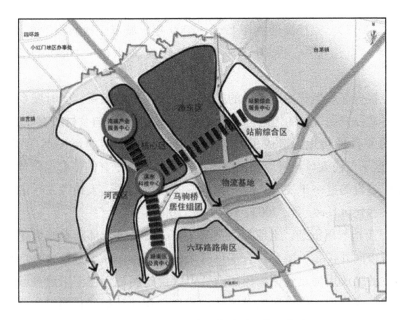

图 2 - 3   北京市亦庄新城功能结构示意图

2.2.2   城乡接合部的发展困境

城乡接合部是我国社会转型时期多种矛盾冲突的交汇地,该区域目前被视为"问题区域",其问题外在呈现涉及农民上楼、环境整治、外来人口管理、集体经济转换以及绿色空间实施等多个层面,具体体现在土地利用问题多发、社会经济发展滞后、公共基础设施缺乏和生态环境差等方面。

2.2.2.1   城乡接合部的土地利用问题

(1)城市扩展大量占用耕地。中国经济 30 余年来快速发展的同时,伴随着城市日益扩张并侵占耕地。城镇化、工业化的发展占用了大量耕地,城镇化水平的提高伴随着城市建成区面积的扩大和耕地的减少,而城乡接合部是耕地减少的前沿地带,据研究,在 1990—2010 年的 20 年间,城市空间扩张使建成区面积增加了 2.83 万平方千米,其中,占用耕地进行城市建设的有 1.7 万平方千米,占城市建成区扩张面积的 60.07%。从城镇扩展造成耕地减少的区域可以看出,城镇占用耕地最大的是江苏、山东、河南、河北和广东等省,这些地区是重要的粮食产区,经济发展较快,城镇扩展占用耕地较多,占全国的 50.99%；其次是北京、浙江、四川、广西和上海，占全国的 22.85%（王雷等，2012）。京津冀区域在 1990—2000 年，城市土地面积扩张了 71%，而在新增城市用地中，大约 74% 是耕地转变而来的（Minghong Tan 等，2005）。

城乡接合部承担着城市人口的扩散与外来人口的集聚，同时城乡接合部又是城乡建设发展最快的地区，城市要素及功能的扩散与乡村非农业的发展，大量占用着各种耕地，造成了农业土地资源不可逆转的流失（王国强等，2000）。这不仅使人口与耕地的比例严重失调，危及原有的粮食保障体系，而且使城市建设的进一步发展产生土地供应不足的问题，人地关系、土地供求关系逐步恶化（Hasse 等，2003；Foley 等，2005）。

（2）土地权属混杂，土地利用类型多样。城乡接合部随着城镇化建设的推进与城市向外扩张，城乡接合部也持续向外延伸。在城乡接合部内部，城镇用地中的工业用地、仓储物流用地、市政设施用地、住宅用地等城镇土地利用类型持续增加，边缘区内城镇建设用地面积快速扩张；同时，城乡接合部内的集体建设用地特别是集体产业用地面积也迅猛增加。多样化的土地利用类型不仅体现在建设用地方面，农业土地利用类型也由于城乡接合部功能的演进，传统的农业生产方式发生变化，致使种植粮食作物的耕地在城乡接合部日趋减少，农业用地利用中的蔬菜大棚、养殖用地、花卉用地等逐渐增加，形成了多样化的农业用地与设施农业相结合的利用方式。在建设用地与农业用地之外，土地浪费现象也多有发生，建设用地征而不用、耕地闲置浪费的现象多发生在城乡接合部，此外，生活垃圾、建筑垃圾等固体废弃物在城乡接合部的聚集堆放也导致大量的土地浪费与生态环境问题。因此，城乡接合部土地利用类型呈现城市土地利用与农村土地利用弊端的双重性。

在土地权属方面，城乡接合部是二元土地制度的集中呈现区，不同权属状态土地的混杂存在给土地开发利用与城市规划建设带来极大弊端（叶剑平，2012）。一方面，自 20 世纪 90 年代以来，土地出让成为主要的国有土地使用权取得方式，城乡接合部原有划拨土地的权属厘清由于受相关法规和政策的限制而被搁置，成为城乡接合部国有土地使用权权属不清的主要层面。另外，在集体土地所有权方面，由于土地制度的滞后，集体经济组织快速发展的诉求强烈，造成集体土地的变相流转大量存在，致使集体土地所有权变相流失、管理困难；而城乡接合部农村居民房地大量私下流转现象较多，农民宅基地、经营性用房等都存在房地的私下交易行为，导致集体建设用地使用权权属模糊，管理混乱；对集体所有的农业用地，城乡接合部农民受城市产业与乡镇企业的吸引，经营种植的意愿较低，由于经济效益存在显著差异，农用地使用权的私下流转频繁，且流转后土地用途很难控制，致使农业用地的非农化经营问题较为严重（粟敏等，2010）。可见，在城乡接合部，土地权属虽然是国家所有与集体所有并存的形式（宋家宁等，2009），但由于利用方式、利用主体的多样性，该区域的土地权属问题呈现为权利主体界定不清、权利内涵模糊、权属纠纷多发的情况。

（3）土地利用变化强烈，集约程度低。城乡接合部是城市和乡村两大系统共同作用的交汇地，外在驱动因素多样、驱动力强，造成城乡接合部在社会经济变革与快速发展的同时，土地利用变化强烈、利用方式的稳定性差、土地利用动态性显著的特征（陈佑启，1997；2000）。例如，北京市城市用地蔓延的趋势明显，2004—2009 年，中心城新增城市建设用地约 160 平方千米，主要分布在边缘集团和绿化隔离地区，约占全部增量的 63%；新增农村建设用地 382 平方千米，主要分布在中心城的绿化隔离地区和外围。城乡接合部是目前城市建设最活跃的地区，直接导致该区域土地利用的强烈变化。

城市化的快速发展导致城乡接合部的演替加快，城乡接合部的商品住宅、农民宅基地、工业厂房和公共设施等建设占地存在无序建设、盲目建设的情况，很多项目刚刚建成就由于城市的扩张和规划的调整而面临拆迁，土地利用变化被动、无序、快速；另外，城乡接合部农用地非农占用量大，变化迅速（郑伟元，2009）。例如：2012 年国土资源公报显示[①]：2012 年全年批准建设用地 61. 52 万公顷，其中转为建设用地的农用地 42. 91 万公顷，耕地 25. 94 万公顷，同比分别增长 0. 6%、4. 5%、2. 5%。建设用地的供应量也持续增长，如 2012 年，全年国有建设用地供应量为 69. 04 万公顷，同比增长 17. 5%，连续四年保持增长。其中，工矿仓储用地、商服用地、住宅用地和基础设施等其他用地供地面积分别为 20. 35 万公顷、4. 94 万公顷、11. 08 万公顷和 32. 66 万公顷，同比分别增长 5. 6%、增长 17. 6%、减少 11. 5% 和增长 43. 4%。而这些建设用地供应、转为建设用地的农用地多发生在城乡接合部。

城乡接合部土地利用快速变化的同时，也存在土地粗放利用、集约程度

---

① http：//www. mlr. gov. cn/zwgk/tjxx/201304/t20130420_ 1205174. htm.

低等城乡接合部土地利用的主要问题（司马文妮，2011）。城市化的快速发展，使得城市对土地的需求持续增长与有限的建设用地资源供应的矛盾持续放大，而城乡接合部作为城市扩张的重点区域，成为矛盾的聚集区，区域内集体土地粗放利用与城市建设的资源不足缺乏有效调和。开发区在城乡接合部盲目圈占，导致土地浪费，受"开发区热"的影响，各地普遍在城镇外围大搞开发区、新区，但许多开发区资金不到位、项目难落实，致使大量土地圈而未用，土地闲置现象普遍。

此外，乡镇企业过于分散，浪费了土地资源，导致了土地利用效率低，与城镇化发展的要求不相适应。乡镇工业遍地开花造成了土地资源的浪费、乡村环境的污染和退化，并且乡镇企业布局分散，不成规模，缺乏统一规划，土地集约利用程度较低，不利于城镇化水平的提高。例如，作为北京城市功能拓展区和新兴小城镇的西北旺镇和温泉镇建设用地，近几年增速均超过4%，农村居民点土地集约利用程度较低，研究显示在北京市海淀区北部的西北旺镇、苏家坨镇、温泉镇和上庄镇 4 镇的人均居民点用地普遍超过人均 150 平方米的国家标准，农村居民点改造进程缓慢，农村建设缺乏统一规划。

（4）城乡接合部规划协调难度大。城乡接合部土地利用类型的多样性与权属的复杂性以及城乡接合部的超常规发展与制度的缺失性、部门间的多重管理与规划协同的不足，成为城乡接合部发展的现实困境体现，而城乡规划、土地利用总体规划、基本农田保护规划、新城发展规划等相关规划在城乡接合部的协同性差又导致城乡接合部土地利用问题的加剧。在城市建设和城市管理中"两规"（城市规划与土地利用总体规划）在经济建设与实施可持续发展战略中起着关键的作用，它们相互联系又相互制约。"两规"的依据都是国民经济长期发展规划，其核心内容都是土地的合理利用，但研究的对象、范围、实施年限、方法、步骤等各有侧重，规划深度也悬殊较大。长期以来"两规"在规划和实施过程中仍存在衔接不到位、难以协调统一的问题因此产生不少矛盾，城乡接合部则是协调难度最大的区域。

规划编制不同步，城镇用地规模的规划缺乏可比性。《土地管理法》对土地利用总体规划做了原则性规定，明确了土地利用总体规划的法律地位。《城乡规划法》的颁布早于《土地管理法》，为城市规划的编制和实施提供了法律保障，因此在城市建设中发挥的控制作用明显。再加上"两规"的编制和实施工作分属于两个不同的部门，工作起点、基础不同，往往在各地的编制过程中规划的起点和规划期限也不同,这样使得"两规"在表述城镇用地规模时明显存在不同,其结论缺乏可比性。

城乡发展对空间的需求与下达的用地指标之间不对等。土地规划的用地指标多是通过自上而下的分配而确定,对地方发展实际需要的用地规模考虑不足,常造成很多城乡规划因建设用地规模突破用地指标而难以审批;此外,城乡规划侧重于城镇发展而土地规划侧重于保护农田,两者在用地上容易出现严重的冲突,如耕地布局的破碎化和遍地插花的现象,往往阻隔着城镇的发展方向。

2.2.2.2 城乡接合部社会经济发展滞后

(1)人口。城市化是人口城镇化与土地城市化同步发展的结果,自20世纪80年代,随着现代化、工业化、城镇化的快速发展,农业人口不断从农业部门流入非农业部门,人口变迁与聚集是推动城市化的主要动力。我国农村劳动人口在20世纪80年代经历了"离土不离乡"地进入乡镇企业为主的转移阶段,90年代以更大的规模和更长的距离从农村向城市、从落后地区向发达地区流动转移,我国人口流动已发生了主要以"离土不离乡"为主到"离土又离乡"模式为主的重要转变(崔功豪等,1999)。

外地非农就业已经成为农村劳动力转移的主要方式。根据有关调查,流动就业农民有80%以上进入城镇,外出农民进入大中城市、小城镇(含县级市)和农村的比例约为4:4:2。就全国而言,外出就业农民约占农村劳动力的13%左右,在中西部一些市、县则占农村劳动力总数的20%~30%。

人口不可避免地要向城镇集中,城镇人口的聚集体现为第一产业从业人员的减少和第二、三产业从业人员的增加,同时,为城市人口服务的公用设施、公共建筑也应相应增加,因此,城镇用地将在一定地域范围内迅速增长,人口城镇化推动了一定地域范围内城镇用地的扩张。城镇人口的聚集需要更多的建设用地承载其活动,因此居民点及工矿用地的分布与人口分布往往具有很强的相关性,城镇人口(密度)增长对居住、就业的需求刺激了城镇居民点及工矿用地的增加。

城乡接合部是城市外来劳动力人口的主要聚集区域,呈现户籍人口与流动人口比例倒挂的局面,例如,北京2009年城乡接合部范围内户籍人口约250万人;其中居民190万人,农村户籍人口约62万人,占户籍人口总数的24%。流动人口总量约404万人(其中分布于村庄的约280万人),流动人口约是农村户籍人口的4.7倍；此外，近800万流动人口中，有一半以上居住在城乡接合部，其中63.6%居住在出租房屋中。由于居住生活成本的影响，外来人口在城乡接合部或城中村等集中居住，城乡接合部为其提供了低廉的住房和生活条件。

（2）产业。城乡接合部的产业类型多样，原有的农业产业发展呈现出结构不断调整的特征，形成了以都市农业和休闲农业为主的区域化发展格局，从过去保障城市供应的单一生产功能，向同时兼顾生产、生态、文化、教育和旅游功能转变。同时，第二、三产业的迅速发展，形成了工业、商贸、运输、建筑、服务业等第二、三产业为主导的产业结构，逐渐地取代原有农业的主导地位。在产业分布方面，轻工业、重工业的比重随距离的远近呈相反的变化特征，形成了圈层式的产业分布结构。产业类型的更替与扩展带动了更远范围乡村经济的变化，形成滚动式发展；经济类型方面，第一、二、三产业发展水平良莠不齐，呈现出第一产业普遍下降、第二产业迅速发展、第三产业高速增长的特征。

此外，城乡接合部集体产业发展迅猛，但产业层次低。城乡接合部的集体产业以产业链中的低端制造业、物流、批发零售业为主，且集体产业的经济效益较差，例如，北京市朝阳区集体产业用地的地均产出效率约为19.2亿元/平方千米，而其现代服务业、高新技术产业的地均产出均为100亿元/平方千米以上。根据在北京市大兴区的调查（图2-4），黄村镇候村有集体企业23家，企业占地面积26.16公顷，建筑面积153 805.60平方米，建筑容积率仅为0.588，平均单位用地面积产值仅为7.23亿元/平方千米。而目前大部分集体经济组织出于经营水平和风险的考虑，对其产业用地的经营以土地出租为主要方式，收益较低，据调查，产业用地及房屋的出租收入在每平方千米3.6亿~7.2亿元。

图2-4　城乡接合部集体产业类型调查

城乡接合部产业用地的空间布局分散、无序，城镇建设用地与集体建设用地在规划、审批、管理等层面分属两个不同的部门，在城市化过程中，集体建设用地散乱布局的特点尤为明显。

同时，在城乡接合部的国有产业用地多以开发区或工业园区的方式进行开发建设，具有相当的规模，规划布局科学，土地集约利用度也较高。但城乡接合部用地形态往往表现出城市型用地与农村型用地混杂交错的特征，其中，工业用地与农业用地的交错尤为明显，并且总是处在一种相互争夺的过程中，农业用地往往呈现出破碎的空间格局。例如，武汉市城乡接合部工业的"集聚"空间主要由青山经济开发区、沌口经济开发区、关山科技工业园构成，全部位于武汉三环线附近地域。

（3）体制。城乡接合部管理体制上呈现公共管理主体多元化的特征。城乡接合部城乡分治的"二元社会"管理制度是基层管理中的基本表现形式。以街道办事处为代表的城市行政组织负责管理和服务城市非农业户籍的居民，而以乡镇政府为代表的农村行政组织负责管理和服务该地区农业户籍的村民。在城乡各自封闭的管理系统中，街、乡政府履行着对区域内人口的社会管理和公共服务职能。在城乡接合部，有城市建成区，亦有刚刚起步的城市化地区和农村区域，同时具有城乡不同的组织与行政管理结构，城市社区组织一般由街道—社区—生活小区三个层次组成，而农村社区组织结构却简单地以集镇、自然村落出现，也导致了城乡接合部管理体制的差异。

城乡接合部是随着城乡经济的快速发展而出现的，虽然城乡接合部在地域上已经接近城市化，或者已经成为城市，但在公共管理的政策体制上，却一直是政出多门，难以形成统一、规范的政策体制，城乡管理体制具有很大不同，呈现出多样性的特点和问题，在行政、经济、户籍、土地、规划建设等方面的管理上均有明显差异。城乡接合部虽然在地域上已经纳入城市空间范围，但在管理上部分地区仍然延续着农村的政策与体制，形成了亦城亦乡的特殊区域。主要的体制性问题体现在户籍制度、土地使用制度、规划建设制度、社会保障制度等方面。

2.2.2.3　城乡接合部公共基础设施缺乏

城乡接合部的基础设施和公共设施建设严重缺乏，主要表现在：道路网分布和结构不合理，路网密度低，功能不明确，道路狭窄曲折，不成系统，无法满足人流、物流、停车及消防的基本要求；电力、电信线路走向杂乱；

天然气管道无法铺设；排水雨污不分，排量有限，导致经常内涝；学校、幼儿园、医疗卫生等公共设施的数量和质量都严重滞后于经济建设的发展和边缘区居民的需求。这些因素都成为边缘区发展的"瓶颈"，极大地制约了边缘区的城市化进程。

此外，城乡接合部除城市扩展建设外，村镇建设也是城乡接合部发展的主要方向，现状是各乡镇自主发展，分散投资，形不成规模，造成基础设施和公共设施建设的不足。即使有些基础较好、实力较强的城镇，有可能各类设施建设得较齐全，但由于人口规模过小，形成不了规模效益，也使得这些设施运行成本高昂，难以正常维持运转，大量的投资无法得到应有的回报。

2.2.2.4 城乡接合部生态环境问题

（1）城乡接合部土地污染严重，土地生态环境恶化。在城市化快速发展的驱动下，城乡接合部农用地和城市物质交换密切，能量输入输出频繁，在环境与健康方面也共荣共存，并且，城乡接合部农用地对人们的食物安全极为重要，城市化不仅导致区域土地利用和生态系统的组成结构发生改变，还不同程度地损害了区域大气、水体、土壤的质量，给城乡接合部农业用地健康、食品安全和人群健康带来了巨大的风险（李强等，2008）。

城市化进程中，城市带给农用地系统的有害物质是固体废弃物、废气、废水等，这些有害物质引起的土壤重金属累积，随城市化发展和时间推移而不断加剧，并且将对农业用地生态系统产生潜在危害（李强等，2010）。长江三角洲地区作为中国城市化高速发展的区域之一，其城市化影响区域的净初级生产力下降，1991—2002年，城市发展侵占大量的农田和森林，农田NPP减少了2.7%，而森林NPP减少了9.3%，土地利用变化使区域NPP直接减少（Xu等，2007）。在城市—郊区—农区，土壤重金属积累在水平空间上有纵向变化趋势，城市化导致工业区域土壤的重金属含量比农业土壤要高，并且城市工业经常分散在郊区或者城乡交错带，有些城市中污染严重的工业企业则转移到郊区或乡村，导致城郊土壤污染加重（房世波等，2002）。此外，城郊的污水灌溉面积扩大，在污灌区土壤重金属污染严重，持久性有机污染物（POPs）和多环芳烃（PAHs）也严重危害着城乡接合部土地健康。同时，城市化改变了土壤功能组成，城市土壤和农用地土壤有着不同的功能趋向（杨军等，2005；Pavao-Zuckerman等，2007）。

城市快速发展导致土地污染问题的同时，也使城乡接合部土地生态环境持续恶化。城市快速扩张的直接结果是城镇工业在城乡接合部扩散，城市工业中占地大、污染大的工厂主要集中于边缘区，城市中心的工业企业和为城市核心产业配套的末端产业随着城市的发展和城市生态环境改善的要求，也逐步搬离城市中心区，落户城乡接合部，并且在城市发展过程中新建的产业园区、开发区也多集中在城乡接合部，加上当地的乡镇企业、家庭工业，造成城乡接合部的污染物排放快速增长，再加上基础设施的不足，污染物排放进入大气、土壤或水体，导致生态环境恶化。

（2）城乡接合部综合环境差。城乡接合部由于支撑性基础设施少，道路狭窄、路面坑洼不平，交通拥挤；水、电、气、热设施缺乏；厌恶性基础设施，如垃圾填埋场、污水处理厂等占建设用地比例明显高于其他地区；公共服务设施少，公共设施的建设速度远远赶不上人口和产业由城市中心向外迁移的速度。城乡接合部成为城市"杂物间"或"储藏室"，部分区域内环境卫生差，垃圾遍地，污水横流；社会治安差、安全隐患多，体现在社会治安问题多发、消防设施不全，消防通道被占用情况严重，房屋自身安全，生产本身的安全以及交通安全等方面（如图2-5）。

图2-5　城乡接合部生态环境问题调查

（3）城乡接合部绿色空间不足。在快速城市化过程中，社会经济发展和人类活动对城乡接合部的影响作用十分强烈，城乡接合部绿色空间作为城市重要的生态空间，是改善城市生态环境和促进城市可持续发展的生态保障（周婕等，2004；汪淳等，2006）。城乡接合部绿色空间是指以农田、菜地、林地、园地、苗圃、河湖水域等为利用方式，形成环境优美、空气清新、阳光充沛的自然环境，是城市居民进行休闲游憩、娱乐和交通集散的非建筑用地空间系统，是城乡接合部的重要组成部分。城市化进程的快速推进使城乡接合部的规模和范围不断演进，伴随着城镇建设用地和违法占地建筑的增多，城乡接合部和原乡村区域的基本生态格局遭到破坏，成片绿地逐渐减少。

城乡接合部农用地非农占用明显，耕地面积与绿地生产效益降低。边缘区既是城市化的前缘地带，又是乡镇工业等非农产业和宅基地迅速扩散的区域，由于城市化进程的加速和膨胀，农用土地资源的非农占用最为集中，导致城市生态环境也开始遭到破坏。随着城市建成区范围的扩大和农村第二、三产业的发展，城乡接合部农用地面积逐年下降。

我国城乡接合部内存在产业间的利益差距，导致用地内部结构快速调整，规划制度跟不上调整速度，使得城市边缘区用地缺乏长远规划。城市建设盲目地追求地域和空间范围的扩大，跃进式的土地变工厂、乡村变城市，使得城乡接合部内充斥着各种建设项目，如房地产开发、工业园区建设、道路桥梁修建等。利益驱使人们投入更多精力与物力在城乡接合部的建成区上，而忽视了边缘区绿色空间的保护与开发。城市边缘区绿色空间发展出现阻碍，原本良好的绿色空间格局被破坏，使空间不断被压缩。

绿色空间格局混乱，不能够充分发挥其相应功能。城乡接合部位于城市与乡村之间，其景观形式也受其影响。边缘区开放空间的景观在整体上呈现一种由城市景观到乡村景观的过渡状态，在靠近城市的区域，城乡接合部开放空间的景观更接近城市景观，而靠近乡村区域，其景观形式也就更加质朴与简洁。理论上讲，这种过渡遵循距离衰减规律，但在实际过程中，更多地表现出不规则的资源区域效应，在很大程度上受到道路系统、市政公共设施构成的可达性模式的影响，使得边缘区的景观格局被市政管网等基础设施弄得破碎不堪，城乡用地交错，空间格局混乱。

城乡接合部绿色空间与城市绿色空间割裂，景观连接性差。城乡接合部内拥有着良好的生态资源，周边乡村、山林、水系及湿地等自然资源形成边缘区的生物流，源源不断地向城市输送，成为城市的生态屏障。由于人们在边缘区建设时，疏于对边缘区绿色空间的宏观把握，只重视局部效果，将一些重要的生态廊道，如河流廊道与城市开放空间割裂，通向城市的生态廊道被切断，生物流被阻隔在城市边缘处，生态与景观的连接度降低，边缘区绿色空间作为城市的生态保障功能丧失。同时，城乡接合部保存的绿色空间经常被高速公路阻隔，且少有适宜步行及自行车到达的路径，景观可达性差。

2.3　城乡接合部规划建设与土地利用的博弈

城乡接合部规划建设与土地利用的关系密切，而规划建设与土地利用是一种合作博弈关系，如何构建规划建设策略、模式与相应的土地利用机制形成一种动态的均衡是城乡接合部规划建设与土地利用的博弈结果，因此，分析城乡接合部土地利用与城市化发展关系、明确城乡接合部规划建设的首要束缚条件，破解城乡接合部发展的限制瓶颈、把握发展机遇是实现城乡接合部规划建设与土地利用博弈均衡的研究基础。

2.3.1　城乡接合部土地利用与城市化发展的关系

2.3.1.1　城乡接合部土地利用结构与城市化

土地利用结构是区域内各用地类型之间的比例关系，以及不同地类占区域土地总面积的比重（王万茂等，2008）。在城乡接合部，土地利用结构与城市化水平以及城市化的发展阶段有直接关系，不同的城市化水平、土地利用强度以及城乡接合部的区位条件均对城乡接合部土地利用结构产生影响。在我国城市化快速发展的进程中，城乡接合部的范围随着城市的扩张而不断向外演进，使原城乡接合部和即将城市化地区的土地利用结构发生显著变化。

其中，农用地的非农化利用使得城乡接合部农用地快速减少、城市建设用地及集体产业用地的比重快速增高，呈现快速的土地城市化特征。在土地城市化进程中，城市建设用地是城乡接合部增长最为迅速的土地利用类型，并呈集体所有土地向国有建设用地的单向流转。此外，集体建设用地在土地利用比较效益的驱动下也呈现无序增长的趋势（杨琳等，2007）。同时，城市化的快速发展在推动城市持续扩张的同时，带来的城市产业转移、集体非农产业的跟进以及配套城市服务的产业兴起等在城乡接合部迅速发展，驱动着城乡接合部土地利用结构向城市土地利用模式转变，并呈现单向流动、不可逆转的趋势。

2.3.1.2 城乡接合部土地利用功能与城市化

功能是指系统综合内部特征与外部关系所体现出来的特性和能力，功能不是系统某一要素的属性，而是整体属性的总和。随着城市化的发展，城乡接合部在不断演进的过程中，在土地利用结构显著变化的同时，土地利用功能也由以农用地功能为主向建设承载功能转变，主要体现为城乡接合部农用地功能的退化、土地资产功能的延伸与建设承载功能的增强。

农用地的功能是指农用地的数量和质量及其在空间和时间上的差异对人类社会所产生的作用以及引致的生态环境效应，主要包括作物生产功能、生态服务功能、环境维持功能、观光休闲功能与社会保障功能等。

作物生产功能。农用地是人类生存和发展的物质基础，为人类提供了绝大部分的农产品，同时也是多种轻工业原材料的来源，生产功能是农用地最易于体现的功能。人类生命活动80％以上的热量、75％以上的蛋白质和88％的食物来自农用地，95％以上的肉蛋奶产品由农用地农副产品转化而来。

生态服务功能。同园地、林地、牧草地、水域及湿地等类型土地相似，农用地也具有重要的生态功能，农用地的生态服务功能是指农用地在维持生物多样性、调节气候、营养物质贮存与循环、水分保持与循环、减轻自然灾害等方面有着重要作用。在大部分农村尤其是平原地区的农村，农用地所占比重大，在区域中发挥着重要的生态服务功能，但以前农用地的生态服务功能多被人们忽视。《全国土地利用总体规划纲要（2006—2020年）》已将农用地尤其是基本农田作为生态用地予以保护。在城市，农用地的生态服务功能被日渐重视，国外许多大都市对农用地的生态服务功能非常关注，例如，日本东京在市区内部保留的面积大于5平方千米的农用地有7处，以及许多面积不大的零散农用地，这些土地镶嵌在大城市中，对绿化环境、改善城市生态系统功能有重要价值。

环境维持功能。农用地对于维持和改善区域环境状况有着重要作用。农用地上生长的作物除具有生产功能外，在改善环境、净化空气方面也发挥着作用；农用地的土壤相对其他土壤较为肥沃，为植物生长发育供应、协调营养，并改善环境条件，调节水体循环；另外，因为土壤有一定的自净能力，通过各种物理过程、化学过程及生物化学过程，可以使污染物的浓度降低、毒性减轻或消失，并通过作物的种植收获，实现物质的循环，所以农用地还具有过滤、缓冲、降解、固定并解毒无机和有机化合物的功能，在一定程度上实现废弃物的净化。

观光休闲功能。农用地作为一种融合自然环境、农业生产与农耕文化的综合景观，可以为人们提供观光休闲功能。特别是随着城市化的快速发展，城市人口日渐增多，城市居民普遍有回归大自然的强烈愿望，而长期的城市生活使城市居民对传统农业、农事操作等概念渐渐淡化甚至缺失，这使得农用地可以满足城市居民享受田园风光、回归自然的要求，并增强对人们的传统农业教育。近年来，观光农业、农家乐等项目在各地发展迅速，也正是农用地休闲观光功能的体现。

社会保障功能。农用地是农民赖以生存的主要生产资料，对大多数农业人口来说，农用地不但具有生产功能，更重要的是还具有社会保障功能。农用地的社会保障功能指农用地是农民的粮食保障和主要经济来源，是其赖以生存的主要资料。由于我国农村社会保障制度的不完善，农民非常关注农用地的社会保障功能。农用地的社会保障功能主要有社会保障效用、直接经济收益效用、提供就业效用、土地增值效用以及继承效用。

可见，城市化的发展使城乡接合部以农用地利用为主的土地利用功能转变为建设承载功能为主的城市土地利用模式，原城乡接合部土地的作物生产功能、生态服务功能、环境维持功能、观光休闲功能与社会保障功能均减弱或发生转化。随着城乡产业结构升级和经济社会结构转型，城乡接合部土地功能也不断地拓展和更新。

2.3.1.3   城乡接合部土地效益与城市化

土地效益可以体现为经济效益、社会效益和生态效益，城市化本身也是一个经济发展的过程、社会保障方式变革的过程以及生态环境演变的过程。

城市化进程中土地利用经济效益的变化主要表现为从土地资产的角度使土地利用价值得以提高，使单位土地产出价值增加。在城市扩张之前，城乡接合部以农地为主导形式的土地利用使土地的经济产出比较低下，而城市化的发展中，城市化对建设用地利用经济效益的影响更直接，随着经济的发展，城市用地经济效益显著提高，同时，城市化对农产品需求的深度和广度的增加，使得城乡接合部设施农业、观光农业快速发展，提升了农用地利用的经济效益。

城市化进程的推进也是土地利用社会效益显著变化的阶段。城市化的发展使城乡接合部产业结构得以调整,人民与土地的依赖关系发生变化,农民向市民身份的转变使得城乡接合部居民从事第二、三产业的比重上升,对土地的依赖程度降低;并且,随着城市化的发展,城乡接合部实现土地集体所有向国家所有的转变,城乡接合部土地管理制度与方式发生变革,土地利用的市场化机制是土地利用的主导方向。而城市化进程的推进使得城乡接合部土地生态效益和生态功能发生显著变化,无序蔓延的城市化使得城乡接合部土地生态效益显著降低,规划科学、注重生态的发展之路是城乡接合部发展的基本方向。在城乡接合部城市化发展的同时,生态用地的保障与生态功能的提升使得城乡接合部生态环境显著改善,在土地经济效益提升的同时,城乡接合部生态环境问题也得以解决。

2.3.2 城乡接合部城乡二元体制的束缚

城乡二元体制来源于刘易斯的"二元经济结构",是指发展中国家现代化的工业和技术落后的传统农业同时并存的经济结构。在城乡接合部,城乡二元经济结构的矛盾更为显著,体现为以社会化生产为主要特点的城市经济和以小生产为主要特点的农村经济并存的经济结构。我国是典型的二元经济国家,城乡二元体制自新中国成立至今一直是导致城乡差异的主要根源,也是目前我国经济和社会发展中存在的一个严重障碍,是城市化发展到一定阶段必须面对的问题。我国的城乡二元体制主要表现为城乡二元土地制度、城乡二元户籍制度,以及由此引发的社会保障与公共服务差异等。

2.3.2.1 城乡二元土地制度的束缚

我国实行土地的社会主义公有制,即全民所有制和劳动群众集体所有制,形成了土地国家所有与集体所有的两种所有权形式,但明确规定农民集体所有土地的使用权不得出让、转让或者出租用于非农业建设(曲福田等,2005)。不完全的集体土地所有权呈现了农村集体土地与国有土地财产权利的不对等,使得城乡接合部村镇建设与发展过度依赖城市扩张的唯一形式——土地征用。城乡二元土地制度严重束缚了新型城镇化的健康发展:城乡二元土地市场的差异,使得仅有集体土地所有权向国家所有的单向流动,将集体所有土地排斥在市场之外,成为城乡接合部规划建设的壁垒,农村土地不能通过市场化直接转化为工业和城市建设用地,必须通过国家征用转化为国有土地后才能进入市场，由国家控制土地一级市场，同时，农民也很难进入二级市场，农民在土地交易中处于弱势地位，难以分享农地向非农地转化过程中形成的巨额增值收益。随着集体土地流转的研究与试点区域实施的推广，破解城乡二元土地制度将成为城镇化与城乡接合部快速发展的驱动机制。

2.3.2.2　城乡二元户籍制度的束缚

城乡二元户籍制度是城乡二元体制的核心，正是这种制度造成了农民的生存权、发展权与城市居民的巨大差距。刚性的户籍制度意味着农民的迁徙、居住、择业自由和社会保障等基本权利受到极大限制。以户籍制度为核心的系列体制，是阻止城乡人口流动的重要束缚之一。虽然户籍制度改革采取了若干措施，并取得多方面成效，但改革有很大的局限性，户籍制度改革并没有改变与农民身份有关的相应制度，如劳动用工制度、教育制度、财政制度和社会保障制度等。

二元户籍制度对城乡接合部的规划建设有着重要影响。在城乡接合部形成之前，农民因农业户籍被排斥在城镇化和工业化的进程之外，虽然随着城市扩张、城乡接合部的形成以及陆续的土地征用，实现了城乡接合部的土地城市化，但农民由于户籍制度的制约，不能真正融入城市生活。因此，取消城乡户籍差别，以合法固定住所或稳定职业为依据，实行新户籍制度是破解城乡二元户籍制度束缚的基本前提。

2.3.2.3　城乡二元社会保障制度的束缚

在社会保障方面，我国实行"城乡有别"的社会保障政策，农民无法享受到与城镇居民同等的社会保障待遇。据统计，在我国的社会保障支出中，占全国人口40%左右的城镇居民享受的社会保障资金占全国社会保障资金的89%，而占全国人口60%以上的农村居民享受的社会保障资金仅占全国社会保障资金的11%。

城乡二元社会保障制度严重限制着城市化进程的推进与城乡接合部的健康发展。农村居民长期以来靠农业为生，土地是农民最基本的生存保障，而在城乡接合部，城市的扩张使得农民失去赖以保障生存的土地，却被排斥在城镇社会保障之外，增大了完全城市化的风险，导致农民仍以土地为其保障的主要依赖，保留自己的宅基地、自留地的愿望更加强烈，也就造成了土地问题成为城市扩张过程中城乡接合部的多发问题与争议的核心问题。

2.3.2.4　城乡二元管理体制的束缚

在城乡二元管理的行政管理体制框架下，城市规划行政管理长期以来也相应处于二元管理状态，对于城市及乡村的规划管理执行，很长一段时间由不同职能部门负责。城乡接合部城乡分管的特色导致城乡接合部的原村庄仍与城区执行差异化的管理政策与规划标准，从而使得区域统一规划、统一建设、统一管理推进实施困难，对农村集体土地的使用与建设更是难以实行有效的监控与管理。

2.3.3 城乡接合部规划建设实施的机遇

在我国城市化快速发展的进程中，城乡接合部发展产生了诸多问题，但随着新型城镇化与户籍制度改革、社会保障制度完善、试点集体土地流转、城乡建设用地增减挂钩政策以及城乡一体化发展模式的实施，城乡接合部迎来了快速发展的机遇期。

2.3.3.1 中心城市功能疏解的发展机遇

在我国城市化快速发展、经济高速增长的社会背景下，城市规模不断扩大，城区人口快速聚集增长，尤其是特大城市的中心城区，更是集中了过度的人口和城市功能，也使得特大城市面临交通拥堵、人口过度聚集、环境污染加重、资源消耗过度以及空间蔓延等一系列城市问题。实施人口规模调控疏解与新城建设成为国内外各大城市的战略抉择方向，而城乡接合部是城市功能疏解的主要区域。

城乡接合部新城建设是特大城市人口疏解与城市扩张的有效途径。新城建设形成多中心城市空间结构，是巨型城市发展到一定阶段的较好选择，也是巨型城市发展到一定阶段之后的共同规律（向俊波等，2005）。此外，有关特大城市发展中溢出型跨越发展（urban spill over）与局部城市扩张（local urban sprawl）对比分析研究，也指出了新城建设作为特大城市扩张的有效途径的优越性；空间监测特大城市的城市化过程显示，特大城市的发展过程中，普遍存在新城建设（溢出型跨越发展）的阶段（Wei Yaping 等，2009；Taubenböck 等，2012；Anas 等，2006）。加强新城的规划建设，始终是国内外大都市空间结构优化和功能配置的主要途径，并且，新城建设要统筹特大城市规划建设副中心的数量。例如：北京市城市总体规划提出将新城建设作为城市扩张的途径之一，规划建设了 11 个新城，其中重点建设通州、顺义和亦庄 3 座新城，以疏散中心城的产业和人口，促进人口向新城和小城镇集聚。

2.3.3.2　承接产业转移的发展驱动

承接产业转移是区域产业结构升级与优化产业布局实施过程的重要举措。在我国经济增长方式由粗放型向集约型的转变过程中，城市产业结构不断地调整和完善，城乡接合部承接产业转移是城乡接合部发展的动力机制。

产业转移影响要素包括产业要素供给能力、外部要素的流入量以及产业需求变化等方面的综合作用。产业转移可能产生要素转移效应，给较落后地区带去先进的技术和急需的资金；同时，产业转移可能产生结构成长效应，使落后地区的产业结构出现迅速升级，引起就业结构的变化，提高劳动力素质。

而区域要素供给取决于区域本身供给能力和外部要素的流入量。区域间生产要素自身供给能力并不均衡，比如有些区域劳动力相对丰富，有些区域资本相对富足。在完全不存在要素流动的前提下，区域产业的发展取决于区域的要素禀赋。区域要素禀赋对于区域产业的均衡规模和承接区域产业转移起着主导作用。区域要素禀赋包括劳动力、资本、土地等其他要素。一个区域的产业供给水平受生产成本、交易成本等方面的影响，而生产成本受到区域劳动力、资本、土地、其他要素供给的影响，交易成本受到区位、基础设施、制度、集聚效应等要素的影响。在产业区域转移的过程中，具有要素禀赋优势的区域往往成为产业区域转移的承接地，城乡接合部即具有区域要素禀赋优势的首选区域。并且，城乡接合部区域交易成本最低，是城市产业转移的主要承接地。

因此，城乡接合部的规划建设应抓住中心城区人口及功能疏解的机遇，发挥产业转移对区域经济社会发展的驱动机制，做好规划布局，实现区域快速健康发展。

2.4　城乡接合部规划建设与土地利用协调机制研究缘起

2.4.1　城乡接合部的功能体系要求

城乡接合部与中心城市是有机的复合体，完善城乡接合部的功能体系是城市整体功能得以实现的基本条件和发展保障，并且，城乡接合部功能体系及其构成与一般城镇和乡村地域的功能有显著区别，实现完善的城乡接合部功能体系是城乡接合部规划建设与土地利用协调机制研究的目标，因此，要明确城乡接合部的功能体系构成，建立城乡接合部规划建设的目标与方向。

2.4.1.1 城乡接合部的功能体系构成

城乡接合部的功能主要是依托中心城市的发展而形成的，除一般区域均具有的社会生产功能外，城乡接合部所特有的功能主要体现为城市演进载体功能、城市缓冲功能、城市生态维护功能与城市土地储备功能等。

（1）城市演进载体功能。城市演进是指随着城市化进程的推进，城市空间扩展，城市发生逐渐进化的过程。城乡接合部是城市功能与中心城区人口疏解的首要区域，并且城市发展过程中的新城建设也大都位于城乡接合部，伴随着城市功能疏解与城市新城的建设，城乡接合部承担着城市演进载体的主要功能。并且，城市新城的建设与发展一般均依托边缘内已有村镇进行建设，因此，城市空间演进也是城乡接合部规划建设的有效动力，对促进城乡接合部规划建设具有强有力的推动作用。

（2）城市缓冲功能。城乡接合部是城市和乡村的过渡地带，城乡接合部在容纳城市外来人口、实现乡村文化到城市文化的过渡、衔接城市生态系统与农村生态系统间的物质能量流动并使之协调发展等方面，为城市健康发展提供了天然的承接地带与缓冲区域。因此，城乡接合部对保障城市发展具有重要价值，城乡接合部的城市缓冲功能对中心城市的科学有序发展具有积极意义。

在容纳城市外来人口方面，城乡接合部对农村剩余劳动力提供大量较低端产业的就业机会，并且城乡接合部的居住成本、生活经济压力较低，是一般外来务工人员、新近毕业学生以及城市中低阶层的居住聚集区域，对缓解城市住房压力、交通压力和公共设施运行压力具有有效作用，同时，城乡接合部人口的聚集也为区域配套的公共、商业设施建设形成了市场，反过来促进城乡接合部的规划建设。

在乡村文化向城市文化过渡方面，城乡接合部是乡村文化与城市文化交融的区域，且由于较多的外来人口聚集，呈现文化特色的多样性，不同区域的乡村文化与中心城市的文化辐射相交融，形成了城乡接合部过渡性和兼容性的文化特征。

在衔接城市生态系统与农村生态系统间的物质能量流动方面，城乡接合部是城市物质产品向农村市场流动，以及农业产品向城市市场流动的必经通道和中转站，在城乡接合部形成了仓储物流、食品加工、产品配套包装的较低端产业的聚集，是城市生态系统与农村生态系统维持系统间平衡的中转站。

（3）城市生态维护功能。城乡接合部是城市核心区的城市垃圾、工业废料等固体废弃物堆放处理的承载场所，并且是城市污水与污染空气粉尘的主要污染区域，是维护和调节城市的生态功能、保护城市整体环境不可缺少的关键区域；并且，城乡接合部的农田系统、绿地森林系统等绿色空间是消纳城市污染物的主要场所之一。因此，城乡接合部的生态维护功能对城市整体区域的环境质量、生态安全、承载能力等均有重要作用。

（4）城市土地储备功能。城乡接合部是城市扩张的前沿和发展方向，相对较为充裕的城乡接合部土地资源成为城市扩张和城市功能优化的保障，大多数城市的城乡接合部是其发展建设的主要土地储备区域。目前，大多数城市的开发建设项目多是通过土地储备与土地出让的方式获得土地使用权，并且土地储备项目多位于城乡接合部的规划建设用地地块，从北京近几年成交的城市土地出让案例分析，多数土地储备地块位于城乡接合部，因此城乡接合部具有显著的城市土地储备功能。

2.4.1.2 城乡接合部规划建设与土地利用协调的方向

城乡接合部规划建设与土地利用协调研究目的是通过进一步完善城乡接合部的功能，促进城乡接合部和城市整体协调发展，要完善城市边缘功能即需要应对城乡接合部发展中产生的问题，破解城乡接合部发展面临的困境，这也是开展城乡接合部规划建设与土地利用协调研究的缘起之一。

另外，城乡接合部规划建设模式构建也应以实现城乡接合部功能为首要目标，进而实现城乡接合部与城市整体同步发展；在土地利用方面，为保障城乡接合部规划建设模式的实施与推进，在现有法律体系框架的范围内，完善相应的土地利用机制，使城乡接合部的功能体系更加完备，实现城乡一体化和谐发展。

2.4.2 规划建设模式与土地利用的协同作用关系

规划建设模式是城乡接合部发展的关键路径与科学主导，而土地利用问题是城乡接合部最为突出的问题之一，土地利用政策是关乎城乡接合部发展的决定因素，土地利用政策机制是城乡接合部发展的核心要素，因此，村镇建设模式与土地利用政策的协同作用是实现城乡接合部健康有序发展的基础，城乡接合部的规划建设应与土地利用机制协同考虑、同步实施，这也是进行城乡接合部规划建设与土地利用协调研究的主要缘起之一。

可见，系统研究城乡接合部规划建设模式与土地利用协调机制，对于规范与促进该类区域的规划建设实施、引导区域产业发展具有重要的应用价值；同时，研究对于优化区域的二元社会管理体制，探寻城乡接合部这一"问题区域"矛盾冲突的本质与根源，科学有序实现城市化进程的推进与城乡一体化健康发展、规范集体建设用地流转、配置区域公共基础设施、保障民生、维护生态安全及培育景观特色等模式的选择与政策制定具有较强应用价值。

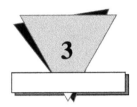

3

城乡接合部研究的理论基础

在我国快速城市化的发展背景下，城乡接合部是城市空间拓展的重点地区，也是城市快速扩张引致矛盾与问题突出的区域。国际上有关城乡接合部的研究随着城市发展阶段的推进而呈现特定的研究范畴与重点领域，而在我国，这方面的研究也有着特殊的时代特征与理论基础。因此，我们基于二元结构理论、城乡统筹发展理论、博弈论与城市空间结构理论的分析，构建不同理论在城乡接合部研究中的分析框架，初步提出了我国城乡接合部规划建设的理论基础与科学规律，为城乡接合部规划建设模式与土地利用机制研究提供理论依据和支撑。

3.1　二元结构理论

　　城乡接合部是二元结构交融的重点区域，也是二元结构集中呈现的典型区域，在我国的城乡接合部，二元结构呈现为人口户籍制度二元结构、土地制度二元结构、社会保障制度二元结构以及公共投资体制二元结构等，而城乡接合部的问题与发展都是基于二元结构的矛盾与统一而存在。因此，二元结构理论是城乡接合部规划建设的基本理论。

3.1.1　二元结构理论的产生及本质

　　二元结构理论主要包括二元经济结构和社会结构。1953年，荷兰社会学家伯克（J. H. Boeke）的专著《二元社会的经济学和经济政策》，最早提出了二元结构的概念和理论。通过对印度尼西亚的社会经济分析，伯克认为，印度尼西亚是一个典型的二元结构社会，其产生的本质原因是乡村与城市生产方式的差异，一方面农业部门主要依赖土地、使用劳动力生产，另一方面城市工业部门主要依赖资本、使用机器和技术生产，这种城市社会同传统农村社会在经济制度和社会文化等各个方面的巨大差别，直接或间接地导致了城市和农村、工业和农业中的资源配置方式以及人的行为准则的不同，也是二元结构产生的本质原因。

　　刘易斯（A. Lewis）在"劳动无限供给条件下的经济发展"一文中，以无限劳动供给为假设前提，首次提出了发展中国家二元经济结构的理论模型，揭示了发展中国家以传统生产方式为主的农业和以制造业为主的现代化部门并存的社会模式是二元结构产生的本质原因，并认为农业中存在着边际生产率为零的剩余劳动力，农业剩余劳动力的非农化转移能够促使二元经济结构逐步消减，也正是二元经济结构的发展趋向。

刘易斯的二元经济结构理论认为，发展中国家改变经济落后状况的根本出路，在于转移传统农业部门中的大量剩余劳动力到现代城市工业部门，使其转变为城市人口，从而提高农业生产率、增加农民收入。刘易斯模型指出，在二元经济结构的驱动下，由于现代城市工业部门的生产率高于农业部门，工人的工资也要高于农业劳动力的工资，传统农业部门的大量剩余劳动力能够自动地向现代城市工业部门转移。而农业部门的生产率随着剩余劳动力的转移会不断得到提高，农业劳动者的工资也会逐渐增加，以致农业生产率将和城市工业生产率相当，农业劳动者和城市工人的工资收入最终相等，传统农业开始向现代农业转变。

鉴于二元结构模型假设条件与现实的出入，对刘易斯二元经济结构模型的修正研究强调在城乡经济一体化进程中，对农业在促进工业增长中的重要作用给予足够重视，且认为农业劳动力转移要以由于生产率提高而出现剩余产品为先行条件，而农业剩余是经济发展的必要条件。

3.1.2 城乡接合部的城乡二元结构及其演化趋向

我国是典型的二元结构国家，城乡地域二元结构尤为突出（胡铁成，2003）。我国城乡二元结构是过去政府主导下的城乡非协同发展实践过程的结果，逐渐形成城乡人口户籍制度二元结构、土地制度二元结构、社会保障制度二元结构以及公共投资体制二元结构多重结构形式，在改革开放后又通过市场机制使城市优势进一步强化、乡村劣势进一步恶化，使得城乡差距呈现出逐渐扩大的态势。

我国城乡二元结构深化的原因主要有以下几个方面：在产业体系上，实行农村单一发展农业、城市发展工业的城乡二元产业政策；在要素配置上，实行计划配置，特别是实行城乡隔离的二元就业政策、二元土地制度以及二元户籍管理制度，人为割裂城乡之间统一的要素市场；在国民收入分配上，实行城乡差别性的二元政策，导致工业与农业、城市与乡村的非均衡发展。

二元经济结构理论认为，实施二元结构转化，将异质的二元经济结构转化为同质的一元结构，是发展中国家推进工业化和实现现代化的必然阶段。二元结构转化的核心是农业剩余劳动力向工业的转移，其转化过程实际上是城乡结构转变的城市化过程，而城乡接合部作为二元结构最为明显的区域，是随着城市的扩张，使原城乡接合部被完全城市化，实现二元经济结构向一元结构的同质转化。

同时，随着经济发展与结构转化，在二元经济结构的剪刀差驱动下，逐步实现农业剩余劳动力的非农化转移，致使二元经济结构逐渐消解。并且，伴随着城市扩张，在新的城乡接合部形成过程中，二元经济结构已不再显著，并随着城市化进程的发展，逐步达到一种较为稳定的城市与城乡接合部发展形态，实现城乡一体化的发展模式。

3.2　城乡统筹发展理论

统筹城乡发展观是我国现代化建设的重要战略思想和理论基础，是打破中国城乡二元结构的根本出路。城乡统筹发展就是把工业化、城市化、农业农村现代化有机整合起来，促进城乡二元经济结构向现代社会经济结构的转变，实现城乡一体化发展。城乡接合部是连接城市与乡村的"纽带"，是实现城乡统筹的关键区域，而村镇建设是城乡统筹的集中体现。因此，城乡接合部规划建设是城乡统筹发展的优先方向和最佳切入点，且具有较好的示范效应，城乡统筹发展理论是城乡接合部规划建设的基本理论。

3.2.1　城乡统筹发展的理论基础

城乡统筹发展是破解我国城乡二元结构的重要途径，在城乡二元结构理论的基础上，有关城乡统筹发展的基础理论还包括分工与极化理论、空间经济理论与可持续发展理论。

3.2.1.1　分工与极化理论

马克思的城乡分工论是我国统筹城乡发展的重要理论基础，也是城乡产业分工发展的理论依据。基于城乡发展和阶级分化的视角，马克思对分工的作用和意义进行了论述，直接以分工和生产工具为基础，建立了城乡分工基本理论。城市本身表明了人口、生产工具、资本、享乐和需求的集中，而乡村呈现出孤立和分散。马克思的城乡分工论表明了城乡在经济社会发展中具有不同的功能，也发挥着不同的作用，而且表明了城乡从对立到融合的历史必然性。城乡分工论表明，从城乡对立到城乡融合，农村经济发展不可能脱离农业的发展，反而要加强农业在国民经济中的基础地位，以支持城镇工业的发展；同时也表明，城镇具有人口集聚的功能，乡村人口必然要向城镇转移和集中，而且城镇由于具有资本、公共服务、娱乐和需求中心的优势，也为现代服务业的发展奠定了基础。

区域经济增长并非同时出现在所有的地方，而是以不同的强度出现在一些增长点或增长极上，对整个经济发展产生不同的影响，此即区域极化理论（郑有贵，2008）。缪尔达尔认为，在经济发展过程中，多种互为因果的因素相互联系、相互影响；某一经济因素的变化会通过因果关系影响另一个经济因素的变化，第二次变化反过来会加强第一次变化的效果，如此循环累计下去。缪尔达尔认为，区域间的经济发展也是由同样的"循环累计因果原理"造成的。不同的区域在经济发展过程中，某一区域受到资金、技术、信息、区位及创新优势等因素的影响，其经济发展水平会形成领先优势，这种领先优势吸引周边处于弱势地位区域的各种经济要素向其流动，称为"回流效应"；由于"回流效应"，落后区域的经济发展会更加落后，这是"循环累计因果原理"向下"循环累计"的结果。

弗里德曼在以极化理论解释区域经济发展时，将不同发展水平的区域划分为中心与外围两个部分，中心区域在区域经济发展中起到极化中心、增长极的作用。他认为，中心—外围区域经济发展的主要形式是通过中心的创新聚集或扩散，引导和支配外围区域，外围区域也依附于中心区而获得发展；中心区之所以能够影响外围区域，除了经济因素外，还受到文化、心理、政治等因素影响；同时指出，中心—外围区域的发展不仅是经济发展过程，也是一个社会和政治发展过程。可见，统筹城乡发展不仅要注重经济发展，也要注重社会、文化以及政治的统筹协调发展。统筹城乡发展中的城镇与乡村，分别对应着极化理论中的中心与外围两个区域。城镇是核心区，在统筹城乡发展中起着极化中心的作用，通过回流效应和扩散效应影响乡村经济社会的发展。"回流效应"发生在农村城镇化初期，生产要素向城镇集中，城镇经济迅速发展；而在农村城镇化后期，城镇经济发展的扩散效应促进城镇优势要素向周边乡村区域渗透，从而推进农村城镇化进程，实现城乡协调发展。

3.2.1.2 空间经济理论

以新经济地理理论为基础发展形成的空间经济理论，用于解释地理空间经济活动的集聚现象，并研究资源在空间的配置与经济活动的空间区位问题

（藤田昌久等，2011）。因此，通过构建区域模型（中心—外围模式）、城市模型（城市层级体系模式）与国际模型（产业集聚与国际贸易），对城乡接合部村镇建设与城乡统筹发展具有显著的指导作用。

新经济地理理论中的区位理论是在垄断竞争的市场结构和规模报酬递增的假定下，借用"冰山运输"的处理方法，利用 Dixit–Stigliz 垄断竞争模型，解释经济活动的空间集聚和"中心—外围"（C–P）空间结构的形成。该理论从报酬递增、规模经济、集聚经济、溢出效应等角度探讨企业区位的选择。

空间经济理论的研究中多认为：中心—边缘模式的出现依赖运输成本、规模经济与国民收入中的制造业份额，对于产业外部环境与内部外溢效应对企业区位选择的影响；成本递减促进产业聚集，一个区位内同时存在产品创新的多重均衡。通过企业和劳动者之间相互匹配过程的模型，说明聚集经济的一个来源是随城市规模扩大的劳动力市场的改善。在大城市，企业更容易找到所需要的熟练工人，工人更容易找到适合他的工作。

近年来，新经济地理模型不断深入研究导致产业向某个地区集聚的其他因素。在 C–P 模型的分析框架下，加入城市内部通勤成本和马歇尔外部规模经济效应后发现：当存在马歇尔外部规模经济效应时，即使运输成本为零，经济活动也可能出现唯一的单个集聚中心的稳定均衡；由于城市内部通勤成本的存在，经济活动的集聚程度有所降低，通过减少形成层级，能够削弱"中心—外围"结构，从而缓解城乡发展差距（陈良文等，2007）。

3.2.1.3 可持续发展理论

科学发展观作为可持续发展理论的进一步深化，即坚持以人为本，树立全面、协调、可持续的发展观，将可持续发展理论应用到统筹城乡社会经济发展战略中，实现可持续发展理论与统筹城乡发展的有机结合，同时，可持续发展也是城乡统筹发展的目标之一。城乡接合部作为矛盾突出、问题集中的区域，可持续发展是城乡接合部规划建设必须遵循的基本理论。

3.2.2 城乡统筹发展的现实价值

3.2.2.1 城乡统筹发展的内涵

城乡融合是历史发展的必然趋势，强调城乡协调、融合是社会统一发展的首要条件之一。并且，统筹城乡发展，不能将城乡割裂开来，而必须将其作为一个完整的整体，在系统论思想指导下通盘考虑城乡的相互作用和相互影响的各要素。欲改变城乡二元结构、缩小城乡差距，必须以政府为主体，充分发挥政府的主导作用，而不是完全放任市场经济的自由发展。统筹城乡发展的客体，从空间角度看是以小城镇为纽带的城市、乡村的协调发展，从横向看则是实现城乡的经济、政治、社会、教育、科技、文化、卫生等以及制度建设和市场机制的一体化发展。统筹城乡发展的基本途径，即农村城镇化。统筹城乡发展下的农村城镇化不是脱离城市发展的城镇化，而是与大中城市的持续发展和传统工业向小城镇梯度转移相联系的，并将形成大中小城市和小城镇协调发展的格局。

城乡统筹包括城乡关系统筹、城乡要素统筹和城乡发展统筹。统筹区域发展需要在地域功能相互协调的基础上，推动要素有序流动，促进设施共建、政策互利、资源共享和产业互补，构建协同发展、互利共赢的长效机制（赵彩云，2008）。并且，地理二元结构理论认为，政府积极引导公共资源的合理分配对于保持城乡统筹发展至关重要。

3.2.2.2 城乡统筹发展的现实价值

统筹城乡经济社会发展，实行以工促农、以城带乡、城乡互动、协调发展，是经济社会发展规律的客观使然（戴宾等，2004）。并且，城乡统筹发展是城乡接合部村镇建设的客观要求和基本指南，此外，城乡统筹发展是解决新时期"三农"问题的根本途径和全面实现小康的有效手段。

3.2.2.3 城乡接合部城乡统筹发展的基本举措

城乡接合部经济发展在完成产业升级与承接产业转移的基础上，突出服务业，着力体现以人为本的发展观；而城乡间资源自由双向流动，城乡统筹发展基本路径、城乡接合部规划建设要调整城乡关系，促进城乡和谐（汪娟萍，2011）。但在实施中，不能仅靠把农村人口转移到城市，应打破城乡之间在人才、资本、信息等方面的壁垒，突出相互间的自由流动和交融，并通过土地流转突出维护农民利益，降低农民变市民的机会成本，并加强就业、社会保障等城乡居民均等的服务与发展，推进建设城乡接合部作为城乡统筹发展的示范区。

3.3 博弈论

博弈论（Game Theory）又可以称之为对策论，是研究决策过程中决策各方相互作用以进行决策以及决策均衡问题的方法与理论。在博弈过程中，参与各方以最大化自己的收益为目标，从各自策略集合中选择各自行动，并且决策的博弈结果不是由一个参与方决定的。与传统的优化决策理论进行比较，博弈论一般是多人决策，而决策论一般是指单人的多因素决策（纳什等）。

3.3.1　土地发展权博弈模型

从经济学上看，土地发展权可以解释为"最终土地利用方式的土地价值和现状土地用途的土地价值的差"。城乡接合部土地发展权的收益分配，可以看作地方政府、当地农民和土地需求方在土地用途改变的基础上的土地价值增值部分的多方博弈，即实现土地经济价值与社会价值在土地利用过程中的合作博弈，任何一方都基于自身效益的最大化（阮松涛、吴克宁，2013）。比如地方政府的根本目标是通过土地招拍挂获取土地出让利益，从而使自身利益达到最大；当地农民则是通过被征用土地的补偿收益来获得利益，以便于提高自己的生活品质；土地需求方一般是通过低价格拿地，通过土地开发获取高额利润。

（1）博弈模型要素分析一个土地发展权完整合理的分配博弈模型应包括以下五个因素，用公式表达为：$G = \{P, A, O, I, U\}$。其中 P 为博弈的参与者，也称局中人，可以是能独立承担责任的国家、组织或个人等，以实现自身效用的最大化为目标；A 是各局中人所有可能的策略或行动的集合；O 指博弈进行的次序，同时行动的一次性决策的分配称为静态分配，局中人行动有先后次序的分配称为动态分配；I 是分配各方的信息结构；U 为局中人得益，是其行动后的结果与获得效用水平高低的体现。

在土地发展权收益分配博弈中，局中人是地方政府（Pg）、土地需求者（P_d）、农民（P_f）；其中策略集合是局中人所有可能选择行为的集合，且每个策略集合至少有两种不同策略，其中地方政府的策略集合包含的策略分别为"征收征用土地下不允许土地发展权直接交易（Ag1）、允许土地发展权直接上市（Ag2）"，土地需求者在需要购买土地的前提下，其策略集合所包含的策略为"从政府手中购买土地发展权（A_d1）、从农民手中购买土地发展权（A_d2）"，农民的策略集合所包含的策略为"同意政府征地（A_f1）、与土地需求者直接交易土地发展权（A_f2）、不交易（A_f3）"；U_g、U_d、U_f 分别为地方政府、土地需求者、农民选择各自策略集合中第 i 个策略时的收益或效用。

（2）分配假设可以选择完全信息分配博弈模型，对地方政府、农民、土地需求方，关于集体土地发展权的收益分配进行分析，做出如下假设：第一，参与者均为"理性经济人"，即地方政府、土地需求方、农民均追求自身利益的最大化；第二，参与者彼此之间是不合作的；第三，参与者所获取的信息完全相同，即参与人对彼此的特征、行动规则、效用函数等有准确的认识，所获得的其他信息也是相同的。

（3）征地时三方博弈分析当地方政府采取以征地为主导的集体土地上市时，集体土地发展权博弈的策略组合有：地方政府征地，土地需求者向地方政府购买土地发展权，农民同意政府征地（Ag1，A_d1，A_f1）；地方政府征地，土地需求者与农民进行土地发展权的隐性交易（Ag1，A_d2，A_f2）；农民选择不交易。

（4）直接交易时三方博弈分析当地方政府允许土地发展权直接交易时，博弈各方可能选择的策略组合有：地方政府同意集体土地直接上市、土地需求者与农民直接进行土地发展权的交易（Ag2，A_d2，A_f2）；农民选择不交易。

3.3.2 规划实施中的博弈论应用

由于各方追求目标的不同，最优方案的选择可能也会有所不同，因此，需要借助一定的冲突解决方法确定可行的用地方案。土地利用规划方案决策的博弈是通过规划的利益相关者实施，参与者之间的博弈过程可以较好地均衡各方利益，保证规划决策公平（刘耀林等，2011）。可通过以下方式解决方案决策冲突。

（1）各类公众使用同一套规划方案指标权重计算规划方案产生的各方面效益，这样公众根据效益排序，就可选择出共同的最优方案。

（2）各类公众各自对规划方案先排序，然后决策人员再根据各类公众的排序，使用名义群体技术（Nominal Group Technique，即快速回复、投票、讨论）决定最终的规划方案。

（3）各类决策者可以对指标权重或者方案进行投票。如果对指标权重进行投票，得到最多票数的那些指标将被用来计算规划方案的效益。为决定对哪些指标进行投票，可以使用群体决策方法。如果对方案直接进行投票，每个投票者都进行投票，那么占有多数的群体将具有巨大的优势。利益相关者还可以使用层次分析法（AHP）通过在互相竞争的利益中指出共同的部分，帮助消除冲突。

3.4　城市空间结构理论

　　城市空间结构是城市地理位置及其功能区分布特征的组合关系，是城市中物质环境、功能活动和文化价值等组成要素之间关系的表现方式。城市空间结构不仅要研究城市地域内各种空间要素的组合状态，还要研究各要素的相互作用机制，主要是从空间的角度探索城市形态和城市相互作用的结果（周春山 等，2013）。城乡接合部村镇建设是城市空间结构发生演变的重点区域，城市空间结构理论是其发展的重要理论支撑。

3.4.1　城市空间结构理论的特征

　　空间结构理论是目前城市空间问题上发展比较成熟的一套理论体系，其研究的目标和着眼点是各个客体在空间中的相互作用和相互关系，以及反映这种关系的客体和现象的空间集聚规模和集聚程度（丁成日，2006）。城市空间结构理论体现以下特征。

　　（1）城市空间结构的组成多重性。城市空间结构具有"空间"和"非空间"两种属性，一方面，城市空间结构是物质环境、功能活动和文化价值在空间的表现形式；另一方面，城市空间结构又包括在城市空间进行的各类经济、文化和社会等活动。此外，城市空间结构可分为城市内部空间结构和城市外部空间结构两部分，从地理空间角度，城市空间包括物质空间、经济空间和社会空间。

　　（2）城市空间结构的能量反馈性。城市的空间结构决定了人流、物流、信息流和能源的循环和空间态势。城市人口的集聚与扩散、城市产业结构的调整、城市郊区化的蔓延、城市的土地利用等都对生态环境有很大的影响。城市空间结构的演变通过一系列的反馈作用最终影响到社会经济活动及人类的发展。

　　（3）城市空间结构的演变动态性。城市空间结构随着时间的推移，始终处于不断变化和运动的过程。城市空间结构的变化一般表现为已经成为市区的城市建成区的空间结构调整和外延扩展两种方式（张静，2007）。在这两种方式作用下，城市空间结构开始由小到大、由单中心到多中心、由简单到复杂地进行演化，最后形成高度城市化的地区。

（4）城市空间结构的系统复杂性。城市空间结构是一个复杂的巨系统，对一个行业的投入将会导致整个城市投资、收入、就业和人口迁移的一系列变化。形成城市系统的关键在于能量交换。在不同的区位优势形成专门化后，城市系统就不仅仅在于交换，而是更注重于系统内部的良性循环。

3.4.2　城市空间结构的理论基础

3.4.2.1　西方城市空间结构理论的代表性学说

同心圆学说、扇形学说、多核心学说是西方城市空间结构理论的代表性学说。这三种学说较为深刻地揭示了城市土地利用和功能分区的一般性规律，强调了中心商务区在城市发展和功能分区中的主导作用。

同心圆学说是由伯吉斯在 1925 年提出的。这个模型的提出是以芝加哥城为基础的。该学说揭示了城市土地利用的价值分带：中心商务区土地利用层次最高；越靠近中心商务区，土地利用集约程度越高；越往城市外围，地租地价就越低。同心圆模式的优点是反映了一元结构城市的特点，动态分析了城市地域结构的变化。但该模式一个明显的缺点是过于理想化，形状很规则，对其他重要因素如城市交通的作用考虑太少。

扇形学说是由霍伊特综合了 64 个城市的房租调查资料后于 1939 年提出的，这个模式的突出特点之一是考虑了交通作用对功能区的影响。扇形模式是总结较多城市的客观情况而抽象出来的，所以适用于较多的城市。

多核心学说是由哈里斯和乌尔曼于 1945 年提出的。多核心模式的突出优点是涉及城市地域发展的多元结构，考虑的因素较多，比前两个模式在结构上显得复杂，而且功能区的布局并无一定的序列，大小也不一样，富有弹性，比较接近实际。其缺点是对多核心间的职能联系和不同等级的核心在城市总体发展中的地位重视不够，尚不足以解释城市内部的结构形态。

3.4.2.2　城市空间的集聚与扩散

美国城市理论家刘易斯·芒福德和英国的埃比尼泽·霍华德进一步用"磁力"理论来阐述城市的集聚和扩散功能。刘易斯·芒福德指出：城市作为一个封闭型容器的本质功能，是将各种社会成分集中起来，并为它们提供一个封闭的场所，使之能最大限度地相互作用。但是城市又不仅仅是一个容器，它的"形状与容量"并不是完全预定好的，必须首先吸引人群和各种组织，否则其就无生命可言。对于这一现象，埃比尼泽·霍华德称之为"磁力"。一座城市就是一个巨大的"磁场"，它通过"磁力线"向外放射出强烈的磁力，吸引着周围众多的人、财、物。这些人、财、物一旦被吸引到城市里来，便会被磁化，从而与城里原来的人、财、物一起放射出更强烈的磁力。城市"磁场"磁化了这些"磁化物"。物质产品和精神产品，即使离开了城市，它们依然带着这个城市明显的"烙印"，成为传播城市文明的重要媒介物。磁力理论亦把中心城市的各种"力"高度抽象为两种磁力——集聚力和扩散力。

中心城市的集聚主要源于中心城市的规模效益、市场效益、信息效益、人才效益、设施效益等，正是这些效益的吸引使得区域内的二、三产业，人口、人才、原料、资金和技术向中心城市集聚（藤田昌久等，2011）。而由于中心城市自身结构的优化、科技进步的推动，也由于规模效益的消失、土地价格的上涨、生活费用的攀升，当经济发展到一定阶段，中心城市的扩散是不以人的意志为转移的。其主要扩散形式为周边式扩散、等级式扩散、跳跃式扩散、点轴式扩散等。事实上城市的扩散形式往往不单纯采取一种形式，而是呈现混合式扩散，近年来，最为引人注意的是点轴扩散形式，即由中心城市沿主要交通干道串珠状向外延伸，从而形成扩散轴线式产业密集轴带，反映出交通干道往往是经济向外扩散的基本传递手段，它们在形成合理的经济布局、促进经济增长中发挥着极其重要的作用。

3.4.2.3 城市地租理论

城市级差地租产生的条件也是土地等级的不同。这种等级表现在土地位置距市场中心的远近、交通是否方便、人口流量是否足够大、配套设施是否齐全等方面。这就是说，作为城市地租，它和农业地租一样要受级差地租规律的调节。因为在城市土地所有权与使用权相分离的条件下，由于土地经营权被垄断，工业品或劳务的生产价格也将是由城市劣等地生产这些工业品或劳务的个别生产价格所决定的。其中，城市土地空间位置，包括交通便捷度、基础设施完善度、水文地质环境状况、聚集程度与生活便利度、环境状况等是影响城市基础地租的主要因素。

所谓集聚效益，从总体上说是指各种群体和个人在地域空间上集中所产生的经济效益。集聚效益可以分成两大类：一类是企业内部的规模经济效益，它适用于单独的厂商，一般说，企业内部的规模经济效益同该企业在城市土地上所处的位置优劣没有直接联系；另一类是企业外部的集聚效益，它包括区域化经济效益和城市化经济效益两个方面的内容。区域化经济效益主要是指在一个特定的区域空间内，一个特定行业的厂商享受该区域内同类厂商的数量和功能所带来的经济效益。城市化经济效益则具有更广泛的含义，即一个城市地区内全部经济活动对一个厂商的专业化分工协作上所产生的经济效益，以及城市提供各种专业服务和城市基础设施等系统功能所带来的经济效益。由此可见，企业的外部集聚效益主要产生于各企业在城市土地上所处的位置，所处的位置越优越，所获得的企业外部的集聚效益越大。

具体而言，首先，城市土地位置的优劣决定着企业距离市场的远近、运输时间的长短和运费的高低。良好的城市土地区位能保证企业以较低的成本、较少的时间获取生产所需的原材料和运输制成品。其次，城市土地位置的优劣决定着市场容量的大小，从而直接决定着企业销售额。在一定的区域内，城市作为大量人口和企业群体的载体，意味着城市本身是一个巨大的市场，这不仅使处于城市的企业通过充分挖掘本地市场而降低其产品销售成本、配货成本和财务成本，而且由于城市内各个区域的人口和企业，特别是商店的集中程度差异，将导致同一城市内各个不同地段具有不等的级差生产力。

3.4.3　城乡接合部演变的空间结构理论

城市空间结构理论由同心圆学说、扇形学说、多核心学说以及区位理论、城市地租理论、核心—边缘理论、城市集聚扩散理论和城乡关系理论等集合而成（杨永春，2003），但都是以城市为研究对象，具体针对城乡接合部的空间结构理论则需要进行梳理与调整。城市空间结构的基础理论对城乡接合部融入城市进行整体建设与发展具有科学的指导意义。

（1）城乡接合部演变的效益驱动。城乡接合部演变的效益驱动主要是集聚效益与扩散效益的同步作用，为追求效益最大化，资源从农村向城市集聚，产生集聚效益，这是城市化的能动力。集聚效益使城市能量增大，引起效益倍增。同时，扩散效益使城市规模扩大，促进农村城市化发展，缩小城乡差距，而由此产生的交汇地带演变即城乡接合部的演变。

（2）城市与城乡接合部的主导与依附驱动。城市作为人类和经济活动集中的场所，其发展在很大程度上决定和支配着城乡接合部的发展道路。城市以其集聚规模的优势支配大量的资源从而维持其核心地位，城乡接合部则处于对核心区的依赖地位。但核心区与边缘区间的空间结构地位和相互关系并不是一成不变的，大城乡接合部的形成演变是一个在集聚效益产生的集聚力和扩散效益产生的均衡力的驱动下，城乡要素由无序交汇到有序融合，最终实现城乡一体化的过程。

（3）城乡接合部演变的要素驱动。城乡要素自内向外扩散与自外向内的集聚是城乡接合部演变的要素驱动，城乡接合部在城市扩散的作用下，不断接受城市中心转移出来的人口和产业，同时，这一地区也是不少外来人口在城市极化作用下集聚的地域（王发曾等，2009）。

因此，城乡接合部村镇处在城乡要素驱动的重要节点，城乡接合部的规划建设要以城市空间结构理论为依托，遵循城市发展与扩张的空间结构理论，以城乡统筹发展理论为目标，破解城乡二元结构的发展困局，实现城乡统筹、一体化推进的发展局面。

4

城乡接合部的现实特征与
实地调研

城乡接合部处在利益与矛盾交织的地带，保障发展、保护耕地与改善环境协调共赢的需求在城乡接合部更为迫切，同时，诸如农民上楼、环境整治、外来人口管理、集体经济转换以及绿色空间实施等问题在城乡接合部区域也非常突出，在不同区域，城乡接合部的现实特征有其特殊性。本书的研究选择北京、武汉、成都、杭州等城市调研城乡接合部现状，从人口、产业、环境、土地、生态、体制、空间 7 个方面分析不同类型城市城乡接合部区域的特征与问题。结合在北京、杭州、成都开展的城乡接合部区域的实地调研及问卷调查，分析民众对城乡接合部规划实施与土地利用问题的基本认识。在此基础上，系统揭示城乡接合部在发展与规划建设中的问题。

4.1 城乡接合部的现实特征

4.1.1 北京市城乡接合部土地利用与现实特征

4.1.1.1 北京市城乡接合部的范围及土地利用现状

城乡接合部是"城市市区与郊区交错分布的接壤地带""规划确定为建设用地，国有土地和集体所有用地混杂地区；以及规划确定为农业用地，在国有建设用地包含之中的地区"。按照北京市规划管理的实际情况，北京市城乡接合部区域范围是指北京市中心城区的城乡接合部，其内边缘是中心城中心地区边界，外边缘是 2004 版总规划中心城边界，含朝阳、海淀、丰台、石景山四区中心城边缘地带以及与大兴、昌平相接壤地区（图 4 - 1）。

北京中心城区城乡接合部面积约为 753 平方千米，涉及行政村约 284 个，城乡接合部范围内的土地大部分被征为国有，原来的集体产业用地、农民宅基地继续保留为集体所有，成为目前城镇集体建设用地的主要来源（国务院发展研究中心，2014）。

据北京市土地利用变更调查成果，2015 年北京市辖区面积为 16 406.16 平方千米，其中国有土地面积为 3 140.45 平方千米（占 19.1%），集体土地面积为 13 265.71 平方千米（占 80.9%），集体建设用地面积为 1 556.21 平方千米。按用途分类，全市共有农用地 11 478.31 平方千米（占 69.97%）；建设用地 3 570.49 平方千米（占 21.76%），其中城乡建设用地有 2 912. 25 平方千米；未利用地 1 357.36 平方千米（占 8.27%）。在 3 570.49 平方千米建设用地中，集体建设用地面积为 1 556.21 平方千米，约占建设用地面积的49.59%。集体建设用地的集约利用与规划建设是城乡接合部区域在城市化快速发展中的主要问题。

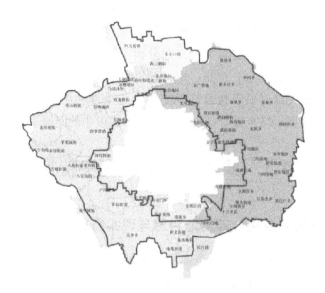

图 4-1　北京市中心城区城乡接合部范围

4.1.1.2　北京市城乡接合部的现实特征

由于城市中心对大量低收入人口和低端服务业存在需求，而城市中心又不能及时满足这种需求，从而迫使这类人群在城乡接合部一带聚集；另外，城乡接合部交通方便、生产成本和生活成本低，大量外来人口需要相对低廉的服务，由此形成了特定的基础设施和环境特征；与此同时，瓦片经济依赖外来人口，农民和村集体依赖瓦片经济，土地与房屋租赁锁定双方利益。因此，北京市中心城区城乡接合部外来人口近郊大量集聚、户籍人口与流动人口比例倒挂。

城乡接合部的产业呈现低、小、弱、散的特点（曾赞荣等，2014），主要是指：产业层次低，以产业链中的低端制造业、批发零售业为主；经济效益小，现状集体产业用地的地均产出普遍低于全市水平；现状大部分集体经济组织出于经营水平和风险的考虑，对其产业用地的经营以土地出租为主要方式，收益较低，对农民的保障能力弱；空间布局分散、无序。

在城乡接合部区域支撑性基础设施少，路况差；厌恶性基础设施多，公共服务设施少；城乡接合部是目前城市建设最活跃的地区，区域内土地开发快，但绿化实施难，成片绿地少。在体制上，城乡接合部区域的政策变化快，部门间的协调不足，上下利益错位现象突出。在空间上不同规划实施中呈现建设用地规模、布局的矛盾，并且，宏观规划统筹与微观利益、静态规划与动态建设之间不协调，土地利用总体规划、城市规划与相关规划等不统一。

4.1.2 武汉市城乡接合部的范围界定与现实特征

4.1.2.1 武汉市城乡接合部的范围界定

在武汉市城乡接合部界定中，依据城乡接合部的内涵与特征，考虑城市中心区和乡村的差异性，在性质相对单一的城市中心区和乡村地区划定的基础上，剩余部分作为城乡接合部。同时要保持行政边界的完整性。研究中采用村级行政界线为单位界定，便于政策、规划的制定与实施，也便于获取资料，增强可操作性。

《武汉市城市总体规划（2010—2020年）》提出都市发展区的空间结构，认为都市发展区（图4-2）是城市功能的主要集聚区和城市空间的重点拓展区，按照土地集约、产业集聚、人口集中的原则，统筹布局城市产业、居住、交通、生态、游憩等主要功能，统一安排基础设施建设，形成布局合理、结构有序的城镇化集中发展区域。

规划中对都市发展区的界定为：都市发展区以外环高速公路附近的乡、镇行政边界为基本界线，东到阳逻、双柳、左岭、豹澥，西至走马岭、蔡甸城关镇、常福，北抵天河、横店、三里，南达纱帽、金口、郑店和五里界，总用地面积3 261平方千米。规划至2020年都市发展区城镇建设用地面积906平方千米，城镇人口880万人，人均城镇建设用地面积103平方米。

武汉市城乡接合部是指城市规划所确定的在规划期内不被用于城市集中大规模建设的用地，主要包括城市规划所划定的集中建设区以外的禁止建设区、限制建设区以及独立集镇、村庄及其他建设用地。城乡接合部主要分布在三环线以外区域，涵盖六大生态绿楔的核心区、主要的绿楔间生态廊道、城镇发展轴向上其他集中成片的禁限建区，以及天河、柏泉、大集、覃庙、花山、三里等集镇，总用地规模为1 951.87平方千米，约占武汉市总面积的22.78%（图4-3）。

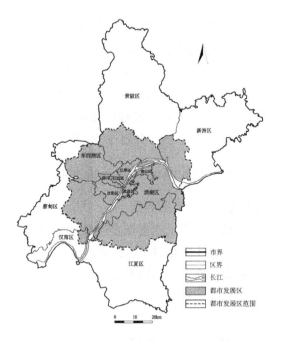

图4-2　武汉市都市发展区空间范围

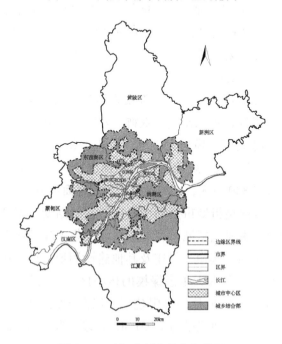

图4-3　武汉市城乡接合部范围

武汉市城乡接合部涉及 13 个武汉市辖区中的 8 个区以及东湖自主创新示范区、武汉经济技术开发区、东湖生态旅游风景区 3 个产业园区，共 37 个乡（镇、街）664 个村。

4.1.2.2　武汉市城乡接合部的基本特征

武汉市城乡接合部规划范围内主要以禁建区和限建区为主。禁建区面积为 1 397.6 平方千米，限建区面积为 306 平方千米，区内山水资源分布较多，现有山体面积 75.16 平方千米，水体面积 470 平方千米（含长江、汉江 140.5 平方千米），山体水体总面积为 545.16 平方千米。区域内现状耕地面积比重较大，但基本农田保护面积小。武汉市第二次土地调查数据显示，都市发展区非集中区域内耕地面积为 638.4 平方千米，占区域面积的 32.71%，而武汉市土地利用总体规划（2006—2020 年）划定的基本农田保护面积为 59 平方千米。

在城乡接合部范围内建设用地布局分散。在城乡接合部内现状城镇及工矿用地为 201.54 平方千米，占区域面积的 10.33%，且农村居民点零散布局，仅村庄类图斑（代码：203）就有 5 572 个，面积为 1 213.19 平方千米；建制镇图斑有 1 412 个，面积为 39.10 平方千米；工矿用地多沿交通干道布置。

生态用地存在被侵占现象，且生态功能有减弱趋势。区域内生态环境基础较好，市域内众多的湖泊和山峦孕育了多样的生态系统和丰富的物种，生态系统类型比较齐全，有湿地生态系统、湖泊生态系统、森林生态系统、河流生态系统、草地生态系统、城市绿地生态系统等。但由于往年重效益、轻生态的思想，大量的湖泊湿地被开垦，原生林地被经济林地取代，导致生物多样性受到破坏，植物种类和数量减少，城市环境的生态功能在不断下降。

未利用地中河流、湖泊水面面积较大，可开发利用的面积有限，且开发利用难度较大。区域内未利用地主要以河流和湖泊水面和内陆滩涂为主，其中河流水面 156.73 平方千米、湖泊水面 294.94 平方千米、内陆滩涂 54.34 平方千米，分别占城乡接合部面积的 8.03%、15.11% 和 2.78%，可见武汉市可开发利用的后备资源相对紧缺，除水面外的荒草地和滩涂可供开发利用，但绝大部分也存在明显的限制性因素，开发利用难度较大，若开发利用措施不得当则不利于城市生态平衡的保持和土地的可持续利用，要在保护生态环境的前提下适度开发。

4.1.3 成都市城乡接合部的现实特征

4.1.3.1 成都市城乡接合部的空间范围

综合多数关于成都市城乡接合部（或城市边缘区）的研究（戴宾，2006；蔡银莺等，2016），成都市城乡接合部的空间范围位于三环路两侧至绕城高速外围，在不同的轴向，沿交通干线扩展至第二绕城高速。西南方向延伸到双流区黄甲镇，东面延伸至龙泉驿区、青白江区行政辖区界，南面扩展到双流区正兴镇，西面至郫都区和温江区城区，北面则沿京昆高速扩展至青白江区城区。在问卷调研与研究过程中，基本按照成都市近郊区所辖行政范围开展研究（如图4-4）。

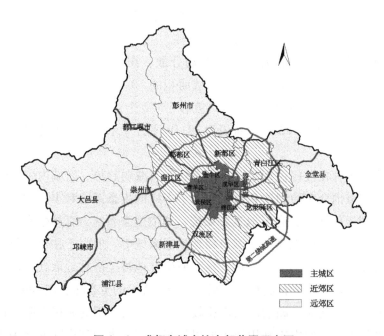

图4-4 成都市城乡接合部范围示意图

4.1.3.2 成都市城乡接合部的基本特征

圈层结构与轴向发展特性。成都市城乡接合部呈现明显的圈层结构，城市空间的拓展是以圈层式向外蔓延，从三环到绕城高速，再到第二绕城高速，城乡接合部也在动态向外演进，除圈层式结构外，沿交通干线轴向发展的趋势非常显著。

城乡统筹改革的实施使成都市城乡接合部区域发展不平衡与城乡发展失衡有所缓解，特别是成都市城乡统筹的土地利用制度改革，使城乡接合部农村、农民有了新的发展契机，部分区域实现了产业互补、资源整合与空间优化的城乡一体化管理体制。

此外，在城乡接合部还存在人口混杂（外来人口集中）、城市乡村穿插、土地利用杂乱（大学城、商品房、自建房、工厂和耕地交叉并存）以及城乡管理体制的并存（乡镇村与街道办社区镶嵌）等城乡接合部的共有特征。

4.1.4 杭州市城乡接合部的空间范围与现实特征

4.1.4.1 杭州市城乡接合部的界定

依照国务院批复的杭州市城市总体规划（2016 年修订），结合城市总体规划确定的"一主三副六组团六条生态带"的空间结构，"一主三副"即主城和江南城、临平城、下沙城三个副城；"双轴"即东西向以钱塘江为城市生态轴，南北向以主城——江南城为城市发展轴；"六大组团"即余杭组团（未来科技城）、良渚组团、瓶窑组团、义蓬组团（大江东新城）、瓜沥组团和临浦组团；"六条生态带"即西南部生态带、西北部生态带、北部生态带、南部生态带、东南部生态带以及东部生态带。综合考虑这个城市空间格局，初步确定中心城区和城乡接合部范围。并通过区域人口密度变化、建设用地比例变化和农业产值比重变化的分析，采用叠加分析综合界定杭州市城乡接合部的区域范围（王纪武等，2015），杭州城乡接合部的范围主要涉及西湖区、余杭区、江干区、滨江区、萧山区等城区的部分乡镇，如图 4 –5 所示。

4.1.4.2 杭州市城乡接合部的基本特征

空间形态特征：城乡接合部具有不明显环状形态，受地形和城市开发边界的限制，杭州市主城区城乡接合部主要集中在中心城区北部和东部的余杭区、萧山区。空间尺度特征：城乡接合部区域的空间尺度巨大。发展功能特征：城乡接合部构成了"一主三副六组团"共同的发展腹地或平台。

4.1.5 不同城市城乡接合部特征比较

城乡接合部作为介于城与乡之间的过渡地带，有其固有的特殊性，并且基于我国人口政策、土地制度等方面的基本国情，城乡接合部的基本特征主要体现在土地利用、经济形态、空间结构、社会人口以及景观生态等方面。

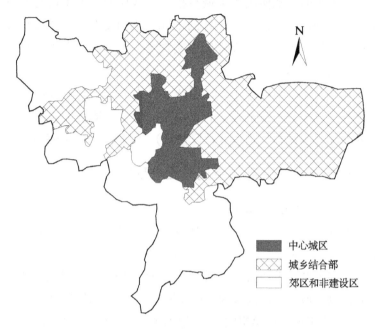

中心城区
城乡结合部
郊区和非建设区

图 4 - 5　杭州市城乡接合部范围示意图

（1）土地利用特征。由于二元土地管理制度的存在，城乡接合部土地利用类型多样、权属复杂、变动剧烈，并且土地利用矛盾突出；同时，城乡接合部处于城市扩张的前沿，随着产业和人口的转移，城乡接合部农用地锐减，土壤污染状况较为严重；并且，区域内产业结构偏低、布局零散，土地使用效率低、利用较为粗放，呈现"农村包围城市"与"城市包围农村"的并存局面，并导致违法建设较多。

（2）经济形态特征。城乡接合部同时受城市和农村经济的双重影响，其经济形态具有综合性与多样化的特点，既有城市功能区经济和集中布局的高新技术产业，也有为城市经济服务配套的物流、食品加工、包装印刷等产业，此外，以租赁经济和传统作坊等为主的农村集体经济与之并存。

（3）空间结构特征。随着城市建设步伐的加快，昨日的郊区已变成今日的城区，而今日的郊区也即将变成城区，城乡接合部也不断外移；并且，城乡接合部内部结构混杂，城市与乡村的并存导致空间破碎不断加剧，使得该区域规划建设的实施更为困难。

（4）社会人口特征。城乡接合部具有城市和农村的双重社会文化背景，城市社区与村庄并存,在户籍制度与文化观念等方面均体现了典型的"二元"化特征,呈现城市居民、农村居民、外来流动人口混杂,其受教育程度不同、职业多样、收入差异较大,具有明显的社会分异现象。

(5)景观生态特征。城乡接合部同时具有城市和乡村景观,但并非城市与乡村景观的叠加,城乡的融合渗透使得区域的农业生态景观被破坏,城市生态系统残缺,导致区域生态环境较差,且土地利用变动剧烈,景观扰动与生态破坏严重。

研究从人口、产业、环境、土地、生态、体制、空间7个方面分析不同类型城市城乡接合部区域的特征要素与存在问题(李强等,2015),汇总结果见表4-1。

表4-1 我国城乡接合部现实问题剖析

问题层面	问题体现	成因分析	实证说明
土地	权属混杂、开发活跃、违建较多	城市存量建设资源有限,城市蔓延扩展趋势明显;集体土地与国有土地同地不同权	北京城乡接合部国有和集体所有土地各占一半;北京市边缘区和绿隔地区占中心区新增城市建设用地的63%
人口	外来人口多	城市外来人口多;城乡接合部交通方便、生产和生活成本低;集体经济依赖外来人口	北京市城乡接合部范围内户籍人口约250万人,而流动人口总量约404万人
产业	低小企业多	产业层次低;依靠土地与房屋出租收益;集体建设用地空间布局分散	北京市大兴区西红门镇集体产业占地约952万平方米,建筑规模约960万平方米,外来人口约7.5万人,以物业出租为物流、服装、食品加工、印刷包装为主
环境	基础设施少、综合环境差	设施与环境超负荷运营;建设时序不合理	支撑性设施少,公共服务设施少,厌恶性基础设施多;基础设施占建设用地比例低
生态	绿化实施难	拆旧建绿安置用地多、生态用地少,规划实施难以协调	北京市第一道绿化隔离带内已实施绿化面积仅占规划绿地面积的64%

续表

问题层面	问题体现	成因分析	实证说明
体制	政策变化多	城市规划与土地利用总体规划的协同性不足；土地利用政策调整	人口增长速度远超城市规划预期，政策调整频繁，市、区、村镇间利益难协调
空间	规模与布局的矛盾并存	建设用地总量与规划实施间难以经济平衡；规划空间布局与建设用地实施无序增长	北京市 50 个重点村可改造集体建设用地面积为 85 平方千米，但实施成本区域差异大

4.2　城乡接合部综合调研

4.2.1　城乡接合部综合调研安排

城乡接合部作为介于城与乡之间的过渡地带，有其固有的特殊性，基于我国人口政策、土地制度等方面的基本国情，城乡接合部的基本特征主要体现在土地利用、经济形势、空间结构、社会人口以及景观生态等方面（Ganta，2011）。城乡接合部已成为我国社会转型时期多种矛盾冲突的交汇地，被视为"问题区域"，涉及农民上楼、环境整治、外来人口管理、集体经济转换以及绿色空间实施等多项问题，体现在土地、人口、产业、环境、生态、体制、空间等 7 个层面。基于城乡接合部的特性和现实问题，按照个体差异、规划实施现状与规划实施意愿 3 类要素设计调查问卷。本书项目组在 2014 年6 月至 12 月，就城乡接合部区域规划建设方向与土地利用问题进行了综合调研，在北京、成都、杭州的城乡接合部区域开展问卷调查，对于武汉市城乡接合部区域，则与武汉市国土资源与规划局合作，重点开展城乡接合部区域规划建设模式与土地利用机制方面的综合研究。

调研过程中，组织了首都经济贸易大学、浙江财经大学、成都理工大学的师生分别开展调研，调查中，三地共发放问卷 735 份，收回有效问卷 642份，同时，还实地了解了城乡接合部在土地利用、规划建设、产业发展与生态环境方面的实际状况，对城乡接合部的建设现状与发展诉求有了直观了解，对部分重点区域开展了具体研究。

4.2.2　问卷调查情况

（1）北京市城乡接合部。2014 年 10 月，组织首都经济贸易大学土地资源管理专业的部分硕士研究生和本科生，在北京市城乡接合部区域开展调研，调查共获得 299 份调查问卷，剔除漏答关键信息及出现错误信息的问卷 19 份，有效问卷为 280 份，有效问卷比例达到 93.65%。280 个有效抽样样本中 33.93% 年龄介于 35 至 50 岁，40.71% 职业为农民，44.95% 户籍类型为本市农业户口，52.31% 住宅类型为农村宅基地自建房，37.86% 收入来源为打工，抽样群体基本符合预先设定的调查人群。

（2）杭州市城乡接合部。2014 年 11 月，组织浙江财经大学的部分师生在杭州市富阳区、萧山区、余杭区城乡接合部进行随机抽样问卷调查，共收集 234 份调查问卷，剔除漏答关键信息及出现错误信息的问卷 54 份，有效问卷为 180 份，有效问卷比例达到 76.92%。180 个有效抽样样本中 47.80% 年龄介于 35 至 50 岁，45.00% 职业为农民，76.70% 户籍类型为本市农业户口，68.30% 住宅类型为农村宅基地自建房，62.20% 收入来源为打工，抽样群体基本符合预先设定的调查人群。

（3）成都市城乡接合部。2014 年 11 月，组织成都理工大学的部分师生在成都市成华区、龙华区、天府新区等 7 区县城乡接合部进行随机抽样问卷调查，共收集 202 份调查问卷，剔除漏答关键信息及出现错误信息的问卷 20 份，有效问卷为 182 份，有效问卷比例达到 90.10%。182 个有效抽样样本中 35.20% 年龄介于 35 至 50 岁，25.30% 职业为农民，42.90% 户籍类型为本市农业户口，45.10% 住宅类型为农村宅基地自建房，41.80% 收入来源为打工，抽样群体基本符合预先设定的调查人群。

4.2.3　受调查人群个人特征情况

三地的调查共收集 735 份调查问卷，剔除漏答关键信息及出现错误信息的问卷 93 份，有效问卷为 642 份，有效问卷比例达到 87.35%。642 个有效抽样样本中 38.16% 年龄介于 35 至 50 岁，37.54% 职业为农民，55.14% 户籍类型为本市农业户口，54.83% 住宅类型为农村宅基地自建房，45.79% 收入来源为打工，抽样群体基本符合预先设定的调查人群，受调查群体个人特征变量对比见图 4-6。

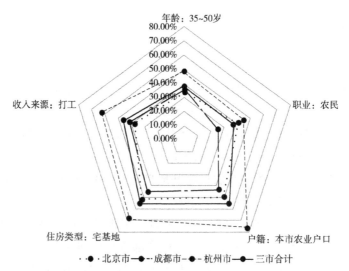

图4-6 北京、成都、杭州三地城乡接合部受调查群体个人特征变量对比

4.2.4 规划实施认知基本情况

关于城乡接合部的规划实施情况，本研究从以下9个方面考察城乡接合部居（村）民对规划实施的认知情况，研究对调查结果进行了初步统计。

（1）关于"您是否了解所在区域的规划情况"，受访人群中，北京市城乡接合部居（村）民对规划的了解情况最高，但也仅为31%，成都市和杭州市的受访人群对所在区域的规划了解情况均不足30%，具体情况见图4-7。可见城乡接合部的大部分居（村）民对所在区域的规划情况都不太知情。

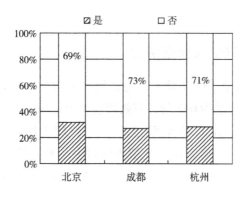

图4-7 是否了解所在区域的规划情况统计

（2）关于"您认为所在区域的建设与发展是否按照规划实施的"，对于了解所在区域规划情况的受访群众，进一步调查受访者认为所在区域的建设与发展是否按照规划实施，其中北京市城乡接合部仅有23%的受访者认为当地的发展与建设是按照规划实施的，而成都有62%的受访者认为当地的建设与发展规划相一致，受调查群众反映情况见图4-8。

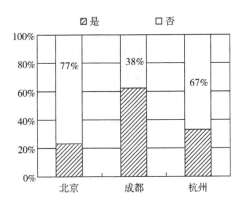

图4-8 所在区域的建设与发展是否按照规划实施统计

（3）关于"您认为所在区域的公共基础设施是否完备"，对于所在区域公共基础设施的完备情况认知（图4-9），杭州市城乡接合部有46%的受访者认为较为完备，成都仅有21%的受访者认为较为完备，可见在东部沿海城市公共基础设施建设较好，而北京的受访者认为公共基础设施完备的只有25%。

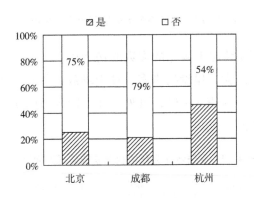

图4-9 城乡接合部公共基础设施完备情况统计

认为所在区域的基础设施不健全的受访者，主要认为商业、教育、医疗交通、文化体育等设施较为缺乏，不同城市的统计情况见表4-2。

表4-2　受访者认为公共基础设施缺乏情况统计表 （%）

城市	商业	医疗	教育	交通	文化体育	公园绿地
北京	42	39	40	38	33	15
成都	22	43	27	48	43	6
杭州	21	32	15	37	15	11

（4）关于"您对所在区域的环境状况是否满意"，对于城乡接合部环境状况的满意程度（图4-10），北京最低，仅有18%，成都与杭州也分别仅为21%和22%。可见在城乡接合部区域，大部分的受访者对区域的环境状况均不满意，环境问题是城乡接合部要重点解决的方面。

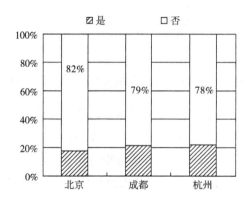

图4-10　城乡接合部环境状况满意度统计

其中，认为环境状况不满意的多数受访者中，主要认为环境状况差体现在绿色空间少、噪声大、建设扬尘多、垃圾堆放乱等几个方面，对北京、杭州成都进行初步统计（表4-3），可见，在不同区域的城乡接合部，受访者关注的方向有所差异。

表4-3　受访者认为环境状况差的体现方面统计表 （%）

城市	绿色空间少	噪声大	建设扬尘多	垃圾堆放乱
北京	28	37	33	44
成都	31	49	43	42
杭州	25	30	21	18

（5）关于"在拆迁安置中，按照什么标准制定补偿最合理，最容易接受的补偿方式是什么"，在拆迁安置中补偿标准制定依据和补偿方式的调查中，北京、杭州与成都的城乡接合部区域也有显著差异（图4-11），北京市城乡接合部的诉求较为平均，各方比例较为接近；而杭州市和成都市的城乡接合部更多地倾向于依据户籍人口、房屋面积和土地面积综合制定补偿标准。

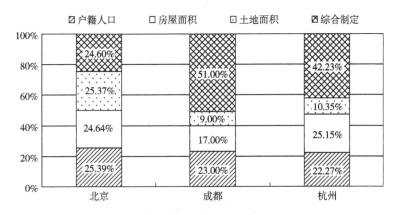

图4-11 补偿标准制定依据意愿调查统计

在补偿方式的意愿调查中，北京市城乡接合部较多地选择商品住房和货币补偿两类，而在成都市和杭州市的城乡接合部，大多数受访者希望安排就业、经营用房、商品住房和货币补偿综合配比，均占43%左右，具体各项占比见图4-12。

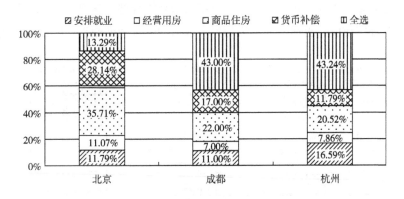

图4-12 补偿方式意愿调查统计

（6）关于"您认为城乡接合部区域适合以何种形式推进产业发展"，关于城乡接合部区域适合以何种形式推进产业发展的认知情况（图4－13），在北京和成都，认为通过政府实施开发区建设的占显著多数，分别达34.29%和47%，而在杭州市城乡接合部区域，约有43%的受访者希望发展集体产业，但希望通过政府实施开发区建设也达37%，东西部经济发展的差异也导致民众在区域开发上认知的不同，另外，调查数据显示，仅靠出租厂房和土地的形式进行城乡接合部开发建设已不能得到大部分受访者的认可。

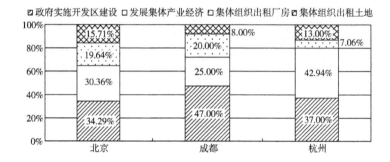

图4－13　城乡接合部区域产业发展方式意向调查统计

（7）关于"您认为哪种规划建设模式最易于您所在区域的城乡接合部实施"，通过向受访者介绍土地储备、村企合作、土地综合整治、自主改造、整建制转居等城乡接合部规划建设模式的特点，调查北京、成都、杭州三地的城乡接合部居（村）民对区域规划建设模式的认可度（图4－14），土地综合整治是最受欢迎的规划建设模式，尤其是在成都市城乡接合部，达50.91%，而在杭州则是村企合作建设、土地综合整治与自主改造的受欢迎度相当，均在27%左右。

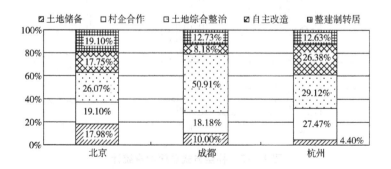

图4－14　受访者倾向的城乡接合部规划建设模式调查统计

4.2.5 区域土地利用的认知情况

4.2.5.1 调查内容设计

关于城乡接合部的土地利用情况，本研究从 7 个方面考察城乡接合部居（村）民对区域土地利用的认知情况（表 4 - 4）。

表 4 - 4 城乡接合部土地利用认知情况调查内容设计

序号	问题	内容
1	所在区域是否为国有土地与集体所有土地并存	A. 是 B. 否，均为国有土地 C. 否，均为集体所有土地
2	集体所有土地（土地使用权）是否可以出让、转让	A. 是，应和国有土地一样同地同权 B. 否，集体土地要经征收（购）才可出让
3	城乡接合部的土地利用问题突出体现	A. 违法建设多 B. 土地权属不清 C. 土地征而不用，闲置浪费 D. 土地利用散乱，缺少规划 E. 管理机制不完善
4	城乡接合部区域的耕地应该如何利用	A. 种植粮食作物 B. 蔬菜、花卉经营种植 C. 进行建设开发 D. 发展休闲农业
5	如何优化城乡接合部土地利用结构与布局	A. 纳入城市规划范围，实施城市总体规划 B. 集体组织进行自有用地规划
6	为推进城乡接合部科学健康发展，哪些土地利用举措最为迫切	A. 实现集体土地与国有土地同地同权 B. 严格保护耕地 C. 制定城乡接合部建设规划 D. 实施土地综合整治
7	对于城乡接合部的规划建设与土地利用保障，您有何具体建议	开放性建议

4.2.5.2 土地权属状况

在城乡接合部区域，大部分受访者都知晓所在区域的土地权属状况（图4－15），其中，成都市城乡接合部67%的受访者所在区域土地为国有与集体并存，北京、杭州也分别为51.43%和40.59%；也有部分受访者所在区域均为国有土地，也就是说该区域已完全城市化，但所占比例较少，北京、成都、杭州的受访对象所在区域全部为国有土地所占比例分别为19.28%、12%和28.82%；而在较为偏远的区域，土地则全部属于集体所有土地。

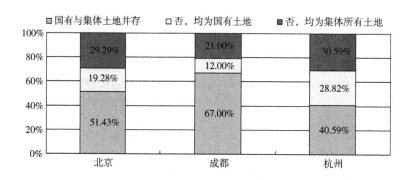

图4－15　受访者所在区域的土地权属状况调查统计

4.2.5.3 集体所有土地的土地使用权是否可以出让、转让

北京、成都、杭州三地城乡接合部的受访者均有50%以上的认为集体所有土地应该和国有土地同地同权，但由于现行土地制度多年实施情况影响，三地也有40%左右的受访者认为集体土地应经过征收（购）才可进行出让，具体情况见图4－16，这也反映了城乡接合部居（村）民对实现同地同权的基本诉求。

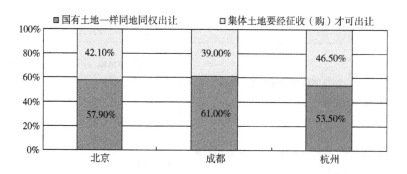

图4－16　受访者认为的集体土地所有权权能状况调查统计

4.2.5.4 城乡接合部土地利用问题的突出体现

在北京、成都、杭州三地的城乡接合部，违法建设多、土地权属不清、土地征而不用与闲置浪费、土地利用散乱与缺少规划、管理机制不完善等土地利用问题均较为突出，受访者认为的城乡接合部土地利用问题情况见图4-17，其中：北京市城乡接合部土地征而不用、闲置浪费现象最少，为16.75%；而成都市城乡接合部最多，为25.41%；杭州市城乡接合部民众认为土地违法现象较为突出，为32.37%。

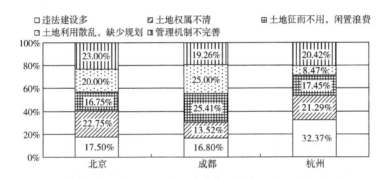

图4-17 受访者认为的城乡接合部土地利用问题调查统计

4.2.5.5 如何利用城乡接合部区域的耕地

对于如何利用城乡接合部区域的耕地，受访者认为的城乡接合部耕地利用方向调查结果见图4-18。北京市城乡接合部的受访者有40.71%希望进行建设开发；成都有32.69%的受访者建议以发展休闲农业的方式利用耕地；杭州也有37.37%的受访者建议利用城乡接合部耕地发展休闲农业。受访者的意愿也反映不同城市建设用地的稀缺程度。

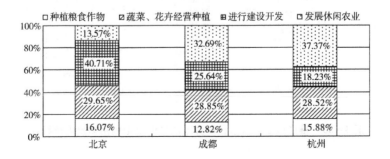

图4-18 受访者认为的城乡接合部耕地利用方向调查统计

4.2.5.6 如何优化城乡接合部土地利用结构与布局

如何优化城乡接合部土地利用结构与布局调查结果见图4－19。大部分受访者都希望将城乡接合部区域纳入城市规划范围，实施城市总体规划，北京、成都、杭州城乡接合部的受访者中，分别为64.64%、77%和57.65%；对于集体进行自有用地规划的认可度不高，从另外的角度也体现了城市规划在城市建设发展中的重要地位。

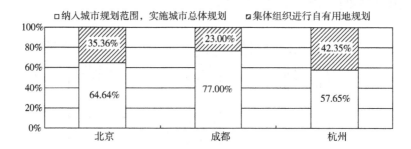

图4－19　如何优化城乡接合部土地利用结构与布局调查统计

4.2.5.7 推进城乡接合部科学健康发展的土地利用重要举措

对于如何促进城乡接合部科学健康发展，调查结果见图4－20。三地的受访者在所设选项中，较多的集中在实现集体土地与国有土地同地同权以及制定城乡接合部建设规划两个方面。北京市城乡接合部的受访者有32.14%期望实现同地同权，有28.21%的受访者希望制定城乡接合部建设规划；在成都，这两项的支持率分别为24.55%和31.74%；杭州市城乡接合部则分别为32.94%和28.24%。

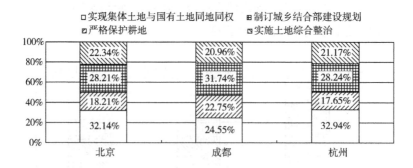

图4－20　推进城乡接合部科学健康发展的土地利用举措调查统计

5

城乡接合部规划建设模式评析

在城市空间演进的发展历程中，城乡接合部规划建设是城市空间结构演化的直接结果，国内外城乡接合部的发展经验形成了诸多的规划建设模式，而城乡接合部规划建设与区域的产业发展相辅相成，城市产业空间结构扩散与发展对城市空间结构的演进与城乡接合部的动态发展具有显著作用。因此，本书分析国际上规划建设与产业发展的经验，借鉴其发展的成功模式与规划思想，结合国内城乡接合部规划建设的现状与发展战略，系统总结国内城乡接合部规划建设过程中形成的各具特色的发展模式，综合评价城乡接合部规划已有的规划建设模式与土地利用改革创新机制，并从民生保障（农民上楼与就业）、经济发展（产业布局与业态引导）、空间布局（建设用地布局与规模）、设施配置（交通与市政）与环境改善（生态安全格局与景观形态）5 个层面实施城乡接合部规划建设模式评价。

5.1　国际上规划建设的经验借鉴

5.1.1　国际上规划建设实施的理论思想

城市规划建设在西方发达国家的城市发展中具有举足轻重的作用，国际上规划建设的理论思想主要包括田园城市、卫星城镇和灰色区域理论，在目前的城市规划、新城建设以及城乡接合部发展等方面具有重要的指导意义与实际价值。

5.1.1.1　田园城市

英国社会主义空想家、乌托邦主义者霍华德（E. Howard）于 1898 年出版了《明天：通往真正改革的和平之路》（*Tomormw：A Peaceful Path to Real Reform*），后改名为《明日的田园城市》（*Garden Cities in Tomorrow*），提出田园城市的规划发展思想。在《明日的田园城市》中为克服当时城市无限发展、大城市病日趋严重等问题提出了"田园城市"的概念。他主张用公园、大道等将城市分区，控制大城市人口和用地规模，城市的增长靠在距其周围"乡村"地带不远的地方另建一座新城镇，而新城镇也会有自己的乡村地带。直到随着时间的推移形成一个环绕中心城市的城市群，整个组群中的每一个居民虽然居住在一个小镇上，但实际上是居住在一座宏大而无比美丽的城市中。

霍华德设想了由六个单体田园城市围绕中心城市的田园城市群体组合模

式。其地理分布呈现行星体系特征，中心城市的规模略大些，面积也相应较大。城市之间以快速交通和即时迅捷的通信相连。各城市经济上独立，政治上联盟，文化上密切联系。霍华德田园城市的群体组合把城市和乡村统一成一个相互渗透的区域综合思想，形成一个多中心、整体化运作的城市系统，首次提出了城乡一体融合发展的新模式。《明日的田园城市》针对现代社会出现的城市问题，提出带有先驱性的规划思想，针对城市发展中的城市规模、布局结构、人口密度、绿带等城市规划问题，提出一系列独创性的见解，形成了比较完整的城市规划思想体系。

田园城市思想的核心体现在 4 个方面：①田园城市以绿地为空间手段解决城市社会状况，其对今天的城市开放空间规划、生态绿地规划具有奠基作用。②强调田园城市的组织管理，形成具有约束力的城市规划、建设方案审查制度。③注重城市社会目标的实现，通过公共政策和土地价格机制，建立各种形式的合作社，配置各种社会基础设施等。④强调城市的空间组织，限制城市用地规模，构建便捷的交通网络沟通各功能区。

5.1.1.2 卫星城镇

卫星城镇的理念是在宏观上奉行分散发展的战略，将过度拥挤的老市区人口分散至市区周围经规划的独立社区——卫星城镇之中。第一代卫星城基本上是从属于母城的卧城，只有简单的生活设施。第二代卫星城开始建有一定数量的工厂企业和公共服务设施。第三代卫星城更加独立演变为新城，具有多种就业机会。第四代卫星城与母城形成多中心开敞式城市结构，母城功能也扩散到卫星城，每个城市都成为行政、经济和社会的中心。美、英、法、日等国在卫星城和开发区规划时注重了城乡一体统筹规划，以及环境整治和生态保护，逐渐形成了现代化城市群。

5.1.1.3 灰色区域理论

麦吉（T. G. McGee）在对亚洲发展中国家长期研究的基础上，用"Desakota"来概括这一特殊的灰色区域，表示受城市和农村行为的共同影响。这些区域既不像城市，又不像农村，虽位于农村地区，但都同城市联系密切，并且有城市性，是一种全新的、发达国家亦不曾有过的发展型（史育龙，1998）。它是一种新型的空间地域类型，是城市要素和农村要素共同作用下形成的一种新的社会经济现象。主要分日本、泰国和中国三种类型，其中，中国类型主要指乡镇企业—小城镇—经济区的空间发展模式，是以区域为轴心，在城乡两极共同作用下形成的城市区域发展体系，逐步形成城乡一体化的发展目标。灰色区域理论指出了一条不同于发达国家的城市化道路，即在城市与乡村相互作用下所形成的一种城乡融合、城乡一体化的空间形态。

5.1.2　美国规划建设模式

美国城市化起步虽比欧洲国家晚，但城市化速度却不比任何国家逊色。1920年城市人口超过了农村人口，1998年城市化率就达到76%。美国的工业化特点是农业等基础产业发展较快，反过来又刺激了工业发展，农工协调发展促进了城市化的较快发展。美国不像欧洲和日本那样在工业化、城镇化过程中农业出现了衰退，美国农业一直发展较快，为城镇化解决了粮食问题，提供了原料和广阔的国内市场。随着产业活动及就业活动的郊区化，经济活动和人口持续不断地由城市中心向外围和由大城市向中小城市迁移和扩散，郊区人口在总人口中的比例越来越大，制造业和服务业成为地方经济的支柱产业，乡村和城市的生活方式逐步融合，城乡一体化格局逐步形成。

对于城乡接合部的发展，美国城乡接合部的扩展与郊区化同步进行。但基于私家汽车交通网络以及过度分散的居住导致资源浪费，维护成本高，传统大城市中心城区出现衰落，而新兴边缘城市扩张导致乡村生态环境和景观破坏。美国倡导"精明增长"和"以人为本"的社区规划理念，改善大城市中心区公共设施状况以及环境治理，城乡接合部则注重社区特色维护，创造归属感和凝聚力强的社区，强调资源适度集约利用，重塑城市生活。

其规划建设的主要经验总结为以下几条。

（1）小城镇与大中城市一起构成城市群共同发展。许多美国小城镇在快速发展过程中，围绕大中城市布局，使许多地区的大中小城市逐步形成密集的城市群（带），从而形成了完善的城镇体系。城市群的形成和大量卫星城的兴起，不仅有效地解决了传统上靠无限扩张中心城市管辖范围来实现城市规模扩张所带来的缺陷，抑制了大城市规模过分膨胀，而且有利于大中小城市在空间和产业布局上相互依存和配套，形成功能互补的城镇体系。

（2）规划建设的就业带动作用明显。自20世纪40年代起，美国人口向城市集中的过程仍在继续，但速度已经放慢，乡村人口主要流向中小城镇，甚至出现大城市人口向郊区小城镇迁移的郊区化或逆城市化趋势。

（3）规划建设要形成特色鲜明的主导产业。美国各种类型的小城镇在历史文化和市容市貌上各不相同，在产业发展方面也各具特色，这成为美国小城镇发展的特色和基础。

5.1.3 英国城乡协调的规划建设模式

英国是传统农村消失最早、城市化和城乡一体化实现最早的国家。英国规划建设有其固有的特征（贾瑞芬等，2008）：不平等的国际条件是英国农村走向消亡的特殊历史背景；英国原始工业化阶段的乡村工业发展，不仅改变了乡村的经济结构和英国传统农耕社会的经济面貌，而且促进了生产组织形式和生产关系由封建生产关系向资本主义生产关系的转变。圈地运动实质上是一场农业上的深刻变革，也是加速英国农村劳动力转移和土地集中的助推器，为实现农业的集约化经营和社会化生产准备了前提条件，达到了减少农村人口数量的目的；在工业革命的深入影响下，英国的资本主义大农场和农业生产有了进一步的发展，英国农业已经实现集约化经营，社会结构发生了很大变化，随之传统农村基本消失，实现了城乡协调发展。

由于特殊的历史背景，英国规划建设模式与经验不可能照搬应用，但对建立城乡协调的规划建设目标有一定的启示作用。主要体现在：规划建设要与经济发展水平相协调，不同发展阶段实施不同的发展策略，有重点地发展小城镇。区位条件优越、产业基础较好、资源丰富的区域成为小城镇中优先发展的对象；要把发展状态良好的村镇及时升格为新城或新市镇。

此外，英国对城乡接合部开发注重城市规划编制与基础设施建设，巧妙运用土地环境协调和新城建设理念，引导城区人口与产业转移。政府通过编制和实施区域结构规划，协调、规范边缘地带的土地开发活动，加强对农业耕地的保护措施，使农业用地不受蚕食。绿带控制与新城建设相结合既可控制城乡接合部无序蔓延，又具有生态功能，优化城市整体环境，形成健康有序的城市发展空间。

5.2 国内城乡接合部规划建设的现状与发展战略

5.2.1 国内城乡接合部规划建设的现状与问题

国内关于城乡接合部规划建设的研究与实践开始于小城镇建设领域。20

世纪80年代以来，以费孝通为代表的学者形成了农村—小城镇—区域发展综合研究态势，把村镇研究提高到一个新的高度（费孝通，1995）。近年来我国村镇研究主要在小城镇发展研究（包括小城镇模式与类型的研究，小城镇发展方针与发展战略研究，小城镇发展机制、条件、制度和可持续研究）；小城镇—乡村区域研究（包括小城镇与乡村城市化研究、小城镇与乡村农村聚落和乡村空间研究以及小城镇与乡村地域发展研究）；小城镇的地域文化、小城镇发展中的用地问题、小城镇环境问题、空间竞争优势等专题研究方面。

城乡接合部规划建设实施既受到大城市的辐射和扩散甚至限制的作用，同时还要受到其周围腹地及其自身城镇化发展的推动和制约，其发展对区域城镇化进程、区域经济发展和促进城乡一体化起到了积极的作用，同时也出现了诸如人口管理、资源利用和环境保护等方面的严重问题。

目前，国内该类区域村镇建设与城镇化的共同现状是：城乡接合部的村镇都不同程度地受到来自所属城市、区域的经济、社会、政治和文化等的影响，这种影响是渐进的过程、冲突与协调的过程；由于周边地区的历史因素、地理位置和自身发展条件以及所处城市的发展特征不同，其辐射面的深度和广度是不一样的；另外，中国的大城市承担着接纳世界上发达国家和地区转移的工业及投资的任务，主要表现在大批开发区在大城市周边地区被建立起来，而这些地区，基本上都是原来的农村地区，同时，大城市自身的工业产业也向市郊或农村转移，大量的乡镇企业也迅猛发展。城乡接合部规划建设与土地利用协调机制研究即在这一大背景下，结合我国的城镇化进程，研究如何使大城市周边地区摆脱被动变异的局面，主动调适、主动参与，使其融入全球化、城镇化进程中。

总结我国目前城乡接合部规划建设面临的一些普遍问题，主要包括以下几个方面。

（1）城乡居民存在两种身份制度，城乡分割形成两种社会形态和两大利益主体。长期以来形成的"非农业人口"与"农业人口"、"居民"与"农民"的两种身份制和两种待遇，阻碍了乡村地区进一步参与城市分工的步伐。农民居住与就业非同步转移，采取"离土不离乡"的兼业行为。许多人虽然工作居住在镇上，但又都在农村保留着口粮田和房屋，经常摆动于城镇与乡村之间。城镇第三产业的不发达反过来又降低了城镇的生活质量和吸引力，城镇不能为人们提供完备的服务设施和丰富的文化娱乐生活，进而阻碍城镇的发展。

（2）乡镇企业布局分散、发展盲目，小城镇聚集功能不强。目前我国乡镇企业走的是一条无序分散的发展道路。大城市周边地区的乡镇企业虽然摆脱了传统计划经济的束缚，具有其他地区的乡镇企业所不具备的特殊的区位优势，以其高度的自主性和市场适应能力获得了高速的发展。但由于市场调节带有自发性、后发性、盲目性的特点，加上行政地界和小农经营意识的限制，乡镇企业多布局分散、发展盲目。

（3）村镇地域分布不均衡，职能分工不明确。城乡接合部地域空间分布呈现不均衡特点，初步形成以大城市为核心，沿主要交通干线辐射布局的单中心极核型地域空间布局模式，主要表现为中心放射、沿线密集的形式。区域内经济水平和产业结构等级较低，缺乏有活力的主导产业，大多以初级资源加工业为产业主体，缺乏深层次的产业开发，并且低层次重复现象严重，缺乏互补与协调，职能分工不明确，城乡接合部区域没有形成适合自身发展方向的"产业生态位"。

（4）大城市的"扩散效应"和"极化效应"对周边地区的副作用。大城市的"扩散效应"在给周边地区带来经济繁荣的同时，也造成周边地区产业结构的单一性、重复性，经济发展的波动性，知识技术含量的低层次化，尤其是生态环境的恶化。随着大量污染型产业由城市迁出至郊区，城乡环境的污染由点到线到面的蔓延扩散，城乡相互污染和转嫁的状况在大城市周边地区尤为突出。大城市"极化效应"对周边地区的社会、经济发展往往是一种阻力。如大城市强大的引力使劳动力、资金、高层次人才等流入市区，从而牵制了周边地区的经济发展速度。

（5）城乡接合部建设投资分散，造成建设水平不高，基础设施落后。城乡接合部区域镇村量多面广，各乡镇自主发展，分散投资，形不成规模。造成基础设施和公共设施建设落后，即使一些实力较强的城镇有可能各类设施建设得较齐全，但由于人口规模过小，形成不了规模效益，也使得这些设施运行成本高昂，难以正常维持运转，大量的投资无法得到应有的回报。

5.2.2 国内城乡接合部规划建设发展战略

城乡接合部的发展战略可以归结为：第一，全面推进城乡接合部人口均衡化战略。城乡接合部建设应有一个合理人口规模、均衡人口层次，在城乡接合部形成适度规模的居住社区或小城镇，形成人口的集聚效应是首要战略。

第二，要全面推进城乡接合部区域的主导产业发展战略。城乡接合部健康发展，有赖于强大的经济实力的支撑，因此，形成区域内合理的产业结构，特别是培养特色鲜明的主导产业，就成为城乡接合部发展中的战略要点。第三，要创新城乡接合部的制度，依靠制度创新消除城乡接合部发展的体制障碍，激活区域发展的动力。第四，制定城乡接合部的功能升级战略，全面提升区域的综合功能。第五，对不同区域、不同发展类型的城乡接合部采取差异调控策略。

5.2.3　国内城乡接合部规划建设模式的案例分析

通过调研与分析已有的国内城乡接合部规划建设模式，分别就成都市统筹城乡的规划建设模式、安徽芜湖市区域整体发展的村庄聚集模式、杭州城乡接合部发展规划及村改居模式、佛山市边缘区农村城市化建设模式、北京市限建区规划控制下的村镇建设模式等 5 种模式总结不同类型的规划建设模式案例，为本研究提供模式选择支撑。

5.2.3.1　成都市统筹城乡的规划建设模式

推进城镇体系建设，增强城市的辐射带动作用。按照统筹城乡发展的要求，规划建立由 1 个特大城市、8 个中等城市、30 个重点镇、60 个新市镇和 2 000 个农村新型社区构成的村镇体系。加快县城和区域中心镇建设，优先发展一批重点镇，增强城镇功能，并带动周边地区农村的发展。

加强城乡重大交通设施建设，不断提高区域竞争力。实施了市域高速公路网、多通道路网、县道公路网、加密乡村公路网等"五网"建设，启动了连接一、二、三圈层的"三轨九路"重大交通设施建设，积极推进城市公交向农村延伸，实现了县县通高速公路、村村通水泥路以及城乡客运一体化。

推进农村公共服务设施建设。实施农村中小学、乡镇卫生院和村卫生站标准化建设，以及农村文化站、广播电视和信息网络等公共文化设施建设，实现了城乡公共服务硬件设施均衡配置。

完善农村市政公用设施建设，改善农村生产生活环境。依照新农村建设规划，全面推进水、电、气、路、电视、电话、网络等农村基础设施配套建设，实行农村垃圾集中处理，改善居民的生活生产条件。

引导农民向城镇转移和集中居住。以县城、重点镇和新市镇为重点，按照城市社区标准建设农村新型社区，推动农民向城镇居民转变。在农村地区，按照"宜聚则聚、宜散则散"的原则，因地制宜建设农民新居，引导农民集中居住和转变生产生活方式。

5.2.3.2　安徽芜湖市区域整体发展的城镇聚集模式

在规划建设中强调区域的整体性，建立以区域为主体的、多层次的空间观。以区域为整体，实现经济的分工协作、社会的有效组织和资源的合理分配，以解决村庄集聚中的村镇体系、产业发展、土地利用以及相应的适度规模、层次结构、功能组成等问题。

建立城乡互动——城镇和村庄共同发展的模式。实践证明，仅仅依靠村为单位进行经济建设和土地开发的模式不可能实现现代化的村庄面貌。城镇也会因缺乏发展基础，丧失发展动力。因此，在村庄集聚中要避免就村论村，就镇论镇，就城论城，要村镇互动，加强区域、市域、镇域体系规划的指导作用，以促进共同发展。村庄集聚对城镇有很大的推动作用，城镇对村庄影响力巨大，决定村庄的职能和发展方向。

实现村镇产业互补——明确村镇各自职能。要发挥小城镇的带动作用，以小城镇、中心村、基层村为梯级经济结构模式，发挥各自优势，形成产、供、销一体的产业化发展体系，走相对集中、规模的产业发展之路。

实施土地整合，保持生态平衡。现阶段村镇规划和管理的主要矛盾是土地失控，而土地是区域整体可持续发展的重要方面。因此规划必须以"集约利用土地"为核心，制定切实可行的土地政策和规划策略；严格划定农村非农建设用地范围。村镇规划应当与土地利用总体规划相衔接，与基本农田保护区规划同时进行，在生态敏感地区还要与生态规划有效结合。

保持规模适度，按一定的人口规模建设基础设施。村庄规模的确定要因地制宜：一是根据本地区经济发展水平，产业结构的规模化程度以及村庄的具体职能；二是本地区的人口、村镇密度和生产、生活、出行方式所决定的合理半径；三是村镇市政基础设施的建设、运营的适宜规模。

5.2.3.3　杭州城乡接合部发展规划及村改居模式

生态保护与控制规划是协调城乡接合部建设与生态保护的有效手段。杭州市编制实施了"西北部、北部、东南部、东部、西南部、南部"六条生态带保护与控制规划，划定了禁建区、限建区、适建区，并明确了这"三区"所占面积和用地比例，以及区域内各项控制性指标取值及范围。主要目的是防止城市向外无序蔓延和扩张，严格保护和合理利用城市自然资源。

对于城乡接合部的发展，尤其是区域内的村镇建设，通过一系列的政策扶持与规划手段促进城乡接合部规划建设（胡智清等，2003）。主要包括加强城市发展与乡镇经济互动发展，以扶持边缘区产业发展，促进村镇建设；建立补偿机制，实施优惠政策，如采取生态补偿机制对边缘区域实施补偿，并实施城市功能扩散区建设和保护耕地的补偿政策、城市扩展引起农民身份转变的生活就业保障政策等；完善边缘区的公共基础设施，并与城市相衔接。

在规划建设模式中，主要实施了循序渐进的村改居工程。村改居的建设与实施要循序渐进式改造，不管是村民的建设能力还是用地指标的限制，都不可能推倒重来，而是循序渐进地进行改造。规划更要尊重现状，尽可能少地拆迁改造，尽可能多地把他们组织到新的组团空间里。

5.2.3.4　佛山市边缘区农村城市化建设模式

佛山市在城乡接合部规划建设中，实施了"政府—开发商—村民"合作模式。其主要特点是：第一，把政府、村民、开发商作为同一个事业的利益主体整合在一个体系中，一起合作，一起分享利润，并逐渐允许外来资本和外来人口的进入，以达到各方的多赢，为城市化创造条件；第二，把土地开发与经营、农村管理体制、就业和社会保障等作为一个整体系统来处理，尊重各个环节之间的相互联系，并利用这种联系试图解决已有的和可能出现的问题。

该模式通过共同责任和利益分享为各方合作和协调创造条件，最终实现土地进入市场体系流转，而资金则在利益主体间形成有效的纽带。其主要内容包括：

土地规划与开发。对土地进行统一规划，首先划定不建设区域，优先考虑发挥本地资源优势、可吸纳大量劳动力的开发或改造项目；根据价值评价确定保存级别，对有特色的村庄进行有机更新。

征地及补偿。对集体土地的征用费和土地的出让费抵消，将集体土地收为国有，村民保留一定时期的土地使用权作为补偿。

集体土地资产管理。委托新股份公司管理集体资产及土地使用权，开发商以资金、农民以土地使用权合股经营，与政府担保、银行融资等相结合；经培训后的原合作社管理者和公开招聘的职业经理人担任领导者。

就业和社会保障。针对项目带来的就业机会对农民进行培训；集体股份收益中一部分用作社会保障，随后逐渐纳入城市保障体系中。

外来人口的参与。在获得大量培训和就业机会的同时，允许其以资金的形式新入股，在户籍制度改革的背景下，最终将使当地人和外地人在经济和政治地位上实现对等。

政府的角色。政府不再是土地的经营者，也不能放任农民与土地使用者直接交易，而应发挥监督、管理和协调的作用。

5.2.3.5 北京市限建区规划控制下的规划建设模式

《北京市限建区规划（2006—2020 年）》将北京市 16 410 平方千米的市域划分为 30 万个"斑块"，根据水、绿、文、地、环五大生态要素，将这些"斑块"分为禁止建设区、限制建设区和适宜建设区，禁止建设区可细分为绝对禁止建设区和相对禁止建设区，限制建设区可细分为严格限制建设区和一般限制建设区，适宜建设区可细分为适度建设区和完全适宜建设区。这对北京市未来可供开发建设土地的区域分布将起到至关重要的决定作用，对城乡接合部村镇建设与产业用地的发展都具有指导与规范作用。

靠近北京市中心城区的大兴区北部是典型的城乡接合部区域，由于受北京大都市扩展与产业辐射，建设用地所占比例逐年提高且不断扩张，有完全城市化的趋势。大兴区南部建设用地、农用地的数量和土地利用结构则相对保持稳定，变化缓慢。同时大兴区作为北京市确定的城市发展新区，承担城市中心区人口和产业的疏解功能，是支撑北京城市空间结构战略转型的重要区域，其土地利用的效率直接影响到北京市土地的合理高效配置。

主要的规划建设模式包括集中连片发展、独立发展和轴向扩展三种模式。

集中连片发展。城市化高速扩展带包括黄村、旧宫、西红门、亦庄地区，扩展模式属于集中连片式发展。它们凭借紧邻中心城区的优势，产业快速发展，商品住宅大规模开发，城镇实力和空间得到了较大的拓展。集中连片发展以城市为主体向各个方向蔓延，推动了城乡接合部空间多方向全方位地向乡村地区扩展。尽管从建设用地在各城市扩展梯度区间的分布来看，集中连片发展在区域城市化扩展过程中居于主导地位，但随着城市化进程的推进，城市内边缘区土地供应的制约，这种扩展模式影响将逐渐衰退，而呈现内部填充状态。

独立发展。以魏善庄为核心兼顾孙村、半壁店南北两侧的新媒体产业基地，选择脱离市区而在城乡接合部独立发展的建设模式。城乡接合部空间因新建实体的出现而迅速扩大，且与城市核心区相分离。随着开发的深入，有着大量的资金投入，不断完善基础设施，必然形成具有一定规模、经济结构合理、服务设施齐全的独立发展区，进而导致建设用地数量迅速增加，逐渐成为城乡接合部空间扩展的主要形式。

轴向扩展。作为城市化快速扩展带的主要扩展模式，轴向扩展一直稳定地影响着大兴区空间扩展进程。大兴区有三条主要的轴线，即京开公路沿线综合产业带、京塘高速公路沿线高新技术产业带和沿六环路工业发展带。城乡接合部的建设也以轴向扩展为主，一些对交通线路依附性强的工厂、仓库沿公路、铁路自由或按规划建设，连续地向外延伸，形成由许多产业单元组成的轴向走廊。

5.3 城乡接合部规划建设模式评价

5.3.1 城乡接合部规划建设模式框架

城乡接合部规划建设模式是指在城乡接合部开发建设中，规划方案与土地利用机制相协调形成的规划建设路径与标准体系。在国内的城乡接合部规划建设中，为促进城乡一体化发展，通过土地管理制度创新来推进城市建设，在实践中各地发展形成了多种规划建设模式。本书对成渝地区（严金明等，2011；黄晶晶等，2013）、长三角（张棉娴，2010；马祖琦等，2009；周明生，2008）和北京（曾赞荣等，2014；李强等，2015）等不同区域的已有模式进行梳理，系统分析不同规划建设模式的基本框架、模式思路与实施特征（见表5-1）。

表5-1 城乡接合部土地制度改革与规划建设实施协同模式框架

模式区域	模式类型	基本框架与思路	实施特征与效果
成都	城乡建设用地增减挂钩模式	实施"拆院并院"项目，整理出的农村建设用地指标等量用于城镇建设	实现城市扩张发展，城乡接合部的问题根源没有触动

续表

模式区域	模式类型	基本框架与思路	实施特征与效果
成都	集体建设用地使用权流转模式	以"拆院并院"实现居住集中、经营集中与产业发展，实施土地整理取得集体建设用地，在设定区域内进行流转	实现集体建设用地整合，显化集体建设用地的资产价值，农民意愿难以协调一致，实施中需要土地利用机制创新
	"一张图"模式	以城镇地籍数据库及土地利用现状数据库为基础，整合土地、城市、产业规划，力求三规合一，构建"一张图"管理模式	发挥规划作用，实现产业项目布局与用地规划协调，但实施中部门间利益较难协调
	双放弃一退出模式	鼓励、引导农民自愿放弃宅基地使用权和土地承包经营权，突破村、镇界限，跨区域集中居住	可极大优化城乡建设用地结构，提高集约用地水平，但农民意愿难达成，易破坏传统文化与景观
	生态搬迁模式	实施零散宅基地整理，跨村整合集中居住	保护生态，改善环境；所需资金平衡难以保障
	土地综合整治模式	通过田、水、路、林、村综合整治实施，提高农业生产条件，改善农民生活水平	在农业发展区实施效果较好，在大都市的城乡接合部区域较难推进
重庆	地票交易模式	对集体建设用地进行复垦，集中安置，剩余建设用地指标转换为地票，纳入新增建设用地计划，增加相同数量的城镇建设用地	多为远郊与城市间交易，对城乡接合部规划建设推进实际价值不显著
长三角	上海宅基地置换模式	宅基地建设用地一并实行征用和出让，农户1：1换新房，节余宅基地进行统一开发	行政指令推进，农民意愿不能有效满足
	上海功能区域发展模式	打破城乡分割，在"功能区域"范围内把开发区和周边镇融合在一起，实施整体规划、联动发展	突破传统的新城、开发区等建设模式，扩大城乡融合，使资源统筹、经济统筹、规划统筹，实现城乡接合部一体化发展

续表

模式 区域	模式类型	基本框架与思路	实施特征与效果
长三角	新苏南模式	以"强市场、强政府"机制，推进实施工业向园区集中、人口向城镇集中、住宅向社区集中，提高设备配套与社会文化建设	构建以工建农、以城带乡为特征，一体化统筹协调发展的城乡结构，实现城市化与产业化同步发展
	杭州村改居模式	农村住区升级为城市社区，实施土地、户籍等同步转变，改进住宅设计模式	实现城乡接合部农村城市化转变，但农民顾虑较多，依靠土地平衡资金
北京	开发带动实施模式	对城市规划功能区范围的城乡接合部村庄，实施土地收储，统一开发，集中安置	用于建设用地较为充裕的乡村，其实施需要一定的建设用地平衡资金，农村城市化解决彻底
	政策支持实施模式	以村址占地为基数，控制新增建设量，1/3 用于农民回迁，1/3 用于平衡项目资金，1/3 还绿	提高规划农村建设用地使用效率，有效推进城市化进程，占用规划绿地面积较大
	资金支持实施模式	财政资金与重点工程资金投入，保障回迁安置，少面积开发，确保城市规划有效实施	政府资金投入可有利于减少对于规划绿地的占用，保障区域环境

5.3.2　城乡接合部规划建设实施层面

在城乡接合部规划建设中，无论实施何种模式，在实施过程中都主要体现为民生保障（农民上楼与就业）、经济发展（产业布局与业态引导）、空间布局（建设用地布局与规模）、设施配置（交通与市政）与环境改善（生态安全格局与景观形态）等 5 个层面。

5.3.3　城乡接合部规划建设模式评价

本研究基于不同规划建设模式的实施效果评估以及在城乡接合部开展的

问卷调查，对城乡接合部规划建设模式在不同实施层面的效能进行判断，整理形成评价结果（表5-2）。其中，在民生保障方面主要考虑城乡接合部农民的居住条件、社会保障、就业保障等指标；经济发展主要考虑区域产业布局是否合理、产业发展态势、安排就业程度等指标；空间布局主要考虑建设用地开发布局是否合理、规模大小等指标；设施配置主要考虑城市公共设施（教育、医疗、文化、体育）、道路交通、商业金融等是否满足区域人民需要；环境改善主要考虑通过规划建设是否改善区域环境状况、生态格局是否宜居宜业等（李强等，2015）。

表5-2 城乡接合部规划建设模式正负效能评价表

模式区域	模式类型	民生保障			经济发展			空间布局			设施配置			环境改善		
		实施难易	农民满意	社会认可	实施难易	农民满意	社会认可	实施难易	农民满意	社会认可	实施难易	农民满意	社会认可	实施难易	农民满意	社会认可
成都	城乡建设用地增减挂钩模式	−	−	+	+	−	+	+	+	+	+	−	+	+	−	+
	集体建设用地使用权流转模式	+	−	+	+	+	+	+	+	+	+	−	+	+	+	+
	"一张图"模式	−	+	+	−	+	+	+	+	+	−	+	+	+	+	+
	双放弃一退出模式	+	−	+	+	−	+	+	−	+	+	−	+	+	−	+
	生态搬迁模式	−	−	+	−	−	+	+	−	+	+	−	+	+	+	+
	土地综合整治模式	+	+	+	+	+	+	+	+	+	+	+	+	+	+	+
重庆	地票交易模式	−	−	+	−	+	+	+	−	+	+	−	+	+	−	+
长三角	上海宅基地置换模式	+	−	+	+	−	+	+	+	+	+	+	+	+	+	+
	上海功能区域发展模式	+	+	+	+	+	+	+	+	+	+	+	+	+	+	+
	新苏南模式	+	+	+	+	+	+	+	+	+	+	+	+	+	+	+
	杭州村改居模式	+	+	+	+	+	+	+	+	+	+	+	+	+	+	+
北京	开发带动实施模式	−	−	+	+	+	+	+	+	+	+	+	+	−	−	+
	政策支持实施模式	+	+	+	+	+	+	+	+	+	+	+	+	+	+	+
	资金支持实施模式	+	−	−	+	−	+	+	−	+	+	+	+	+	+	+

注："+"代表正向作用，得到大多数认可；"−"代表不被接受，具有负向作用。

5.4 城乡接合部产业发展模式及策略

国内城乡接合部的产业发展模式类型较多，但基本思路相似，总体差异不大。本研究主要总结成都市统筹城乡的产业发展模式、北京市京郊平原区生态产业发展模式以及上海市郊区功能区域发展模式。

5.4.1 成都市统筹城乡的产业发展模式

5.4.1.1 总体思路

推进工业集中发展，实现资源集约节约利用和环境保护。按照走新型工业化道路的要求，调整成都全市工业布局规划，将原规模小、布局散的116个工业开发区，依托县城和中心城区，归并为21个主导产业突出的工业集中发展区。

稳步推进土地适度集中规模经营，加快现代农业发展。坚持以稳定农村家庭承包经营为基础，按照依法、自愿、有偿的原则，采取转包、租赁、入股等形式，稳步推进土地向农业龙头企业、农村集体经济组织、农户专业合作经济组织和种植大户集中，建设规模化标准化农产品基地，加快农业现代化发展。

5.4.1.2 郫县（郫都区）安德镇实证

依托特色农业，确立乡镇主导的产业发展方式。在选择产业的影响因素上，一方面要顾及农村劳动力就业问题，变"剩余"为"资源"；另一方面，要顾及农村的城市化和农业的现代化问题，促进城乡统筹发展，更重要的是要解决乡镇产业发展因重视短期效益、忽视长期效益而带来的不可持续问题。

在产业定位上，安德镇通过对镇域社会经济发展现状、农村资源、人文环境等进行系统研究分析，从自身比较优势出发，放弃了能够在短期内带来显著效益但在长期可能产生遗留问题的陶瓷产业、高新技术园区配套服务等项目，选择了见效相对较慢却意义重大的川菜产业化基地。

在产业发展方式上，安德镇确定产业集中发展的思路，以优势产业发展为主导，能够增强产业凝聚力，加强产品的市场竞争力，为产业的长远发展奠定基础。安德镇抓住"郫县豆瓣"这一特色历史品牌优势，以传统种植产业为基础，抓住城市和农村的"两头"，集中发展城市化和工业化，带动分散的农村和农业现代化。

产业集中发展连接起成都（技术含量和市场）与广大农村，对"农民向城镇集中""土地向规模经营集中"产生强大的拉动力；同时，不断延伸中间链条（城乡接合部），在这个链条上尽可能实现农民充分就业，让农民有序转移；通过发展农业项目使农民保持和土地的稳定关系，增强其改造传统农业、发展现代农业的动力，同时大大增加了农民在城镇就业和创业的机会。

建立适用标准，增强乡镇产业抗风险能力。受乡镇经济、社会、人才、资源和资本等方面的制约，建立在乡镇基础上的产业往往基础薄弱、抗风险能力不强，西部地区这一弱势更加明显。因此乡镇产业发展要特别强调因地制宜，立足实际，以地区发展的长远利益为着眼点，选择有利于环境、有利于富民、有利于城市化进程的项目，要在乡镇的承受范围内发展。

产业的发展加速了土地流转和规模化经营，置换出的宅基地成为新一轮城市化和工业化的发展基础。大力实施城镇新区建设、旧城改造和风貌整治，完善城镇功能，增强城镇的承载力，加快推进基础设施和公共服务配套建设，以及综合服务功能建设。经过四年多的发展，安德镇初步形成以工业化为核心、以农业现代化为基础、以城镇化为根本，"三化"有机联动的发展格局。

实行政企合作 T－BOD 模式。安德镇通过实施政企合作 T－BOD 方式，加快推进了园区的建设发展，也避免了在推进重点镇建设发展中的负债问题。实施共同建设、共同经营、共同发展的融资方式，将产业经营与政府绩效挂钩，启动推进园区基础设施建设和招商引资工作，由世创公司先期投资进行拆迁安置补偿和基础设施建设，与镇政府共同招商引资，企业从园区土地出让收益中获利。将园区与市场、企业紧密结合，解决资金、土地、基础设施、信息等要素的整合，推动政府为产业发展长远目标服务，增强了政府工作的责任感，政府不仅是镇域产业的管理者，而且更多地承担着协调员的角色。

推动农村现代产权制度建设，提高农民参与发展的能力。安德镇从发展镇域产业之初就积极探索经济发展与农村组织建设的可靠路径，强调"还权赋能"，努力构建镇、村、社三级产权明晰、权责明确管理民主的新型运行机制。一是建立了新的村级治理机制，真正实现了让民做主；二是确权、登记流程科学、规范，为土地流转奠定坚实基础；三是实现了农村产权制度改革的数字化信息化作业，大大提高了工作效率；四是为农村集体经济发展进行有益的探索，为壮大农村集体经济在体制和机制方面进行了创新。通过推动农村产权制度改革，将经济发展与农村组织建设有机结合，提高了农民参与社会经济发展的能力和积极性，也加速了城市化进程。

5.4.2 北京市京郊平原区生态产业发展模式

5.4.2.1 总体思路

根据京郊平原区社会经济发展的功能定位，在分析城乡生态环境建设与农业发展的现状、问题与优势的基础上，从实际情况出发，遵循自然规律、经济规律和社会发展的客观规律，立足于生态环境改善、农业现代化水平提高和城乡一体化协调发展，以推进绿色、环保、生态型农业产业为基础，以生态农业的产业化发展为驱动力，以生态村为基本建设单元，以政府主导的保障体系为支撑，把农业发展同农业资源的保护与生态环境的改善统一起来，促进农业向集约化、产业化、专业化、区域化、生态化方向发展，努力实现农业现代化和农业可持续发展，并且要把农村发展同人居环境的改善、农民生活水平的提高和城乡经济文化的融合结合起来（朱跃龙，2005）。

5.4.2.2 京郊平原区农村发展的功能定位

（1）鲜活农产品供应功能。作为城市发展腹地，生产功能是平原区生态农村的基本功能。随着北京市城镇化速度的加快，北京农村和农业的发展应不断加强。要将传统农业和农村转型成为大城市服务的都市型和生态型农业，为城市居民提供生活需要的鲜活农产品，并且要通过农业产业化的发展，建立农副产品的生产、深度加工和市场销售的生产经营体系，促进高附加值商品生产的发展。同时，要积极开发绿色食品、有机食品，以适应城市居民生活质量日益提高的需要。

（2）休闲、观光、旅游功能。现如今，城市居民的休闲、旅游消费与日俱增，而且在休闲、旅游品种上追求多样化、田园化、亲自然化，这为发展乡土旅游提供了市场需求。平原区农村有巨大旅游资源可供开发，可通过建立农业公园、采摘园等为都市居民和国内外游客提供清洁优美的休闲、采摘、观光、游览娱乐场所，使市民体验农耕和丰收的喜悦，也可展示农业文化，提高都市居民休闲生活的意境和档次。

（3）生态屏障功能。平原区是北京市的第二道生态屏障，担负着防风固沙、造林绿化、土壤改良、保持水土等重要的生态功能。因此，要大力发展水土保持、小流域治理、节水农业、无公害农业和有机农业。通过秸秆综合利用，推广科学施肥、病虫害综合防治技术，减少化肥、农药用量，推广畜禽粪便资源化利用等技术，保护农业生态环境，从而为城市提供良好的环境条件。

（4）科技示范和带动功能。平原区应充分发展高新农业科技示范园，通过现代高新农业技术示范、推广，带动平原区农村其他产业的发展，逐步成为现代生态农业和生态村发展的培训、科普和中试等方面的综合基地。不仅带动北京市乃至周边地区的农业发展，同时，也能为北京市发展农产品加工和贸易提供更大的原料基地。

5.4.2.3 京郊平原区生态农村的类型与布局

（1）农业科技园区带动型。农业科技园区带动型生态农村就是以农业科技园区为依托，以都市农业为导向，瞄准北京城市及国际两个市场，大力引进现代农业技术，结合传统农业精华，重点发展设施园艺、无公害蔬菜、有机食品、名优特农作物种子种苗、优质水产品养殖、果品蔬菜保鲜加工、花卉、饲料、生物农药、生物肥料等产业，形成技术劳动密集型、资金密集型和外向型的现代农业产业化体系；在发展都市农业的同时，结合城镇化发展战略，优化调整居民点布局，推行生态型住宅建筑，加强基础设施建设，增加绿化美化，改善人居环境，建设生态型社区；与此同时，发展生态型的生活方式，宣传可持续发展理念，树立生态价值观，推行生态消费、循环消费，建设与现代生产、生活相适应的生态文化体系。

农业科技园区带动型生态农村的布局，与发展现代都市农业相适应，主要分布在各类农业科技园的示范区与辐射区，具体来说，主要是在城市近郊的朝阳、海淀、丰台的外围地区，以及大兴、通州、顺义的精品农业重点发展带。

（2）休闲观光型。近些年来，随着居民生活水平的提高，消费方式趋向多元化，到郊区休闲、旅游、亲近自然、重温乡情、体验农作、教育子女逐渐成为城市居民度假休闲的主要方式之一。休闲观光型生态农村就是以发展观光农业与民俗旅游为主导，依托巨大的旅游消费市场，充分挖掘当地的旅游资源，开发特色旅游品种，规范经营与管理，提高服务档次与水平，在科学规划与政策支持下，形成村民自主经营的品牌旅游村。

（3）生态农业基地型。生态农业基地型生态农村就是以生态农业建设为主导的农村，该模式设计的总体目标是在本区大力发展节水农业、生态农业，引进龙头加工企业，促进生态农业产业化经营；对集约化养殖、常规农业生产中使用化肥、农药、地膜等造成的水土环境污染进行综合治理；全面实现农田林网化和四旁绿化，建设绿色通道，形成带、网、片、点相结合的生态林体系，并逐步把较大的片林建设成为森林公园。设计与农业生产相适应的农村住宅，方便生产、生活需要，推广太阳能利用，建设新型沼气池，改善村落环境卫生条件，普及生态农业知识，培育居民的生态文明意识。生态农业基地型生态农村是平原区生态农村的主要模式类型，呈片状广泛分布于大兴、通州、顺义各区中除以上两种类型的区域。

5.4.2.4 建设目标

生态农村发展模式是未来农村发展的方向，是实现城乡一体化发展、建设和谐社会的良好模式。但目前平原区生态农村的发展尚处于自发建设的阶段，缺乏整体规划与指导，各地发展不平衡，发展水平也参差不齐，在模式选择、区域布局、发展规划上还存在许多突出问题，制约了生态农村的快速发展。因此，要制定生态农村发展的战略步骤，在横向与纵向上双向推进，点、线、面逐步发展，发展水平由初级到高级逐步推进，促进生态农村建设。

5.4.3 上海市郊区功能区域发展模式

以功能区域为单位的管理体制改革，通过在"功能区域"范围内统筹经济、统筹规划、统筹资源，把开发区和周边镇融合在一起，实现规划一体、发展联动、优势互补、利益共享的区镇联动发展和区域综合发展（吴晓隽，2006）。

上海郊区发展中面临的首要问题是如何激发郊区内生发展活力，发挥经济增长点的带动作用，实现区域共同发展。其中，城乡分割是主要障碍之一（殷文兴，2007）。实施打破城乡分割，促成"开发区和周边乡镇联动发展"的"功能区域"管理模式，这一创新将功能区域看作行政管理单元，通过统一规划、统筹城乡，实现郊区发展中"以城带乡"，以开发区带动周边区域发展的目标。此后，扩大功能区域类型，尝试"镇镇合作"等以功能区域为管理单元的多种类型的功能开发模式。

以"功能区域"为单元的郊区发展，是对以往新城、开发区等模式的突破。我国开发区的竞争已经进入综合发展能力的竞争阶段，竞争不仅包括开发区内的政策、环境，也包括开发区周边发展环境。城乡分割使开发区与周边乡镇差异巨大，降低了开发区发展的综合竞争力，更加不利于开发区向周围地区的辐射，因此，以功能区域为单位实现规划统筹、经济统筹、资源统筹是解决开发区和周边地区发展的有效途径。同时，浦东新区在全区范围内对不同类型的功能区域组合类型的尝试，进一步扩大城乡融合的范围，为探索大都市郊区的发展，提供了较丰富和全面的研究案例。

功能区域的不同特色，决定了其工作方式和重心的差异，按照各个功能区域内原有行政主体的类型，分为城区型、区镇型和镇镇型三类。其功能区域的发展模式包括以下几种。

5.4.3.1 模式1

模式1，即保持现行行政区划和开发区管理体制，"强化"机构的经济发展综合协调功能。

该模式的优势在于盘活土地资源，充分利用原有开发区招商优势，形成区域合力，提高乡镇工业小区的产业层级，带动乡镇经济发展，提高功能区域内乡镇的社会环境、招商环境，缩小城乡差异。弊端在于政企不分，政府介入过多从而弱化了市场的作用，这样尽管提高了工作效率，但不符合市场经济的基本要求，长此以往，不利于开发区、工业小区的健康发展，丧失开发公司自主能力和竞争能力。此外，该模式对乡镇的农民收入的增加方面的机制和投入略显不足，尽管促进了经济总量的提高和产业结构的优化，但仍然不能从本质上解决农民增收问题，甚至出现经济总量提高，城市环境和基础设施改观，而收入差距扩大的局面。

5.4.3.2 模式2

模式2，即行政区划进行局部调整，"实化"机构的区域经济社会发展综合管理职能。

这种模式的优点是提升功能区域的社会服务能力，变管理型政府为服务性政府，发挥行政资源效能，改善区域发展不平衡。近期在"镇镇型"功能区域采用这种模式有利于社会稳定，构建社会和谐。其弊端在于功能区域的实体化，相当于增加一个管理层，造成机构的重叠，行政资源的浪费，不符合目前精简政府的大环境。双重政府管理，不利于事权财权的对应统一，加大功能区域工作难度，倘若没有相应的人员编制保障，会造成功能区域工作人员不堪重负的局面。

5.4.3.3 模式3

模式3，即综合功能区行使"区级"政府管理职能，乡镇管理向社区综合服务转变，开发区管理向市场化的公司制转变。

该模式主要通过全面推动社会事业的快速发展；加大"工业反哺农业"的力度，逐步消除城乡二元结构，加快郊区城市化建设水平，推进"三个集中"，建设现代化的新郊区；着眼民生，完善社保、镇保、农保以及综合保障体系，提高医疗、教育、卫生等公共服务能力；实施环境配套，打造区域文化品牌；要加强监督、监管部门的依法行政能力，培育中介组织，构建规范的市场体系，维护公平公正的市场秩序，保障开发区管理的市场化公司制管理运营。

5.4.3.4 模式4

模式4，即浦东、南汇地区联动发展，建立"二级市"，调整行政区划；建立若干"区级"行政单位，行使相应级别政府管理职能；乡镇演进为社区，强化综合服务功能。

这一发展模式立足长远，在更大范围内实现城乡一体化，实现资源统筹、经济统筹、规划统筹，是在大上海背景下行政区划体制的较大变革，前期的功能区域的发展将为未来的区域合作提供经验借鉴和经济支持。

郊区城乡融合发展呈现城乡混合结构，迫切要求在管理体制上给予配合。因此，"功能区域"不仅停留在一个区域名称上，不仅在于行政区划的调整，它是郊区发展模式的创新，从优化管理入手提高郊区发展能力的尝试，目的是激发郊区内生发展能力，具有重大的现实和理论意义。通过"功能区域"的过渡，实现郊区较大范围的资源统筹、规划统筹、经济统筹，减弱郊区区域差异，实现区域城乡一体化发展。

6

城乡接合部土地利用机制与
保障措施梳理

土地利用是城乡接合部规划建设亟须应对的核心问题，土地利用政策机制对保障区域发展和建设具有"推进剂"与"限制瓶颈"的双重效用，在我国城乡接合部城乡二元土地制度的现实情况下，与城乡接合部规划建设、产业发展模式相配套的土地利用机制成为社会各界关注的热点，亟须进行制度创新。目前我国城乡统筹发展实践中形成的土地利用制度创新对城乡接合部规划建设具有积极的指导意义，因此，本章对城乡统筹背景下的城乡接合部土地利用机制与保障措施进行梳理，为城乡接合部规划建设与土地利用协调机制研究提供土地利用制度参考。

6.1 成渝统筹城乡综合配套改革的土地制度创新

6.1.1 统筹城乡综合配套改革的背景

重庆市和成都市是我国西部两个重要的中心城市，同时也是城乡二元结构特征明显的城市。两市的城市边缘特征明显，其发展实际使得城乡统筹发展的诉求强烈，而统筹城乡发展是体制机制的改革，涉及社会经济领域的方方面面，土地制度、户籍制度、社会保障制度、住房保障制度等都是其主要的改革层面，其中，对于城市及城乡接合部的健康有序发展而言，土地制度创新是城乡统筹发展的改革重点和难点（董祚继等，2009）。

6.1.1.1 成渝试验区统筹城乡综合配套改革设计

（1）成渝统筹城乡综合配套改革试验区设立。经报请国务院同意，国家发展和改革委员会于 2007 年 6 月批准设立重庆市和成都市全国统筹城乡综合配套改革试验区，《关于批准重庆市和成都市设立全国统筹城乡综合配套改革试验区的通知》（发改经体〔2007〕1248 号）[①] 文要求：重庆市和成都市要从两市实际出发，根据统筹城乡综合配套改革试验的要求，全面推进各个领域的体制改革，并在重点领域和关键环节率先突破，大胆创新，尽快形成统筹城乡发展的体制机制，促进两市城乡经济社会协调发展，也为推动全国深化改革，实现科学发展与和谐发展，发挥示范和带动作用。

（2）成渝统筹城乡综合配套改革试验区的特点。与上海浦东新区、天津

---

① http://www.sdpc.gov.cn/rdzt/gggj/zywj/t20080414_249619.htm

滨海新区两个综合配套改革试验区相比,上海浦东新区改革的任务是促进经济增长方式转变和加快产业结构升级,天津滨海新区是建设高水平的产业发展基地,两者都是以经济改革为试验的核心内容;而成渝两地改革的关键点都是"城乡统筹",因而两地的户籍、土地等城乡二元体制问题是改革面对的难题与重点。

(3)成渝统筹城乡综合配套改革试验区的总体思路。成都市和重庆市统筹城乡发展的目标基本一致,都强调统筹城乡发展的进程就是"农民变市民"的过程。为推动这些目标的实现,两地都强调健康城镇化和新农村建设必须统筹推进,其中,重庆市的着眼点在于通过"一圈两翼"空间战略的实施,进而带动"两翼"发展;而成都市则以"三个集中"为核心,推动城乡一体化的进程。改革的直接结果是城市空间的扩张与城乡接合部的动态演进。

6.1.1.2 成渝统筹城乡综合配套改革试验区的土地利用特征

(1)工业化、城镇化加速发展的用地需求与耕地保护的矛盾凸显。在快速工业化、城镇化的背景下,城市经济发展、城市建设推进以及城市人口增长都必然会使建设用地需求增大,导致城市规模与城市空间的扩张不可避免,而工业化、城镇化快速推进必然导致对城乡接合部耕地的占用,使得耕地保护的压力也随之加大。城市周边多为优质农田和菜地,耕地保护受城镇化、工业化进程的冲击较大,在耕地不断减少、保护压力日益增大的同时,耕地撂荒现象也非常突出。

(2)城镇发展用地有限与无序扩张并存。随着城镇化进程的加快,城镇建设用地的需求必然日益增大,并且在用地需求日益增大的同时,违法违规用地呈增加趋势。城市周边尤其是城乡接合部,利用存量土地和新征用地之间存在成本差异,加上优先利用闲置土地的机制尚不完善,在经济利益驱动下,出现了未批先用、"以租代征"等违法违规用地现象。此外,在城镇和开发区周边,由于城乡建设管理不规范,违章建设、违法用地等行为也大量存在,加剧了城镇的无序扩张。

(3)农村建设用地布局分散、利用粗放。在城市建设用地供给日益紧张的情况下,农村建设用地利用却趋于粗放。农村居民点普遍布局散乱,人均农村居民点用地偏大,且区域差异也较大。此外,重庆市作为人口净流出的地区,院落空置率较高。如平坝地区,举家外迁率达到5%。农村院落的空置率在10%以上,造成闲置浪费土地问题突出。由于工业化、城市化的发展,在综合改革实施前的5年时间内，成都市农业人口减少了20%，但农村居民点用地规模仅减少2%。土地资源的浪费和低效利用显现。

（4）城乡土地二元结构差异显著。城乡二元的土地管理体制是成渝试验区统筹城乡改革的土地制度背景。从土地市场体系来看，城市建设用地出让转让出租交易市场经过10多年的建设已经比较完善，而农村土地市场体系尚未建立，土地收益分配方式不明晰；从土地权属性质来看，国有建设用地使用权和农村土地承包经营权是可以通过出让、转让、出租等方式进行流转的，而农村集体建设用地产权模糊，使用权流转受到严格限制；从土地价值的实现情况来看，权属差异导致国有建设用地和集体建设用地"同地不同价"，农村土地资产价值未显化。

6.1.1.3 成渝实验区的城市空间结构

（1）重庆市"核心—边缘—库区"空间结构。受地形等自然条件和历史发展等因素的影响，重庆市的社会经济发展基本形成"西强东弱、中心集聚"的格局，即传统划分上的都市发达经济圈、渝西经济走廊及三峡库区生态经济区三大区域（见图6-1）。

图6-1 重庆市城市空间结构示意图（笔者写作时地图，当前有变化）

其中，都市发达经济圈以占全市 6.6% 的国土面积，聚集了全市 18.85% 的人口和 43.97% 的地区生产总值，经济基础比较雄厚，是重庆市发展的核心区域；渝西经济走廊由于靠近成都平原，农业发达，城镇发展基础良好，明显受到都市发达经济圈的辐射或扩散作用；三峡库区生态经济区社会经济发展状况较差，其中渝东北部几乎全是三峡工程的直接腹地范围，发展的限制条件较多。

（2）成都"主城—近郊—远郊"的圈层结构。成都市的主体位于"天府之国"的成都平原，经济发展水平大体分为三个圈层：主城区、近郊区和远郊区（见图 6-2）。

图 6-2　成都市空间结构圈层分布示意图（笔者写作时地图，当前有变化）

目前，近郊区部分区县经济发展水平已接近主城区，但远郊区大多数区县依然是典型的农村形态，城乡二元结构的矛盾仍很突出。

6.1.2　统筹城乡综合配套改革的土地利用支撑

6.1.2.1　有效整合城乡土地资源

成渝两地统筹城乡发展的根本出路在于通过各类资源的有效整合与合理

配置，提高利用效率，实现以城带乡，以点带面，城乡共同发展。而发展生产的基本投入要素不外乎资本、技术、土地、劳动力等，因此城乡统筹关键就是要按照市场经济体制的要求，建立健全城乡统一的资本、技术、土地、劳动力等要素市场，促进各要素在部门、城乡和地区间合理流动，以提高社会生产效率，创造更多的社会财富。

当前，资本、技术和劳动力要素市场已较为成熟，但土地要素市场还有待完善。同时在以户籍、土地制度为核心的城乡二元分治的管理体制下，土地要素市场的不完善在很大程度上使劳动力、资本等要素的自由流动受到限制，使得资源与要素的市场化整合难以实现。因此，有必要改革当前的土地制度，使土地要素也能够在一定范围内"流动"起来，以实现城乡土地资源的整合。

6.1.2.2　合理配置城镇用地

中国农村发展滞后既有农村自身的问题，也与城镇辐射、带动作用不强密切相关。城镇发展不仅可为农村提供生产、生活资料和科学技术、商贸流动等方面的支持，为农产品提供市场，为农村剩余劳动力提供就业岗位，而且可以通过农民变市民，农民离开土地进城，使更多的农村人口分享城镇文明成果。换言之，城镇化是统筹城乡发展不可或缺的基本途径之一。

城镇化健康发展和城市高效运行均离不开城镇用地的合理配置。其内涵涉及科学确定各类用地规模，优化各类用地的空间配置，按规划实施土地用途管制。这些均离不开土地管理制度的有力支撑和法律政策的有效保障，与时俱进地进行土地制度改革是健康城镇化的动力源泉。

6.1.2.3　积极盘活农村土地资源和资产

城乡分割的二元体制使农村居民和城镇居民各自拥有不同的资源，大多数城镇居民拥有住房和社会保障，而农村居民以集体方式拥有土地，这些资源分别形成人们在农村和城镇工作、生活的支撑。在实现以健康城镇化带动城乡共同发展、实现农民变市民的同时，也要考虑现行二元体制尚未彻底打破之前，怎样让农民进行非农化生产时有相应的资源支撑，即在改变农民身份的同时，也应考虑把农民赖以生存的土地"变现"。因此，当前有效解决"三农"问题的出路之一，就是通过改革创新土地制度，充分盘活农村土地资源和资产，探索实现农村土地资源随着农民身份的流动而流动的机制。

6.1.2.4　切实推进耕地保护和节约集约用地

随着工业化和城镇化的推进，人民生活水平逐步提高，经济社会发展对土地的需求将进一步扩大。若继续维持原有的经济增长方式和资源消耗水平，必将面临更加严峻的土地供需矛盾。因此，城乡统筹发展要求以严格保护耕地为前提，以节约和集约利用土地为核心，在内涵挖潜上下功夫，切实提高土地利用效率。

保护耕地和节约集约用地是土地利用和管理贯彻落实科学发展观的根本要求，也是统筹城乡发展的根本要求。当前耕地保护与节约集约用地既缺乏严格的约束措施，又缺乏有效的激励机制，亟须对现行土地制度进行改革和创新，构建保障和促进科学发展的土地管理新机制。

6.1.3　土地制度创新思路及实验

6.1.3.1　成都市土地制度创新

（1）成都市土地创新制度思路。第一，统筹城乡土地利用总体规划，兼顾耕地保护与开发建设。一方面，以规划统筹城乡土地布局。按照"以科学规划为龙头和基础，加快推进城乡一体化"要求，在进行城乡土地利用现状分析、土地利用战略研究和建设用地需求分析的基础上，结合城市总体规划和工业发展布局规划，确定建设用地指标安排、土地利用结构和总体布局（董祚继，2008；严金明，2010）。另一方面，以"三个集中"推进耕地保护和经济发展。在空间布局上，按照推进城乡一体化的思路，确定了"一城、三圈、六走廊"的空间布局，重点发展中心城区、县城、14 个重点镇和工业集中发展区，促进工业向工业集中发展区集中、农民向城镇集中、农用地向规模经营集中。设置了城镇规划建设预留区，把农村建设用地整理复垦节约出的建设用地指标放在城镇建设规划预留区使用，以缓解城市规划建设用地指标的不足。

第二，统筹配置级差土地收益，支持县域经济和重点镇发展。在中心城区用地总规模不变的前提下，将城市规划工业用地调整一部分为经营性用地，其收益用于支持二、三圈层工业集中发展和重点镇基础设施建设。郊区县政府所在地和重点镇部分城镇建设用地调整一部分指标到工业用地区，确保全市工业用地总规模不减少。发展缓慢的重点镇部分经营性用地调整到城区使用，所得土地收益返还重点镇用于基础设施建设。

第三，以土地整理为载体，加大对农村和农业投入。把土地整理融入推进城乡一体化和新农村建设大局中，加大对农村土地整理的力度和投入，从根本上改变农村面貌，改善农民生活。坚持把农村土地整理与城镇建设、改善农村生产条件、推进农业产业化、促进农民集中居住、发展壮大集体经济组织相结合，使土地整理与城乡统筹、"三个集中"、推进社会主义新农村建设有机结合。

第四，建立征地农民保障制度，使农民与城市居民享受相同社保待遇。2004年，成都市颁布实施《成都市已征地农转非人员社会保险办法》和《成都市征地农转非人员社会保险办法》，市国土资源局、劳动与社会保障局、财政局等部门出台了相应配套措施。

第五，探索农村集体建设用地使用办法，使农民失地不失利。根据土地管理形势发展需要，积极探索失地农民安置补偿新模式。一方面，探索使用集体建设用地发展工业。在符合规划的前提下，允许村集体经济组织将集体建设用地以入股或出租的方式兴办工业，农民可以参与分红或获取租金收益。另一方面，探索集体土地使用权流转办法，让集体农用地向公司或经营大户集中，发展规模农业或生态观光农业。农民以宅基地或土地承包经营权入股，以"保底＋分红"模式分享收益，并集中修建农民新型社区。这些措施有利于在推进城乡一体化进程中保障农民失地不失业、失地不失利、失地不失权。

（2）成都市土地制度创新试点。成都市实施统筹城乡经济社会发展、推进城乡一体化战略，在土地管理领域，主要围绕"三个集中"，强力推进工业向集中发展区集中，稳步推进土地向规模经营集中，梯度引导农民向城镇集中，取得了较为丰富的经验。在成都市的土地制度创新试验中，业已形成多种模式，具体见表6-1。

表6-1 成都市土地制度创新主要试点总结

类型	区域	核心思路	主要内容
集体建设用地使用权流转	锦江区	采取"拆院并院"项目管理，通过实施土地整理取得集体建设用地，进行流转	将集体建设用地纳入由农村集体经济组织和区国有农投公司共同成立的"成都市锦江区集体建设用地储备中心"管理；根据土地利用总体规划、城乡建设规划和产业布局规划以及土地利用年度计划实施土地统一供应；集体建设用地使用权流转取得的总收入，在扣除土地整理成本、农村集体经济组织和农民基本土地收益以及政府收益，并按规定缴纳税费后，其余归农村集体经济组织所有

续表

类型	区域	核心思路	主要内容
城乡建设用地增减挂钩	郫县(郫都区)	开展"拆院并院"土地综合整理,将整理出的农村建设用地等量用于城镇建设	在符合土地利用总体规划的前提下,依据挂钩专项规划,对建新拆旧项目区内拆旧地块上闲置的农村道路、农田水利设施等农用地,对分散的农村院落、独立工矿等建设用地,以及未利用土地等,整理复垦为耕地,并等量归还建新拆旧项目区建新地块用于城镇建设,实现城镇建设用地增加与农村建设用地减少相平衡
土地综合整治	邛崃市	因地制宜对田、水、路、林、村实行综合整治	以土地整理项目建设为契机,集中建设中心村和聚居点;农民以土地承包经营权入股,村集体以土地整理新增耕地入股,组建农业股份有限公司,发展现代农业;政府加强统一领导,国土资源、财政、农业、水利、交通、规划等部门充分发挥各自部门的职能特点和技术专长,分工协作,形成合力
双放弃一退出	温江区	鼓励、引导农民自愿放弃宅基地使用权和土地承包经营权,突破村、镇区域界限,跨区域集中居住	建立放弃宅基地使用权和土地承包经营权补偿制度,配套购房补贴优惠、居住费用补贴及就业社保优惠政策;对腾出的宅基地,主要由区上统筹安排使用,其中集体建设用地指标的30%优先用于安置农民集中居住区建设和产业发展;对腾出的耕地实行区别管理、分类使用,其中对规划区内符合预征收储条件的土地,由区土地储备中心收储,确权后按照规划要求进行拍卖;对规划区外的,统一管理
生态搬迁	龙泉驿区	腾笼兴农,跨村整合,实施零星宅基地整理	将城郊发展条件较好的村庄与山区较落后的村庄实施捆绑,本着农民自愿的原则,将两村的居民统一安置到区位条件较好的地点集中居住,山区的农民自愿将土地承包经营权、宅基地使用权、自留地(山)使用权、林地使用权等"四权"流转给农村集体股份合作社统一经营,实现生态产业、现代农业、休闲旅游等产业上山,二、三产业在山下社区集中发展,同时山上零散分布的宅基地也可复耕,指标用作"城乡挂钩"使用

(3)成都市土地制度创新的相应政策。建立对农民宅基地的退出补偿机制。农户自愿放弃原宅基地的,原宅基地使用权予以注销,由市、区(市)

县人民政府对其房屋按不低于当地征地补偿标准的价格进行补偿，或按不低于征地补偿标准以城镇住房进行房屋置换，土地复垦后交由原集体经济组织耕种。对农户自愿放弃原宅基地及其房屋，进入城镇居住的，可按有关规定享受经济适用房、廉租房政策。

探索拓宽工业用地供应方式。考虑采用分期分段的供地方式，对分期建设的重大工业项目，预留规划发展用地，根据项目实际投资额和建设投产进度分阶段供地，本年度只安排当年建设部分的用地，当期实际投资额和建设进度未达到有关约定条件的，不安排后期用地。对投资规模较小、生产周期较短的工业项目，探索按照低于50年的期限分期限出让建设用地使用权。

开展建设用地征、转与实施分离试点。试行城市建设用地农转用和土地征收只报批用地规模，不再报批具体用地范围和位置。在符合土地总体规划前提下和批准规模范围内，由地方根据实际需要确定具体用地项目、位置和面积，并根据项目实施情况适时调整，年底报部、省备案，缩短征、供土地的周期，促进土地的节约集约利用。

6.1.3.2 重庆市土地制度创新

（1）重庆市土地制度创新思路及设想。在重庆市统筹城乡综合配套改革中，土地制度创新是重头戏。其基本思路是：严格控制建设用地总量不增加、耕地总量不减少，在不改变农用地性质的前提下，促进农村土地规模化经营、集约化生产，最大限度地发挥土地效应；探索农村土地使用权流转方式和途径，激励农村人口进城。"农村土地流转"是重庆市土地制度改革的关键。实现上述思路的主要土地制度设想包括以下几个方面。

一是科学编制土地利用规划，统筹城乡发展用地。搞好土地利用总体规划与经济社会发展规划、主体功能区规划、城乡建设规划等相关规划的协调。切实保护耕地，为保障粮食安全创造条件。合理配置各类土地资源，统筹安排建设用地的数量、空间和开发利用时序，调整土地供应结构，促进产业结构调整和产业优化升级。根据不同区域的情况，制定相应的供地政策，保障城乡经济社会快速、健康、协调发展。指导区县开展土地利用总体规划修编和村级土地利用规划编制，促进县域经济发展。

二是加大土地整治力度，助推区域规划建设。在编制好乡村规划的前提下，按规划以土地整治为平台，整合各类资金，将土地开发整理与发展现代农业、村镇建设、提高地力、治灾地防、库区移民、高山移民等相结合，开展田、水、路、林、村综合整治，完善农村基础设施，改善农民居住环境和生产条件。

三是推进农村集体建设用地流转，用好农村存量建设用地，增加农民财产性收入。坚持土地用途管制制度，明晰集体建设用地权属，综合运用集体建设用地指标置换和建设用地指标周转等政策，实现建设用地空间转换和合理布局。探索农村集体建设用地整治储备，建立健全集体建设用地公开交易机制和土地收益分配机制，确保土地所有权、使用权和他项权人的合法权益。

四是推进征地制度改革，营造良好用地环境。兼顾发展与稳定，坚持以人为本，合理确定征地补偿安置标准。改革征地补偿安置方式，完善征地拆迁机制。强化征地资金监管，完善征地补偿安置费用分配制度，维护被征地农村集体经济组织和农民的合法权益。建立健全被征地农民社会保障制度，落实社会保障资金，大力促进被征地人员就业，保障其长远生计。

五是强化节约集约用地，提高土地利用效率。建立激励机制，盘活存量建设用地，鼓励向旧城、荒坡、滩涂、地下、空中要地，促进建设用地的立体利用。深入推进土地有偿使用制度改革，严格执行划拨用地目录，逐步推行经营性基础设施用地有偿使用，严格执行工业和经营性用地招标拍卖挂牌出让制度和供地标准。调控建设用地的总量、结构、布局和价格，加快危旧房改造，清理并利用好闲置土地，保障城市建设用地，加强土地投入产出强度考核监管。

（2）重庆市土地制度创新实验。重庆市土地制度创新试验是推进农村土地流转，以推动农民变市民，在重庆市的土地制度创新试验中，各地积极探索，进行了多种模式的尝试（见表6-2）。

表6-2　重庆市土地制度创新主要试点总结

类型	区域	核心思路	主要内容
双交换	九龙坡区	加速农村剩余劳动力向城市转移，用宅基地交换城市住房，用农村土地承包经营权交换社会保障福利	对象：有稳定非农收入来源的农户和重庆市三峡库区云阳县境内的移民农户； 内容：自愿退出宅基地使用权和土地承包经营权，经申请审核，登记变更农村户口为九龙坡区城市居民户口，同时获得宅基地和承包地方面的一次性补偿；宅基地指标纳入区集体建设用地储备库，退出的承包地由各镇土地流转中心统一登记造册，由各村土地流转服务站统一管理和经营

续表

类型	区域	核心思路	主要内容
村级规划	江北区双溪村	开展村级土地利用规划	耕地和基本农田数量不减少，建设用地规模不增加，通过地类的空间整合，实现土地的集中合理布局，农用地实施流转，由企业集中经营，村民集中居住，节约出来的集体建设用地拟由集体统一进行建设
社会资金参与土地整理	涪陵区义和镇	开发商投资土地整理，进行农业产业化经营	进行土地综合整理，对集中连片的农用地进行统一经营，进行花卉、养殖、园地等开发。在村民自愿的前提下，推进零散布局的农户集中居住，节省出来的建设用地指标按规划进行建设
土地合作社	开县渠口镇	组建土地合作社，统一对外招商	在符合农民意愿的前提下，集中全村土地组建土地合作社，由合作社统一对外招商，合作社以地入股，分享红利，农民通过务工获取工资性收入

6.2 其他典型区域的土地利用政策

6.2.1 上海浦东新区的土地利用政策

上海浦东新区在城区规划和土地批租方式上进行了有益创新。在浦东开发过程中，浦东新区十分注重城市整体形态规划。投资者使用土地必须严格按照规划进行选择，而不能随意变动规划。这样，就使土地批租由被动变为主动，解决了土地批租上存在的任意性这一问题。

在被征地农民安置方面，上海浦东新区形成了以"经济补偿＋社会保障＋就业服务"为主要内容的安置办法，这一模式首次突破了以往征地安置中由政府包就业的政策束缚，以政府不包就业为改革导向，从解决征地劳动力的基本保障入手，将保障和就业适当分离。这一创新举措的重点是将农民的土地保障转为社会保障，引导征地劳动力通过市场就业。

6.2.2 天津滨海新区创新规划管理模式

天津滨海新区土地利用规划管理模式，突破现有行政界限，建立跨行政区土地利用规划体系,将滨海新区土地利用总体规划纳入法定规划体系。实行土地征收和农用地转用相对分离,按照"一次审批、分期实施"的原则,依据滨海新区土地利用总体规划,将滨海新区 5 年城镇建设涉及的农用地转用和土地征收总规模一次上报国务院批准后,再根据建设需要和年度农用地转用计划指标,适时实施农用地转用,保障重大工程项目用地供应。

建立征地补偿和被征地农民安置新机制,将保障农民"生活水平不因征地而降低,长远生计有保障"纳入征地片区综合地价,并开展留地安置、集体建设用地土地使用权作价入股、土地股份合作等多种征地安置模式试点。

改革集体建设用地土地使用制度。改革集体建设用地使用权取得和流转制度,完善土地配置方式,推进农村集体建设用地流转。在完善农村土地制度方面,切实保障农村集体经济组织的土地所有权和农民的土地承包经营权,继续推动土地承包纠纷仲裁试点工作。继续探索农户间转包、转让、互换等土地流转方式。加强对承包土地流转的监督管理,加大对强迫流转案件的督查力度。进一步研究探索农村集体建设用地使用权进入市场。加快农村集体土地所有权的确认,进一步推进集体土地所有权、宅基地登记发证工作。

改革土地收益分配使用管理制度。完善土地收益基金专项管理,优化土地收益的支出使用结构,促进土地可持续利用。

6.2.3 广东省集体土地利用政策

广东省采取政府调控和市场运作相结合的方式,对后备资源匮乏或没有条件实现建设占用耕地占补平衡的地区,允许利用自筹资金或耕地开垦费,实施耕地补充"易地开发",到后备资源丰富地区开发补充耕地,实现耕地总量动态平衡。

开展集体土地转为国有土地的"转地运动",增加建设用地指标。深圳市将部分集体土地纳入国有土地储备,以特殊程序避开了征用集体土地的一系列环节。以集体土地启动工业化,降低工业化的门槛。南海区将土地非农化的级差收益保留在集体内部,集体只经营土地、厂房,不经营企业,在自愿、合法、有偿的原则下将农民的土地承包权变成可以永久享受的股份分红权。

6.2.4 武汉城市圈"两型社会"配套改革的土地利用机制

6.2.4.1 创新统筹城乡发展的体制机制

以消除城乡二元结构、改善民生为重点,突破城乡分割的制度障碍和行政区划壁垒，促进生产要素自由流动，构建城乡互动、区域协调、共同繁荣的新型城乡关系。统筹公共服务资源，探索建立城乡一体化的公共服务体系，促进公共服务均等化，加快社会与经济协调发展，建设和谐城市圈。

（1）建立健全城乡统筹规划和管理的体制机制。按照统筹城乡的理念完善城乡规划体系，依据国土规划，优化城乡空间布局，统筹安排城乡基础设施和公共服务设施。建立健全圈域内规划协调机制，建立城乡统筹的规划实施和监管体制，完善城乡规划许可、公开公示和监督检查制度。

（2）建立健全发展现代农业的体制机制。健全农业支持补贴制度，建立促进现代农业建设的投入保障机制，充分调动农民生产积极性。加强粮食主产区建设，构建供给稳定的粮食安全保障体系。以发展循环农业、生态农业为重点，优化农业结构。加强禽畜产品和水产品等特色农产品基地建设，培育农业产业化龙头企业，壮大农业产业集群。促进乡镇企业转型发展。

（3）建立推进新农村建设的体制机制。深化农村综合改革。推进集体林权制度和农村集体资产产权制度改革，深化国有农场改革。实施村庄整治，开展农村生态文明建设试点，发展农村沼气，推进乡村清洁工程建设，加强农村改水改厕工作，改善农村环境卫生。培育农民专业合作经济组织，引导和支持城乡各类社会服务组织和机构为现代农业提供社会化服务，引导和鼓励城市人才、技术、资金投入新农村建设。推进农村信息化建设。完善农村劳动力转移培训体系。试办农民工返乡创业园区，支持农民工返乡创业。

（4）加快城市公用事业改革。积极推进城市公共交通、供电、供水、供气、园林绿化、污水和垃圾处理等公用事业改革，创新经营机制，提高管理水平。支持城市供水等公用设施向周边农村延伸。开展城际交通公交化试点，支持武汉市有实力的公用企事业单位向区域内其他城市发展。统筹规划和建设城乡供水、排水设施，支持相邻城市共建供水、污水处理、垃圾处理等基础设施。完善公共产品价格形成机制、财政投入机制、政府监管机制、应急处理机制，保证公共利益和公共安全。

（5）创新基础设施共建共享的体制机制。改革城乡基础设施建设投融资体制机制，构建共建共享投融资平台，提高区域基础设施建设一体化水平。开放基础设施投资领域。争取开展大交通改革试点，构建高效协调发展的综合交通体系，提升武汉城市圈在全国交通大格局中的枢纽地位。加快城际轨道交通、武汉航运中心建设。继续搞好武汉航空运输综合改革试点，以构建国家公共航空运输体系的重要支柱为目标，加快武汉航空枢纽建设。创新交通运输方式和交通建设、设计模式，推进交通运输的组织化、信息化。建立交通能耗的标准和监测体系。

（6）建立和完善覆盖城乡的公共财政体系。优化财政支出结构，逐步退出竞争性领域，加大对"三农"、就业和社会保障、卫生、扶贫开发、生态环保等关系民生领域的投入。建立以竞争方式安排乡村产业及建设资金的制度，加大涉农资金整合力度。推行购买公共服务，完善"以钱养事"机制。完善财政"省直管县"和"乡财县管乡用"体制。规范和完善转移支付制度，增强基层政府提供公共服务的能力。

（7）统筹城乡公共服务体系建设。积极探索户籍制度改革的有效途径，建立布局合理的农村劳动力转移培训基地，引导农民向城镇有序转移。推进建设城乡统一的人力资源市场，形成城乡劳动者平等就业制度。建立健全公共就业服务体系；建立统筹城乡的社会保障体系；基本建成资源共享的就业服务和社会保障网络系统。发挥武汉教育优势，争取开展国家级教育综合改革试验。加快建立个人缴费、集体补助、政府补贴相结合、基础养老金与个人账户相结合的新型农村社会养老保险制度。加快建设覆盖城乡居民的医疗保障体系、公共卫生服务体系、医疗服务体系和药品供应保障体系，加大血吸虫病等地方流行病的防治力度，探索共享中心城市医疗卫生资源的新途径。建设覆盖城乡的公共文化服务体系、社会救助体系。建立灾害应急救援系统。

6.2.4.2 创新节约集约用地的体制机制

以创新土地管理方式为重点，统筹安排区域内土地资源。优化土地利用结构，形成耕地资源得到切实保护、土地资产效益得到充分发挥的节约集约用地新格局，探索节约集约用地的新型城市化发展模式。

（1）完善国土资源规划体系。结合主体功能区划分，编制实施武汉城市圈国土规划，加强国土规划和土地利用总体规划的整体控制作用。实施土地整理、矿山环境恢复治理，推进土地集约利用和市场化配置。积极稳妥开展城镇建设用地规模增加与农村建设用地减少挂钩试点。

（2）大力推进土地节约集约利用。完善建设用地指标体系，实施集约用地评价考核办法，评价结果与建设用地计划指标奖惩挂钩。进一步完善存量土地管理制度，降低土地流转成本。重点治理工业污染严重的土地，合理调整土地用途。建立建设用地指标交易和储备制度。建立集约用地激励机制，调整和实施工业用地最低价标准，探索建立工业集中发展区和工业用地预申请制度。

（3）健全城市土地市场运行机制。探索完善城市土地储备制度，编制土地储备计划，建立土地储备基金，改变土地储备模式，增强政府对土地市场的调控能力。推行城市土地投资强度分级分类管理方式，整合圈域内土地有形市场，规范土地一级市场、二级市场运作。

（4）创新农村集体土地管理方式。建立圈域内耕地有偿保护和占补平衡机制，确保耕地占补的数量和质量"双平衡"。改革农村集体建设用地使用权流转制度，建立流转交易平台，探索建立集体建设用地合理流转的新机制。按照依法自愿有偿的原则，健全农村土地承包经营权流转市场，探索承包经营权合理退出机制，促进农村土地规模经营。建立健全流转中的土地收益分配机制，保障集体的土地收益权。稳步推进合理的迁村并镇建设试点。探索农村宅基地科学管理方式，建立宅基地退出机制。

（5）完善被征地农民补偿制度。合理提高征地补偿标准和水平，完善被征地农民社会保障制度，探索建立被征地农民社会保障体系，做到即征即保，应保尽保。建立征地补偿安置争议协调裁决制度。开展留地安置、集体建设用地使用权入股、土地股份合作等多种征地安置模式试点，探索多种行之有效的方式，安排好失地农民的生产和生活。

6.3 城乡接合部规划建设实施保障机制

6.3.1 昆明市规划建设的保障机制

6.3.1.1 建立农村合作经济组织

加强指导与管理，完善农业经营组织制度。按照"民办、民管、民受益"的原则，有计划、有步骤地培育农民专业合作经济组织，确立农民专业合作经济组织的合法地位，带动都市型现代农业产业体系建设。要坚持市场为导向、农民为主体、利益为纽带，按照"民办、民管、民受益"的原则，有计划、有步骤地培育和规范农民专业合作经济组织，确立其合法地位，提高农业的组织化程度。通过加大财政扶持、实行减免税收政策、加强指导与管理等措施，大力发展农村物流中介组织。通过企业创办、农民自办等多种形式建设一批市场开发中介组织。支持在农村建立以产品为联系或纽带的各类协会、商会，鼓励发展农村经纪人队伍。

6.3.1.2 完善社会保障制度

初步建立起全覆盖的、与社会发展水平相当的社会保障体系。建立科学合理的农村低保标准调整机制，逐步提高保障水平。坚持量力而行、循序渐进的原则，建立与农村经济发展水平相适应的社会保障体系，真正做到老有所养、病有所医、困有所靠。保障体系主要建立以为民解困为核心，农村居民最低生活保障为基础，农村特困群众生活救助、大病医疗救助、农村五保对象救助、教育救助、养老救助、自然灾害救助等为辅助，捐赠扶贫为补充，覆盖农村的新型社会救助体系和保障机制；并完善农村最低生活保障制度，实施农村低保标准调整机制，保障低保对象的基本生活，做到"应保尽保"；进一步健全新型农村合作医疗制度，扩大农村合作医疗的覆盖面，提高农村合作医疗的保障水平，坚持个人缴费、集体补助、政府补贴的原则，逐步完善与农村经济发展水平相适应的农村养老制度。

6.3.1.3 用就业政策引导农业人口转移

以提升劳动者的就业能力、形成稳定收入的长效机制为重点，建立城乡统一的就业、培训、保障联动的服务机制。进一步健全城乡统一的劳动力就业管理和服务机构，实现城乡劳动力平等就业；根据当前农村劳动力以在本地区就业为主、以乡镇企业就业为主和个体私营就业为主的特点，积极扶持农村二、三产业发展，鼓励并支持镇域内的劳动密集型产业、第三产业和个体私营经济发展，拓展农村非农就业空间；继续加大小额信用贷款的发放力度，鼓励农民自主创业，加强就业指导与服务，设立公共职业介绍机构，建立村就业服务站，完善就业登记服务制度，承担本地农村劳动力的就业指导和服务的职能；加大职业技能培训力度，在加强近期就业培训的同时，展开适应全区优势产业就业条件的超前性培训；将农村转移就业纳入免费的就业服务政策范围，提高农村劳动力的职业技能培训补助经费标准。

6.3.1.4 以投资引导促进基础设施建设

调整财政支出，确保对农村的投入增加，建立城乡统一的基础设施建设投入和管理机制。落实支持性投入与保障性投入，继续加大支农资金改革力度，形成政府资金与金融资金的联动机制，增加信贷资金，吸引社会融资，鼓励扩大农民投入，探索建立政策性农业保险机制，完善失地农民权益保护机制，实施农业生态环境维护费用的补偿机制。对农村生态环境、基础设施和社会事业建设，采取"政府投一点、集体拿一点、受益者出一点、社会各界帮一点、政策优惠减一点"的投资机制，加大对经济基础相对薄弱的生态涵养发展区财政支持力度。

建立城乡统一的财政供给体制和公共产品投入供给机制，加大财政对农村公共产品的投入力度，将新增的教育、卫生、文化、计划生育等事业经费主要用于农村。深化农村金融体制改革，增强农村商业银行和其他金融机构的支农服务能力。进一步完善现行区、镇、街财政管理体制，增强镇、街社会管理能力，提高公共服务质量，规范本级财政转移支付和专项补助制度，加强资金使用情况的监督检查，提高资金使用效率。

6.3.2　成都市城乡统筹发展的保障机制

6.3.2.1　加快推进综合配套改革，构建实施城乡统筹发展的体制

深入推进规范化服务型政府建设，构建城乡一体的管理体制。大力简化和规范行政审批，全面推行并联审批和集中服务，进行规划、农业、水务、交通、林业和园林等涉及 30 个部门的管理体制改革，初步形成统筹城乡发展的管理体制。

大力推进公共服务改革，促进城乡公共服务均等化。大力推进城乡户籍、就业制度改革，逐步建立起城乡一元化户籍制度，建立城乡一体的劳动力市场和就业培训、就业优惠政策、就业援助、就业工作责任制等体系。大力推进城乡社会保障制度改革，建立了征地农转非人员社会保险制度、农民养老保险制度、新型农村合作医疗制度、农村居民最低生活保障等制度和城乡一体的社会救助体系，基本实现了城乡社会保险制度全覆盖。大力推进城乡教育、卫生等公共服务体制改革，促进城乡教育、医疗卫生等社会事业均衡发展。

积极推进农村产权制度改革，解放和发展农村生产力。建立健全归属清晰、权责明确、保护严格、流转顺畅的现代农村产权制度。开展农村集体土地和房屋确权工作，落实农民对土地和房屋的财产权；创新耕地保护机制，确保耕地总量不减少、粮食生产能力不下降；探索农村产权流转，促进农村资源向资本转变。

深化农业农村投（融）资体制改革，建立农村多元化投入机制。切实加

大各级财政对"三农"的投入力度,改革对财政"三农"投入的方式,组建市县两级现代农业发展投资公司和小城镇建设投资公司,建立了政府引导、市场运作的投融资平台,健全吸引社会资金投向农村农业的机制。积极推进基层民主政治建设,构建党领导下充满活力的群众自治机制。

6.3.2.2 融土地规划、城市规划、产业规划于"一张图"的城乡土地管理机制

扩展"一张图"内容,统筹城乡和产业发展。多年来,按照国土资源部的要求,成都市以1:500城镇地籍数据库及1:5 000(1:10 000)土地利用现状变更调查数据库为基础,整合规划、征地、地价、执法等要素,实现土地规划、审批、利用、登记、监察的全程跟踪管理,形成"一张图"管土地的管理体系。在此基础上,成都市扩展了"一张图"工程的内涵,将城市建设规划、产业布局规划融入"一张图",集成土地整理、城乡建设用地增减挂钩试点、灾后重建、新农村建设、矿产资源开发利用等专项规划,通过土地利用总体规划编制,明确划分基本农田保护区、工业集中发展区、城镇建设发展区,实现"一张图"统管城乡用地、产业用地规模和布局。城乡总体规划按照土地利用总体规划确定的用地规模落实布局及功能分区,土地利用总体规划按照国民经济发展规划的各项指标,统筹安排工业、交通、公共公益设施、旅游、商业、生态环境等建设用地。

坚持"三规合一"。土地利用总体规划与城市总体规划、工业布局规划同步编制,相互衔接,高度一致,实现"三规合一"。土地利用总体规划中的建设用地布局体现城市和产业发展方向;城市总体规划按照土地利用总体规划确定的建设用地规模,落实布局,确定功能分区,城镇发展边界与土地总体规划中确定的耕地和基本农田保护边界充分衔接;工业布局规划按照土地利用总体规划和城市总体规划,依托县城确定工业用地规模和布局,按照每个区(市)县一个工业集中发展区和一项主导产业的模式发展。

6.3.2.3 创新耕地保护机制,有效保护耕地

完善耕地保护机制。在科学分析新时期耕地保护面临的新情况、新问题后,成都市认真研究,大胆探索,通过行政、法律、经济等多种手段,初步形成了有机联系、相互补充的耕地保护"五项机制":一是建立土地利用总体规划对耕地保护的约束机制,二是建立耕地保护基金对耕地保护的补偿机制,三是建立以土地整理为载体建设高标准农田实现耕地占补平衡的工作机制,四是建立节约集约利用土地以促进耕地保护的保障机制,五是建立预防为主

共同负责加强耕地保护的监督机制。

设立耕地保护基金。在耕地保护"五项机制"中,创新的机制是耕地保护基金对耕地保护的补偿机制。成都市政府从新增建设用地土地有偿使用费、耕地占用税、土地出让收益中筹集资金,设立了耕地保护基金,通过财政转移支付方式,用于耕地流转担保、农业保险补贴、承担耕地保护责任农户养老保险补贴和承担耕地保护责任集体经济组织现金补贴。补贴对象不因承包地流转而发生变化,即使土地承包经营权流转后,耕地保护基金补贴仍归原承包经营权人,耕地保护责任也仍由原承包经营权人承担。

6.3.2.4　以盘活存量建设用地为重点,推进城乡土地节约集约利用

成都市按照"严格控制增量、挖潜盘活存量"的原则,在通过土地利用总体规划严格控制建设用地规模的基础上,以大力推进三个集中为手段,以盘活农村集体建设用地为重点,以引导城市向低丘缓坡地区发展为方向,通过改革土地利用年度计划分配方式,提高工业用地标准和门槛,加大旧城(区)镇改造力度,认真清理闲置土地等多种措施,促进了土地的节约集约。

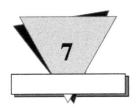

7

城乡接合部规划建设模式构建基础：武汉市城乡接合部实证

城乡接合部规划建设模式是指导与规范区域内规划建设的基本思路与发展准则，在对城乡接合部的现实情境与发展困境分析、其他城乡接合部已有规划建设模式与土地利用机制创新进行总结的基础上，我们进行了武汉市城乡接合部的实证研究。本实证研究从武汉市城乡接合部规划建设模式构建基础到产业发展与规划建设的协同模式，分两部分构建武汉市城乡接合部规划建设模式与体系。

　　武汉市城乡接合部规划建设模式构建基础是进行规划建设模式构建的基本背景与思路梳理。在对武汉市区域概况进行分析的基础上，重点进行武汉市城乡接合部空间范围界定与边缘区土地利用与产业发展现状分析；在此基础上，建立相应的分类标准，将武汉市城乡接合部村镇划分为生态控制型、引导发展型与城镇发展型 3 种类型；并通过对武汉市城乡接合部既有规划梳理，结合城乡接合部已有的发展模式，形成武汉市城乡接合部村镇体系构建供选思路、村镇建设供选模式与产业发展供选模式，为武汉市城乡接合部规划建设模式的制定提供支撑。

7.1　武汉市城乡接合部发展背景

7.1.1　武汉市区域概况

7.1.1.1　武汉市发展概况

　　武汉素称"九省通衢"，是中国中部的特大中心城市，地理位置为东经 113°41′—115°05′，北纬 29°58′—31°22′。南北最大纵距 155 千米，东西最大横距 134 千米，市域总面积 8 569.15 平方千米。共辖江岸、江汉、硚口、汉阳、武昌、青山、洪山、东西湖、汉南、蔡甸、江夏、黄陂、新洲等 13 个区；乡镇级行政单位有乡政府 9 个、镇政府 14 个、街道办事处 130 个；下辖 1 297 个社区居委会和 1 980 个村民委员会。

　　武汉市地处江汉平原东端，长江、汉水之滨，地形属残丘性河湖冲积平原，平坦平原和垄岗平原约占市域面积的 80%。市内江河纵横，湖泊密布，共有大小湖泊 147 个，水域面积达 2 000 多平方千米，占市域面积的近 1/4，素有"百湖之市"的美誉。

　　武汉市土地利用呈现出明显的圈层分布特征，长江与汉水交汇处为城市建设集中地区，近郊是蔬菜、副食品生产基地；中郊是粮棉油生产基地，兼有部分经济作物和畜牧业等；远郊低山丘陵地区主要发展林果业，兼有部分种植业。

7.1.1.2 武汉市土地利用特征

（1）农用地。农用地中以耕地和其他农用地为主，其中耕地占63.25%，其他农用地占20.53%。其他农用地中71.92%为坑塘和养殖水面。园地、林地、牧草地占农用地的比重较小，分别为2.10%、14.07%和0.05%。且区域内耕地数量持续减少，城市建设和生态建设的需求旺盛。2009年，全市耕地减少3 277.23公顷，其中，建设占用耕地2 936.17公顷，占89.59%，其余为农业结构调整占用耕地及其他原因造成耕地减少情况。

在空间分布上，不同地貌类型对武汉市农业区域综合开发利用具有重要的影响。海拔在20~100米的平坦平原和垄岗平原占据市域面积的82%，由于开发历史相对较早，耕地集中连片，土壤肥沃，河流纵横，湖泊密集，是全市粮食、棉花、蔬菜、鱼等农副产品的集中产区。海拔高度在100~800米的丘陵低山，占土地面积的18%，分布于武汉市的西北和东北部，为大别山余脉低山丘陵，丘坡为林果地和荒地，谷底多辟为稻田。

就行政辖区而言，武汉市农用地主要分布在远城区，远城区农用地面积占了农用地总面积的93.36%。耕地分布的地区差异明显，表现出极大的不平衡性，以黄陂区、新洲区、蔡甸区的平坦平原和江夏区的垄岗平原最为集中，丘陵、低山区相对较少。这部分地区耕地集中连片，土壤肥沃，河流纵横，湖泊密集，是全市粮食、蔬菜、鱼等农副产品的集中产区。园地主要以果园为主，其次为茶园，面积较小，主要散布于黄陂区、江夏区、东西湖区和汉南区各地，与耕地、林地交错分布。大部分林地分布在黄陂区北部的低山丘陵地带，新洲区东部、蔡甸区西部的垄岗平原也有部分林地，另外约有1/5的林地分布在江夏区南部和城关镇周围，多呈零散状，与耕地交错分布，大片林地较少。

农业结构未能体现现代都市农业特色。现代都市农业是在对传统农业改造基础上发展起来的集经济功能、生态功能、文化功能、景观功能于一身的新型农业，他改变了传统农业单一的生产功能，促进其向多功能方向发展，将原先局限于生产保障型的城郊农业，改造为融生产保障、生态建设、休闲旅游、文化教育、出口创汇、示范辐射等多功能于一体的都市农业。

水面利用率偏低。武汉市水域总面积约占市域面积的 1/4，居全国各大城市之首，除去河流及难以利用水面之外，可利用率达 54%，但放养水面约占总水域面积的 48%，且单产过低，因此，随着农业资源开发进程的加快和生产力水平的提高，综合利用水体资源、发展水体农业越来越受到重视。

农地利用较粗放。武汉市现有农田中普遍存在着田块分割细碎、田坎过多、道路沟渠不整、农田基础设施不完善、零星未利用地和废弃地多等粗放利用的状况，据统计，全市的田埂（宽度小于 1 米，纳入耕地面积中）系数约为 10%，通过对田埂、沟渠整理、田块合并，不仅可以增加有效耕地面积，而且便于机械化操作。实践证明，通过大力开展农地整理不仅可以补充有效耕地面积，提高耕地质量，而且可以改善生产和生活条件，降低生产成本，增加农民收入。

（2）建设用地。城镇建设用地集中在主城区，独立工矿用地在各远城区均有较大面积分布，布局相对集中，交通用地以公路、铁路用地为主，集中分布在远城区，水利设施用地主要分布在江夏、黄陂两区。

建设用地增长空间上集中在远城区，呈现明显的圈层加轴向的扩散特点。近年来，各区、镇为发展地方经济，通过兴办产业园区和新区来发展制造业和房地产业，同时教育、交通、水利等部门也加大了在城市外围的建设力度，使得远城区用地需求量激增。但由于发展基础、区位条件、发展措施等原因，在扩展方向上有着明显的主次差异，以西南、东南、西北为主要扩展方向，而北向、东北等方向扩展力度相对较弱。随着与主城区距离的增加，发展水平呈递减的趋势。

城市建设用地空间拓展过于集中在主城区周边，外围建制镇发展不足。主城区周边青山组团、北湖组团、武汉经济技术开发区、东湖新技术开发区等地区是近年来城市建设用地的主要拓展地区，由于人口过于集中于主城区及其周边，造成主城区用地紧张，而外围城镇却用地集约度不够的状况。按城市规划统计口径，中心城区（城市中环线内区域、青山组团、北湖组团、武汉经济技术开发区枫树组团、东湖新技术开发区及三金潭地区）建设用地面积 352 平方千米，人均建设用地 76 平方米（按城镇实际居住人口统计），而外围 88 个集镇居民点实际建设用地面积 127 平方千米，人均用地水平 121 平方米（按城镇实际人口统计）。

多元利益的格局冲击城市空间形态的扩张。各级地方政府和部门出于追求本级利益，兴办各类产业园区发展制造业和房地产业，在促进社会经济发展的同时，对城市空间结构、生态环境保护、交通及市政设施的有序建设产生较大冲击。迫切需要将生态资源的维护、基本农田的保护、基础设施建设等内容纳入各类建设活动进行平衡思考，引导城市空间的有序扩展。

7.1.2　武汉市城乡接合部区域背景

7.1.2.1　武汉市城乡接合部土地利用现状

武汉市城乡接合部土地面积 1 951.87 平方千米，土地利用现状以耕地、园地、林地等农用地为主，城镇村级独立工矿用地沿主要交通干道分布。2009 年末，区内耕地面积为 638.40 平方千米，占武汉市域耕地面积的 30.55%。现状城镇及工矿用地（含风景名胜区）约 201.54 平方千米，其中，现状村庄用地约 113.19 平方千米，村庄面积密度为 10.39%（除水域面积外）。

7.1.2.2　武汉市城乡接合部土地利用特点

（1）武汉市城市边缘区规划范围内主要以禁建区和限建区为主。禁建区面积为 1 397.6 平方千米，限建区面积为 306 平方千米，区内山水资源分布较多，现有山体面积 75.16 平方千米，水体面积 470 平方千米（含长江、汉江 140.5 平方千米），山体水体总面积为 545.16 平方千米。

（2）区内现状耕地面积比重较大，但基本农田保护面积小。武汉市第二次土地调查数据显示，都市发展区非集中区域内耕地面积为 638.4 平方千米，占区域面积的 32.71%，而武汉市土地利用总体规划（2006—2020 年）划定的基本农田保护面积为 59 平方千米。

（3）区内建设用地布局分散。在城市边缘区内现状城镇及工矿用地为 201.54 平方千米，占区域面积的 10.33%，且农村居民点零散布局，仅村庄类图斑（代码：203）就有 5 572 个，面积为 1 213.19 平方千米；建制镇图斑有 1 412 个，面积为 39.10 平方千米；工矿用地多沿交通干道布置。

（4）区内生态用地存在被侵占现象，且生态功能有减弱趋势。区域内生态环境基础较好，市域内众多的湖泊和山峦孕育了多样的生态系统和丰富的物种，生态系统类型比较齐全，有湿地生态系统、湖泊生态系统、森林生态系统、河流生态系统、草地生态系统、城市绿地生态系统等。但由于往年重效益轻生态的思想，大量的湖泊湿地被开垦，原生林地被经济林地取代，导致生物多样性受到破坏，植物种类和数量减少，城市环境的生态功能在不断下降。

（5）未利用地中河流、湖泊水面面积较大，可开发利用的面积有限，且开发利用难度较大。区域内未利用地主要以河流和湖泊水面和内陆滩涂为主，其中河流水面 156.73 平方千米、湖泊水面 294.94 平方千米、内陆滩涂 54.34 平方千米，分别占城市边缘区面积的 8.03%、15.11% 和 2.78%，反映出武汉市可开发利用的未利用地资源有限，后备资源相对紧缺。除水面外的荒草地和滩涂可供开发利用，但绝大部分也存在明显的限制性因素，开发利用难度较大，要在保护生态环境的前提下适度开发。

7.1.2.3 武汉市城乡接合部产业发展现状

（1）积极推进远城区新型工业化，构建城乡一体化发展新格局。制定远城区工业发展空间规划、产业发展规划和扶持政策。发挥市级财政专项资金引导作用，园区基础设施建设投入超过 30 亿元。

（2）大力发展现代都市农业。新建优势农产品正规化基地 10 万亩。建设农业标准化生产示范区 17 个、面积 30 万亩。农产品加工业产值突破 800 亿元，龙头企业实现销售收入 270 亿元。新增农民专业合作社 67 家。农业产业化农户覆盖率达 59.5%。

（3）深入推进农村改革。土地流转和规模经营加速推进，新增土地流转面积 33 万亩；设立农村综合产权交易所，交易金额达 18.16 亿元；林权制度改革不断深化；农业政策性保险范围不断扩大；汉南区城乡一体化试点积极推进。

7.2 武汉市城乡接合部村镇类型划分及相关规划

7.2.1 武汉市城乡接合部村镇分类

7.2.1.1 村镇类型及规划建设用地界定

村镇类型的界定有多种方法。一方面，依据村镇所处的地形和地势条件进行不同区域村镇的类型划分，可以分为平原镇（村）、丘陵镇（村）和山区镇（村）。平原镇（村）是指位于平川、平坝和湖区等区域的村镇；丘陵镇（村）是指位于半山区、近山和浅山区等区域的村镇；山区镇（村）是指位于浅山和山地等区域的村镇。另外，根据村镇人口规模的大小来界定村镇类型，可分为中心镇、一般镇、中心村和基层村等4种层次类型，中心镇是在县域城镇体系规划的各分区内，在经济、社会和空间发展中具有中心作用的镇；一般镇是县域城镇体系规划中，中心镇以外的镇；中心村是镇域体系规划中，设有为周围村庄服务的公共设施的村；基层村是镇域体系规划内中心村以外的村。

（1）农村居民点用地。农村居民点是农民生产生活的聚居地，是指一定区域内由村庄、集镇等构成的相互联系和协调发展的聚落，集文化支持功能、环境服务功能和承载功能等多种功能于一体，是城市发展的基础和腹地。依据其社会经济地位与人口规模，农村居民点可以分为集镇和村庄。集镇是指不具有城镇人口特征的乡政府所在地，而村庄则是乡镇以下的农民生产生活集聚地，村庄又分为中心村和自然村。农村居民点用地一般指农村宅基地，是村民用于所建住房以及与居住生活有关的建筑物和设施用地，包括农民居住区内的主房用地、附房用地以及晒场、庭院、宅旁绿地、围墙、道路等用地，以及村内道路、村内服务设施用地等，是一个复杂的经济生态系统与土地利用综合体。

数量多、分布散、单个规模小、无序发展是我国农村居民点用地的主要特点。我国农村居民点用地实行的是"无偿、无限期、无流动"的使用制度，而且长期缺乏村庄规划，农户建房的随意性很大，导致我国农村居民点人均、户均占地超标准，村内房屋错落无序，朝向不一，私搭乱建严重，道路堵塞，环境恶劣。由于村庄内部脏、乱、差，农民建房逐步搬离村中央而向村庄周边扩展，导致村内闲置用地增多，闲置率高。

（2）建制镇用地。建制镇是联结城乡的桥梁和纽带，对促进城乡经济的交流和发展具有重要价值。建制镇是指经省、自治区、直辖市人民政府批准设立的镇，建制镇设置标准规定：凡县级地方国家机关所在地，均应设置镇的建制；总人口在20 000以下的乡，乡政府驻地非农业人口超过2 000的，可以建镇；总人口在20 000以上的乡，乡政府驻地非农业人口占全乡人口10%以上的，也可以建镇。建制镇用地包括建制镇中的居民点用地、道路交通及公共设施用地。

（3）独立工矿用地。独立工矿用地是居民点以外，相对独立的各种工矿企业、采石场、砖瓦窑、仓库及其他企事业单位的建设用地，主要用于工矿生产建设及直接为生产建设服务使用，还包括各类产业园区和开发。目前独立工矿用地的园区化集中发展是其主要发展方向，在城乡接合部独立工矿用地所占比重较大，尤其是产业园区在城乡接合部的快速发展，使得独立工矿用地在城乡接合部迅速扩张。

7.2.1.2 武汉市城乡接合部乡镇分类标准

本研究中将武汉市城乡接合部乡镇分为生态控制型乡镇、引导发展型乡镇和城镇发展型乡镇，并在这三种类型划分的基础上进行细分。在此基础上，对三大类乡镇类型进行细分，具体分类标准见表7-1。

表7-1 武汉市城乡接合部乡镇类型细分标准

乡镇类型		细分标准
大类	中类	
生态控制型乡镇	生态控制型A类乡镇	生态敏感性高，非集中建设区占比达100%的乡镇
	生态控制型B类乡镇	生态敏感性高，含少量集中建设区的乡镇
	生态控制型C类乡镇	生态敏感性较高，镇区位于集中建设区内的乡镇
	其他生态控制型乡镇	属于行洪平垸、地质灾害等区域的乡镇
引导发展型乡镇	引导发展型A类乡镇	生态敏感性一般，镇区位于集中建设区内，含重要的生态廊道、隔离带的乡镇
	引导发展型B类乡镇	生态敏感性一般，集中建设区和镇区分开设置的乡镇
	引导发展型C类乡镇	生态敏感性一般，有明确的大型旅游建设项目或产业园区的乡镇
城镇发展型乡镇	城镇发展型A类乡镇	生态敏感性较弱，镇区位于集中建设区内的乡镇
	城镇发展型B类乡镇	生态敏感性较弱，集中建设区占比超过60%的乡镇

生态控制型乡镇：主要位于生态绿楔区域内或重要生态廊道方向上，用地范围内非集中建设区占比大于90%，以禁建区和限建区为主的乡（镇、街、场）。

引导发展型乡镇：主要位于城镇发展轴向上的生态控制区内，用地范围内非集中建设区占比在2/3以上（约占70%~90%）的乡（镇、街、场）。

城镇发展型乡镇：主要位于新城或新城组团区域，用地范围内集中建设区占比大于30%的乡（镇、街、场）。

7.2.1.3 武汉市城乡接合部乡镇类型划分

（1）武汉市城乡接合部乡镇大类划分。按照上述分类标准对武汉市城乡接合部的乡镇大类进行划分，其中，生态控制型乡镇包括东山、柏泉等9个乡镇（街道），引导发展型乡镇包括辛安渡、天河等12个乡镇（街道），城镇发展型乡镇包括蔡甸、永丰等16个乡镇（街道），各乡镇所属类型见表7-2。

表7-2　武汉市城乡接合部乡镇分类表

类型	名称
生态控制型	东山、柏泉、三里、仓埠、天兴、龙王咀、五里界、金口、东荆
引导发展型	辛安渡、天河、横店、武湖、花山、双柳、九峰、流芳、郑店、豸山、大集、慈惠
城镇发展型	走马岭、径河、金银湖、滠口、阳逻、左岭、豹澥、洪山、纸坊、青菱、军山、纱帽、蔡甸、永丰、和平、建设

在空间分布方面，不同类型乡镇呈现一定的规律性。生态控制型乡镇集中分布在武汉市的生态廊道和生态绿楔上，包括区域内的自然保护区、集中成片的基本农田、一级水源保护区、森林公园、郊野公园，以及坡度大于25°的山地、林地及海拔超过50米的高地，环武汉市中心城区呈楔形环绕分布；城镇发展型乡镇紧邻武汉市中心城区（集中建设区），一般位于新城或新城组团区域，沿长江、汉水及318国道、武黄公路、汉十高速公路等主要城镇发展轴集中分布，城镇发展型乡镇是武汉市城市发展与扩张的重点区域，并且，在武汉市中心城区（集中建设区）间的空置区域，通过城镇发展型乡镇将武汉市建成区连接起来，使集中建设区的范围逐步扩大；引导发展型乡镇一般位于武汉市城市发展轴向上的生态控制区内，该类乡镇的建设与发展受到一定程度的限制，不同乡镇类型的空间分布情况如图7-1。

（2）武汉市城乡接合部乡镇类型细分。按照武汉市城乡接合部乡镇类型细分标准，在乡镇大类划分的基础上对区域内的乡镇类型进行细分，详见表7-3。

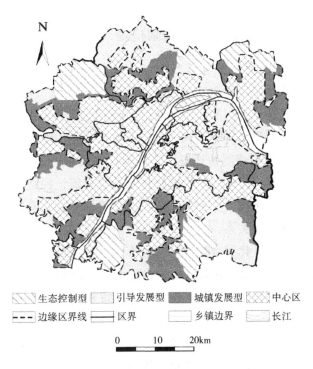

图 7 – 1 武汉市城乡接合部乡镇类型

表 7 – 3 武汉市城乡接合部乡镇类型细分

乡镇类型		包括乡镇
大类	中类	
生态控制型乡镇	生态控制型 A 类乡镇	柏泉、东山、龙王咀
	生态控制型 B 类乡镇	三里、仓埠、东荆
	生态控制型 C 类乡镇	五里界、金口
	其他生态控制型乡镇	天兴
引导发展型乡镇	引导发展型 A 类乡镇	横店、武湖、慈惠、多山、郑店、九峰
	引导发展型 B 类乡镇	天河、流芳、双柳
	引导发展型 C 类乡镇	辛安渡、大集、花山
城镇发展型乡镇	城镇发展型 A 类乡镇	滠口、走马岭、蔡甸、军山、纱帽、洪山、纸坊、豹獬、左岭、阳逻、和平、建设
	城镇发展型 B 类乡镇	径河、金银湖、永丰、青菱

7.2.2 武汉市城乡接合部既有规划梳理

7.2.2.1 土地利用总体规划

（1）土地利用战略。武汉市土地利用总体规划提出：围绕建立"集约高效、城乡协调、宜居和谐"的城市，全面贯彻落实科学发展观，统筹区域土地利用，优化土地利用结构和布局，提高土地集约利用水平，强化土地用途管制，促进经济结构的战略性调整、经济增长方式和土地利用方式的转变，建设资源节约型城市；严格保护耕地特别是基本农田，控制非农建设占用农用地，落实耕地占补平衡，加强生态建设和环境保护，协调经济社会发展与土地资源、生态环境的关系，提高土地资源对经济社会可持续发展的保障能力；协调城乡发展，优化城乡用地结构和布局，推进迁村并点和农村居民点整理，加快社会主义新农村建设，构建和谐武汉的战略目标。

（2）土地利用目标。严格耕地保护目标：到2020年，确保全市耕地保有量不低于338 000公顷（507万亩）。规划期内，确保全市264 500公顷（396.75万亩）基本农田数量不减少、用途不改变、质量有提高。全市非农建设占用耕地规模分别控制在36 800公顷（55.20万亩）以内。

控制建设用地：到2020年，全市新增建设用地控制在58 600公顷以内，建设用地净增量分别控制在45 301公顷以内。全市建设用地总量分别为185 000公顷，其中，城乡建设用地总规模分别控制在135 300公顷以内。城乡建设用地中，城镇工矿用地总量91 000公顷，人均城镇工矿用地不超过92平方米。

促进土地节约集约利用：控制人均城乡建设用地。到2020年，全市人均城乡建设用地降低至115平方米，适当降低人均城镇工矿用地。到2020年，全市人均城镇工矿用地分别控制在92平方米以内。逐步提高建设用地投资强度和产出水平。规划期内，全市单位建设用地二、三产业产值预期年均提高9.5%以上，新增建设用地地均固定资产投资预期年均提高9.0%以上。

保护基础性生态用地：坚持建设与保护并重，促进人与自然和谐发展，创建富有滨江滨湖特色的宜居城市。到2020年，具有重要生态功能的耕地、园地、林地、水域以及部分未利用地等占全市土地总面积的比例保持在75%以上。

（3）土地利用结构。规划提出要稳定农用地面积，巩固和加强农业基础地位，规划到 2020 年，农用地面积为 539 049 公顷，占土地面积比例为 62.91%；合理增加建设用地，保障经济社会可持续发展的用地需求，建设用地总规模控制在 185 000 公顷以内，占土地面积比例为 21.59%；适度开发和利用未利用地，改善生态环境，未利用地面积为 130 860 公顷，占土地面积比例为 15.27%。

（4）土地利用空间战略布局。规划提出依托武汉市"两江交汇，三镇鼎立，用地分散；山水相交，生态敏感，布局受限"的土地资源特点，根据土地利用战略、目标和任务要求，正确处理"保障发展与保护资源，土地利用与生态建设"的关系，优先布设山、水、林、生态绿楔等生态屏障用地，维护和改善生态安全格局，彰显城市生态特色；协调基本农田和基础设施用地，发挥基本农田的生产、生态和间隔功能，控制城镇无序蔓延；优化城镇村用地布局，引导各类用地集中集约式发展，促进多中心组团式城市空间布局的形成。

7.2.2.2 城市总体规划

（1）城市目标。武汉市城市总体规划（2010—2020 年）定位武汉是湖北省省会，国家历史文化名城，我国中部地区的中心城市，全国重要的工业基地、科教基地和综合交通枢纽。

城市发展的总体目标。坚持可持续发展战略，完善城市功能，发挥中心城市作用，将武汉建设成为经济实力雄厚、科学教育发达、产业结构优化、服务体系先进、社会就业充分、空间布局合理、基础设施完善、生态环境良好的现代化城市，成为促进中部地区崛起的重要战略支点城市，进而为建设国际性城市奠定基础。

经济发展目标。坚持先进制造业、现代服务业并举，增强交通、流通优势，开拓国际、国内市场，坚持走新型工业化和创新型发展道路，增强自主创新能力，调整优化经济结构，转变经济增长方式，形成以高新技术产业为先导、先进制造业和现代服务业为支撑的产业发展格局。

社会发展目标。坚持以人为本，积极扩大就业，健全社会保障体系，解决关系群众切身利益问题；加快科技、教育、文化、卫生、体育等各项社会事业发展，提高人口素质和人民生活质量；推进资源节约型、环境友好型社会建设，促进人与自然和谐相处；维护社会公平和社会稳定，构建和谐武汉。

城市建设目标。加快城市建设现代化进程，提供多元化、多层次的公共服务和现代化的交通与基础设施体系，普遍提高人民居住水平，创造高质量的居住生活环境，建设宜居城市；调整优化城市产业布局，建设先进制造业基地，构筑"高增值、强辐射、广就业"的现代服务体系，成为对资本和人才最具吸引力的创业城市；保护"江、湖、山、田"的自然生态格局，构成合理的生态框架，建成山清水秀、人与自然和谐、具有滨江滨湖特色的生态城市；保护历史文化名城，彰显城市文化内涵，建设高品质的文化城市。

（2）城市规模。严格控制人口自然增长，加强对人口机械增长的管理和引导。预测到 2020 年，市域常住人口在 1 180 万人左右，其中城镇人口在 991.2 万人左右，城镇化率约 84%；2010 年，市域常住人口 994 万人，其中城镇人口 745.5 万人左右，城镇化率约 75%。到 2020 年，主城区常住人口为 502 万人，2010 年为 440 万人。

严格控制城镇建设用地规模，加强土地集约化利用。到 2020 年，市域城镇建设用地面积控制在 1 030 平方千米以内，人均城镇建设用地面积为 104 平方米；2010 年，市域城镇建设用地面积控制在 795 平方千米以内。到 2020 年，主城区城市建设用地控制在 450 平方千米以内，人均建设用地为 89.6 平方米。2010 年，主城区城市建设用地控制在 390 平方千米以内。

（3）城镇体系。按照区域统筹、城乡统筹的原则，合理分布市域人口和劳动生产力，优化配置市域发展资源，严格控制主城用地，积极促进新城发展，强化建设一批重点城镇，形成以主城为核心，新城为重点，中心镇和一般镇为基础，辐射到广大农村地区的多层次、网络状城镇体系。

以长江、汉江及 318 国道、武黄公路、汉十高速公路等为主要城镇发展轴，点轴式布局各级城镇，构筑武汉市四级城镇体系。第一级为主城；第二级为吴家山、蔡甸、常福、纱帽、纸坊、豹澥、北湖、阳逻、盘龙、邾城、前川等 11 个新城；第三级为新沟、侏儒、永安、大集、湘口、乌龙泉、安山、长轩岭、姚集、祁家湾、六指、汪集、仓埠、双柳、旧街等 15 个中心镇；第四级为花山、柏泉、索河、邓南、山坡、木兰、辛冲等 29 个一般镇。

主城区是市域城镇体系的核心，集中体现武汉作为中部地区中心城市的服务职能，要严格控制发展规模，着力优化提升现代服务功能，集约发展高新技术产业和先进制造业，增强城市的辐射力和综合实力，在带动整个市域发展和促进区域协调发展方面起着枢纽和组织作用。

新城是城市空间拓展的重点区域，依托对外交通走廊组群式发展，重点布局工业、居住、对外交通、仓储等功能，承担疏散主城区人口、转移区域农业人口的职能，成为具有相对独立性、综合配套完善的功能新区。

依托主城和新城，联动发展薛峰、军山、走马岭、金银湖、黄金口、横店、武湖、黄家湖、青菱、郑店、金口、流芳、五里界等13个新城组团。

中小城镇是城乡交流的基础环节，应坚持"因地制宜、突出特色，集约发展、综合配套"的原则，有重点地培育一批中心服务型、交通枢纽型等特色小城镇。其中，中心镇是所在地区辐射力较强的生产、生活服务中心和农副产品加工、流通基地。一般镇是所辖区域城乡社会、经济中心，为城乡物资集散的重要环节。

（4）规划分区与城乡统筹。规划综合生态敏感性、建设适宜性、工程地质、资源保护等方面因素，在市域划定禁建区、限建区、适建区和已建区，实行分区控制、分级管理，保护市域生态环境。规划明确要严格控制主城用地，积极促进新城发展，强化建设一批重点城镇，形成以主城为核心，新城为重点，中心镇和一般镇为基础，辐射到广大农村地区的多层次、网络状城镇体系。

规划提出要打破城乡二元结构，协调城乡统筹发展，深入实施农村"家园建设行动计划"，大力推进农村地区现代化发展，全面建设社会主义新农村，促进传统农业向现代高效生态农业转变、村湾向农村新社区转变，不断提高农村生活质量，实现农村繁荣、农业发达、农民富裕。并按照区域特点，因地制宜地推动农村居民点建设：在城镇建成区内，坚持统一规划、整体改造、综合配套的原则，逐步实施"城中村"改造；在规划城镇发展区内，实施农村居民点社区化建设；在农业生产区内，按照有利生产、方便生活的原则，适当进行布点调整，有重点地推动中心村建设；在生态保护区和风景区内，鼓励和推动农村居民点的整体外迁或适度归并。优化农村居民点布局，通过农村土地整理、撤村并点和闲置宅基地的复垦，促进农村居民点向规模化、集约化发展。中心村人口规模一般不小于1 000人，基层村一般不小于300人。中心村、基层村用地规模按人均90~120平方米控制。

7.2.2.3 其他相关规划

（1）生态框架保护规划。根据武汉生态格局特征和城市特色，综合考虑城市尺度和生态安全等因素，提出"构建一个山水资源等生态要素保护全面，生态保育、生态恢复和生态建设并重的，框架体系完整、功能分区明确、景观特色显著、管制策略清晰的，覆盖武汉全域的生态网络体系"的生态框架建设目标。

在空间模式选择上，确定武汉生态框架以"环—楔—廊"网络化模式布局，形成"两轴两环，六楔多廊"的城市生态框架，与武汉市以主城为核、轴向拓展的城镇空间骨架取得有机契合；各新城组群间"轴、楔相间"，保留城市通风廊道，保证新城组群各城镇发展品质，也满足了主城边缘生态要素资源集中区域的成片保护需求。规划测算都市发展区范围内生态控制用地与建设用地规模基本达到 2：1。

（2）新城组群分区规划。以总规所确定的 2 583 平方千米六大新城组群区域为对象，以深化城市总体规划、切实支持各区社会经济有序发展为目标，注重区域统筹、协调发展，理顺市与区、区与区之间的空间发展关系，指导控制性详细规划的编制。

规划确定了集约化的空间发展模式，以主城为核，将城镇发展重点集中到六个轴向，集中高标准配置交通、市政及公共服务设施体系，建设六个新型组团集群，同时，结合水系网络和山系的分布特征，在六大组群之间控制六大生态绿楔，形成两环六楔的生态框架结构，对总体规划确定城市生态框架主体区域——六大生态绿楔进行了生态保护。

将主干河流、湖泊湿地、地表水源保护区、地下文物埋藏区、分蓄洪区、生态通廊、高快速路防护绿带等划为生态保护用地，保证都市发展区范围生态用地占比达到 70%。在此基础上，划定了建设区、禁建区和限建区，制定各区空间管制要求。

（3）新农村建设规划。在武汉市空间发展战略的引导下，构建以主城区为核心，以发展轴线为骨架向外围依次形成新城建设发展圈、都市农业发展圈、生态维育圈三个圈层。新城建设发展圈最临近主城区，是未来武汉城市化主要推进地区，是远城区产业、人口主要集聚区，农业产业以科技、观光和体验农业为主，城市建设以组团发展为主，注重组团间以绿楔、绿带分割，防止连片发展，农村居民点建设以集并为主，向城市建设区和农村社区集中迁并；都市农业发展圈主要从事农林牧渔业生产活动的地域，将大力发展农业机械化和规模化生产，城乡建设以据点式发展为主，农村居民点根据农业生产半径要求，优先向镇、重点中心村集中；生态维育圈是需要永久性禁止或限制开发的地区，是武汉最重要的生态涵养地区，主要由风景区、湿地保护区、生态绿楔和生态绿环构成，所有开发建设必须经过严格审批，避免区域性的交通设施、市政基础设施向此延伸，逐步减少人口规模，村庄应逐步向适建区和限建区迁移。

规划编制按照"自上而下"与"自下而上"相结合的思路，分为三个阶段，即：第一阶段，根据国家有关法规、规范和国民经济发展规划、城市总体规划、土地利用规划等有关上位规划和技术规范要求，编制武汉市新农村建设空间规划技术要求和分区指引，主要解决怎么编和编什么的问题；第二阶段是由各区根据这两个技术文件要求编制各个区的新农村建设空间分区规划；第三阶段，对各区的分区规划进行分析、整合、统筹研究，系统编制完成全市新农村建设空间规划。这既能较好深化、落实上位规划的要求，又能充分结合各地发展实际，以保障规划的科学性和操作性。

规划将村庄改造分为新建和整治两种基本模式。整治类村庄，包括旧村原地整治、撤并扩建、逐步撤迁等三种情况。旧村原地整治一般在不扩大规模的基础上，对现有村庄进行整治改造。撤并扩建是结合撤村并点，对现有条件较好的村庄扩大规模进行建设。逐步撤迁是暂时保留现有村庄，远期逐步拆并。新建类村庄，包括易地新建、拆旧建新等两种情况。根据新建村庄的区位可分为两类：一类为城镇型，新村位于镇区或紧邻镇区，村民多为农业转化人口，构成社区型居住形态；另一类为乡村型，村民以农业生产为主。村庄用地规模按人均 80～120 平方米控制。建制镇、乡政府所在地附近的村庄、全市域内的中心村、都市发展区以内的基层村人均建设用地原则上不超过 90 平方米。农业生态区内的保留旧村现状人均用地面积大于 120 平方米的，应逐步减至 120 平方米以内；新建基层村应控制在 110 平方米以内。

（4）城乡统筹建设规划。规划将市域范围划分为城镇化引导区、生态控制区、乡村协调区等三类城乡功能分区，并将三类城乡功能分区细化，确定七类政策分区，并对各政策分区提出了规划控制指引（见表7-4）。

表 7-4　城乡统筹建设规划分区

功能分区　　政策分区	城镇化引导地区	生态控制地区	乡村协调发展地区
1	城际规划建设协调区	区域绿地	都市农业引导区
2	城镇发展提升地区	城市绿地与带状绿楔	都市林业引导区
3	城镇发展培育地区		

（5）武汉市城市圈资源节约型和环境友好型社会建设综合配套改革试验实施方案。"方案"明确了两型社会建设综合配套改革试验以增强城市综合实力和可持续发展能力，在转变发展方式方面发挥带头作用；构建促进资源节约和环境友好的体制机制，在改革创新方面发挥示范作用；坚持走新型工业化、城市化发展道路，在促进区域、城乡协调发展方面发挥龙头作用的主要任务。

以探索促进资源节约和环境保护的体制机制、促进产业结构优化和升级的体制机制、促进扩大开放的体制机制、提升城市功能的体制机制、促进城乡统筹和区域一体化发展的体制机制、土地集约利用和财税金融支持的体制机制、促进公共服务型政府建设的体制机制、促进社会发展和改善民生的体制机制等为综合配套改革实验的重点内容。

7.2.2.4 既有规划的反思与衔接

（1）规划实施中可能存在的问题如下：①禁限建分区对于项目准入控制较为严格，和目前区级及各开发主体的发展愿望存在矛盾。现行划定的禁建区、限建区内的山水资源是目前各级开发主体最为关注的重点资源，而禁限建分区的项目准入类型较为粗放，缺少具体的详细解释和实施步骤，大部分开发项目类型无法满足禁限建区项目准入类型或者对主导功能的要求，特别是目前较为常见的旅游加地产的开发模式难以在规模上满足要求。②禁限建控制要求中对配套居住用地容积率的控制与现行土地政策有一定冲突。目前国家土地政策规定居住类用地出让容积率不得低于1.0，限建区控制要求中确定生态型居住用地建筑密度控制为5% ~15%，容积率控制为0.1~0.5，与国家政策相悖，难以实际操作。③既有规划缺少对于生态控制区农村居民点生产生活与乡、村产业发展的深入考虑与空间布局安排，实施保障机制的跟进策略不足，农村居民点迁并实施成效甚微。④对于生态绿楔、生态廊道发展功能的布局考虑不细，城市生态框架区域的建设实施引导不足，项目引进存在一定程度的盲目性。

（2）产生问题的原因有以下几点：①各规划侧重点不同，重点解决的问题不同；②自上而下的规划控制与地方社会经济发展的冲突；③远城区社会经济发展水平，决定了其以资源换发展的模式；④现有土地政策、规划审批程序等缺少针对非集中建设区的管制。

（3）现有规划亟须优化完善的方向有：①变被动保护为主动实施，主动进行全覆盖的功能布局与产业引导；②对现状生态资源进行系统性评价，基于 GIS 分析，细化核心保护区域和可适度建设区；③充分利用现行土地、规划政策进行积极控制和引导，盘整土地资源，给予乡村适度的发展空间与土地指标。

7.3　武汉市城乡接合部发展参照模式及思路

7.3.1　武汉市城乡接合部规划建设思路

在分析国内外城乡接合部相关研究进展，系统借鉴与城乡接合部相类似区域发展模式的基础上，对可供选择的不同发展模式进行总结，分为村镇建设思路、产业发展模式选择、土地管理创新思路与保障措施构建思路，为武汉市城乡接合部发展模式的制定提供供选思路。

7.3.1.1　武汉市城乡接合部村镇体系构建供选思路

（1）成都市城乡统筹的村镇体系。成都市城乡统筹发展中实施了构建大城市—中等城市—重点镇—新市镇—农村新型社区的村镇体系。

（2）北京市城镇布局体系。北京市在都市发展中着力构建中心城—卫星城—新城—重点镇——般镇—中心村（现代化农村新型社区）的体系。

（3）上海市功能区域发展体系。上海市打破传统村镇体系布局，以及以往新城、开发区的发展模式，实施以城带乡、镇镇合作的"功能区域"发展单元。

（4）安徽芜湖以区域为整体的传统村镇体系。安徽芜湖实施以区域为整体，多层次的空间观的城镇和村庄的共同发展模式，在村镇体系布局上以小城镇、中心村、基层村为梯级经济结构模式，完善传统的城市—中心镇——般镇—中心村—基层村（自然村）的村镇体系。

（5）镇江市以"三新"建设为基础的规划建设体系。镇江市着力推进新市镇、新社区、新园区"三新"建设，构建主、副中心城市—新市镇—新社区的规划建设体系，并与新园区（产业园区）相协调的发展格局。

7.3.1.2　武汉市城乡接合部规划建设可供选择模式

（1）村庄集并模式。村庄集并是村镇建设中通用的模式，如昆明市根据原有村庄特点采取分环境整治模式、产业带动模式、城镇拉动模式、旧村改造模式、体制创新模式和民族特色旅游与文化遗产保护模式实施村庄集并。

（2）新市镇建设模式。新市镇建设是国内外规划建设的重要形式，是英美等国城乡接合部城镇发展的主要方向。在我国也普遍采用新市镇作为村镇建设体系的重要环节，也就是选择基础条件好的乡镇作为城乡接合部重点发展的小城镇，建设成为承担都市产业和居住功能的农村区域性经济、文化、服务中心，是联结城乡的现代化小城市。

（3）村改居新型社区建设模式。村改居新型社区建设模式是目前我国大部分村庄改革的主要方式，尤其适用于城乡接合部的村镇建设发展，新型社区在全国各地也有不同的形式，如生态社区、居住小区等。村改居的实施是户籍制度、产业发展、社会文化和生活方式的全方位转变，需要据实际发展水平和农民意愿逐步推进。

（4）"政府—开发商—村民"合作模式。把政府、村民、开发商作为同一个事业的利益主体整合在一个体系中，一起合作，一起分享利润，并逐渐允许外来资本和外来人口的进入，以达到各方的多赢，为城市化创造条件。将土地开发与经营、农村管理体制、就业和社会保障等作为一个整体系统来处理，尊重各个环节之间的相互联系。

7.3.2　武汉市城乡接合部产业发展供选模式

（1）生态产业发展模式。生态产业是未来农村发展的方向，生态产业发展要立足于生态环境改善、农业现代化水平提高和城乡一体化协调发展，以推进绿色、环保、生态型农业产业为基础，以生态农业的产业化发展为驱动力，以生态村为基本建设单元，以政府主导的保障体系为支撑，把农业发展同农业资源的保护与生态环境的改善统一起来，促进农业向集约化、产业化、专业化、区域化、生态化方向发展，努力实现农业现代化和农业可持续发展，并且要把农村发展同人居环境的改善、农民生活水平的提高和城乡经济文化的融合结合起来，同时大力开发有市场前景的生态旅游和农业旅游，开辟更多的观光、休闲和度假的农业生态园和民俗旅游村。主要类型有生态农业基地型、农业科技园区带动型和休闲观光型等。

（2）新苏南模式。以实现共同富裕为目标，协调物质文明与精神文明建设，达到产业间协调发展。在实施中其所有制结构以集体经济为主，又以国有经济为依托；城乡结构以乡镇企业为主，又与国有企业较多的大中城市紧密联系；产业结构以工业为主，又实行农林牧副渔全面发展；调节结构在购销环节以市场调节为主，生产经营总体上又由乡镇政府直接推动；分配结构以按劳分配和按要素分配相结合。

（3）功能区域发展模式。这种模式是打破城乡分割，促成"开发区和周边乡镇联动发展"的"功能区域"管理模式，实现区域整体发展，这一创新将功能区域看作行政管理单元，通过统一规划、统筹城乡，实现郊区发展中"以城带乡"，以开发区带动周边区域的发展目标。

（4）成都市统筹城乡的产业发展模式。按照走新型工业化道路的要求，调整市域工业布局规划，稳步推进土地适度集中规模经营，加快现代农业发展。坚持以稳定农村家庭承包经营为基础，按照依法、自愿、有偿的原则，采取转包、租赁、入股等形式，稳步推进土地向农业龙头企业、农村集体经济组织、农户专业合作经济组织和种植大户集中，建设规模化标准化农产品基地，加快农业现代化发展。

（5）都市农业发展模式。都市农业发展要依托城市需求和区域特色规划都市农业发展类型。都市农业发展模式应是生产、经济功能和生态、社会功能兼顾的模式。都市农业的发展要求政府主导、企业带动、市场拉动、农民合作经济组织推动这四项驱动力相结合，共同促进都市农业发展。例如，北京市都市农业发展快速，以发展生态经济产业、鲜活农产品配送业、农产品加工业、优良种业、观光农业、农业信息产业、农业科技产品及服务业这七大新兴农业为基础，借助农业科技园区推动，实施农业产业化经营的发展模式。

7.3.3 武汉市城乡接合部土地管理创新思路

（1）规划统筹土地管理思路。建立融土地规划、城市规划、产业规划于"一张图"的城乡土地管理机制，兼顾耕地保护与开发建设。实施中土地利用总体规划确定建设用地布局体现城市和产业发展方向；城市总体规划按照土地利用总体规划确定的建设用地规模，落实布局，确定功能分区，城镇发展边界与土地总体规划中确定的耕地和基本农田保护边界充分衔接；工业布局规划按照土地利用总体规划和城市总体规划，依托园区与重点城镇确定工业用地规模和布局。

（2）集体土地利用政策思路。集体土地利用政策是城乡接合部土地管理创新的首要任务与关键环节。其主要方面包括集体建设用地使用权流转、农地规模化、产业化经营机制，宅基地使用权退出机制，土地增值收益使用机制以及土地征用补偿安置机制等。各地在集体土地利用政策方面进行了大量尝试和试点探索，武汉市城乡接合部在该方面应在国家法律法规的范围内，结合区域实际和武汉特色进行创新性的制度构建。

（3）农村土地综合整治。农村土地整治是非集中建设区建设的基本平台与抓手，是促进城乡统筹与新农村建设的有力手段，开展农村土地整治，要以促进农民增收、农业增效和农村发展为出发点和落脚点，把维护农民合法权益放在首位，坚持最严格的耕地保护和节约用地制度，坚持群众自愿、因地制宜、量力而行、依法推进，按照统筹规划、整合资源、加大投入、实施田水路林村综合治理的原则，以农田整治为重点，提高高产稳产农田比重和节约集约用地水平。要充分尊重农民意愿，涉及村庄撤并等方面的土地整治，必须由农村集体经济组织和农户自主决定，不得强拆强建。

（4）城乡建设用地增减挂钩。城乡建设用地增减挂钩要按照国家要求认真规范引导，制定适合武汉市城乡接合部的相应政策，规范腾退土地的使用方向与范围，保障区域发展，维护农民利益。

（5）强化耕地保护与土地集约节约用地。耕地保护与土地集约节约利用是土地利用和管理贯彻落实科学发展观与统筹城乡发展的根本要求，也是合理利用土地的有效手段。探索建立耕地保护基金，实施耕地保护激励机制与耕地集约利用，实现规模效益是实现耕地保护与发展的主要思路；对建设用地，通过盘活存量建设用地，鼓励向旧城、荒坡、滩涂、地下、空中要地，促进建设用地的立体利用，同时要加强土地投入产出强度考核监管，并强化农村集体建设用地规划管理，提高农村建设用地利用效率，建设农民集中居住区和中心村。因此，制定耕地保护与土地集约节约利用方面的政策是土地管理创新思路之一。

8

规划建设与产业发展模式协同研究：武汉市城乡接合部实证

规划建设与产业发展是城乡接合部发展的两个重要层面。为研究构建武汉市城乡接合部规划建设模式，本章基于武汉市城乡接合部土地利用特征与规划建设现状的系统分析，结合区域内产业特色与村镇体系规划的引导，具体分析武汉市城乡接合部涉及的 11 个区、37 个乡（镇、街、场）、650 个村的发展类型，构建包含新市镇建设模式、新型社区建设模式与村庄集并在内的基本模式体系。研究以区域资源优势和土地利用特征为基础、产业发展布局和模式为导向，提出依托镇区和生态社区建设现代化的生活居住新模式，以园区化发展引导乡镇一、二、三产业的发展，实施"镇区 + 社区 + 园区"的区域规划建设体系。并针对生态控制型乡镇、引导发展型乡镇和城镇发展型乡镇的具体特征，研究实施差别化的规划建设体系与建设模式。同时，构建适宜武汉市城乡接合部的产业发展模式，以产业发展为导向，进一步优化区域村镇建设模式，实现城乡接合部规划建设与产业发展同步推进。

8.1　武汉市城乡接合部规划建设体系构建

8.1.1　武汉市城乡接合部规划建设体系构建原则及导向

8.1.1.1　武汉市城乡接合部规划建设的指导思想

　　（1）坚持以科学发展观为指导。十八届三中全会提出要健全城乡发展一体化体制机制，完善城镇化健康发展体制机制。坚持走中国特色新型城镇化道路，推进以人为核心的城镇化，推动大中小城市和小城镇协调发展、产业和城镇融合发展，促进城镇化和新农村建设协调推进。区域的新村镇体系构建与村镇建设要以科学的发展观来指导，要牢固树立珍惜和节约资源的观念，要更加注重运用市场机制，发挥市场在资源配置中的基础性作用。

　　城乡二元结构是制约城乡发展一体化的主要障碍，必须健全体制机制，形成以工促农、以城带乡、工农互惠、城乡一体的新型工农城乡关系，让广大农民平等参与现代化进程、共同分享现代化成果。坚持以人为本，全面、协调、可持续的发展观，是以习近平新时代中国特色社会主义理论、邓小平理论和"三个代表"重要思想为指导，从新世纪新阶段党和国家事业发展全局出发提出的重大战略思想，是关于发展的本质、目的、内涵和要求的总体看法和根本观点。坚持以人为本，就是要以实现人的全面发展为目标。全面发展，就是要以经济建设为中心，全面推进经济、政治、文化建设，实现经济发展和社会全面进步。协调发展，就是要统筹城乡发展、统筹区域发展、统筹经济社会发展、统筹人与自然和谐发展、统筹国内发展和对外开放，推进生产力和生产关系、经济基础和上层建筑相协调，推进经济、政治、文化建设的各个环节、各个方面相协调。

（2）可持续发展理念贯穿村镇建设的全过程。在村镇体系的构建，村镇建设规划的编制、实施的整个过程中，要以可持续土地利用的思想为指导，实现可持续发展。"动力、质量、公平"三元素的各自表现和共同作用，是评判可持续发展战略健康程度的基本要义。可持续发展战略实施的有效性，可从以下 7 个方面加以衡量：第一，始终保持经济的理性增长；第二，全力提高经济增长的质量；第三，满足"以人为本"的基本发展需求；第四，维持、扩大和保护自然的资源基础；第五，关注科技创新对发展"瓶颈"的突破；第六，始终调控环境与发展的平衡；第七，始终维持效率与公平的平衡。

（3）以生态学思想为指导。生态学（Ecology）是德国的博物学家 E. Haekel 首先提出的，他指出生态学是研究有机体与其周围环境，包括非生物环境和生物环境的相互关系的科学。生态学的研究目的是从系统的观点出发，研究生态系统中各个要素之间的相互关系、相互制约的复杂变化规律，了解人类的生产活动与生态系统的相互作用，研究和探索建立新的生态平衡，以满足人类生存和发展的需要。

在新村镇建设中贯彻生态学的思想，要避免以片面地发展经济和增加建设用地为目标，应重视生态治理、环境保护，加强生态景观建设。在各类规划编制中以生态学思想为指导，是加强土地生态环境建设，保障生态安全、保障人类生存和发展的需要；同时要以生态学的思想为指导，以区域资源环境优势为基础，发展生态产业，带动区域生态化发展。

（4）以国家政策和人民需求为基本。区域规划建设要按照土地利用总体规划与城市总体规划的要求，贯彻落实"十分珍惜、合理利用土地和切实保护耕地"的基本国策，坚持"在保护中开发、在开发中保护"的总原则，妥善处理经济发展与资源环境保护、当前与长远、局部与全局的关系，转变土地利用方式，促进土地集约利用和优化配置，提高土地资源对全市经济社会可持续发展的保障能力，保障城市各项职能的充分发挥。在建设中，要坚持保障经济发展和保护土地资源相统一，统筹安排农村居民点与农业、城市建设等各类用地；要集约高效利用土地资源，保护和改善城乡的生态环境；优化土地利用结构和布局，促进土地资产的增值；建立健全土地宏观调控体系，保障经济平稳较快发展；维护农民利益，促进解决"三农"问题，促进农业和农村现代化，促进城乡协调发展。

8.1.1.2 武汉市城乡接合部规划建设的基本原则

（1）科学性原则。科学发展是统领社会经济发展全局，村镇体系构建和建设规划的编制是区域发展的重要基础，在推动城乡统筹、服务新农村建设，提高农民收入、改善农村人居环境、发展经济等方面具有重要意义，是促进社会经济和谐发展的一项重要措施，科学发展要求遵循科学性原则。另外，科学性原则还表现在构建的体系应有弃旧赋新的功能。由体系运行及实践活动衍生的新思想、新观点、新方法及其不断完善，是保障规划建设的动力。

（2）整体性与相关性原则。村镇体系的构建与村镇建设规划的编制实施是由多层次不同结构形成的有机整体，要以区域的整体综合发展为目标，各个组成结构与阶段，所有层次要素都是围绕这个目标而设计，这是整体性原则的体现。

在村镇体系构建与村镇建设中，各组成结构之间都是依照一定等级和层次进行的，不同层次上组织结构的相互关联、相互制约不仅表现出整体的特性，同时，由于各层次内实施管理方式、内容及有序程度的不同，组成结构之间又体现出相对的独立性，所产生的功能作用也表现出一定的差异性。因此，在体系设计中要遵循相关性原则，注重各层次之间的相互联系、相互作用，在体现不同层次独特功能的前提下，使各层次间组成及要素趋向和谐有序，以利于整体功能的体现。

（3）动态性原则。村镇建设的实施运作是一个发展、动态的过程，易受不同因素的影响。这种影响可能来源于村镇体系的划分以及系统内部运行时的变化，也可能是建设规划期间社会强制赋予的（如国际国内政治经济形势变化，国家战略、方针政策的调整），也可能是因规划实施结果对规划中存在错误或不完善之处（如规划理念、理论、方法）要求进行修正的反馈信息。动态性的原则要求把村镇体系以及各组成要素看作发展、更新的对象，在体系设计之初和运行过程中，充分考虑研究对象内部复杂的相互关系以及外部的环境多变性，分析掌握环境条件变化的性质、方向和趋势，并采取相应的措施来调整、改进其程序、结构与内容，使得系统适应动态变化的需要。

（4）协调性原则。随着社会经济的快速发展、资源环境条件的变化以及人们认识理念的深化，村镇建设的综合性要求使得村镇体系构建与建设规划应能够协调多目标的需要，这也要求村镇建设应满足协调性的原则。同时，村镇体系构建与村镇建设同土地利用总体规划、主体功能区划、农业发展规划以及城市规划等各类规划具有密切的联系。这就要求与其他相关规划相协调，包括规划编制过程中相互协调以及规划实施的协调等环节。

（5）区域差异性原则。武汉市城乡接合部内社会经济发展与土地利用情况区域差异较大，产业基础也各不相同，因此，村镇建设也应针对不同区域的实际情况建立相应的标准、政策措施，实施差异化发展战略、差异化村镇建设标准、差异化产业发展方向，因地制宜地实施村镇建设。

8.1.1.3 武汉市城乡接合部新村镇体系构建导向

（1）以产业布局支撑村镇体系构建。依据武汉市城乡接合部产业布局，集中布设重点镇、新市镇和新村社区，便于产业发展与居民生活，实现以区域内生态产业发展带动村镇建设，以合理的村镇体系保障产业发展。要做大做强优势特色产业，发展壮大农产品加工业。要立足各自产业基础和资源条件，优化区域产业布局，搞好产业板块连接，着力推进武汉城市圈优势农产品产业带和特色农产品基地建设；充分发挥武汉市农产品加工业较为发达的优势，以东西湖国家级食品加工区等农产品加工园区为载体，以加工产业链为依托，建设一批上规模、上档次的农产品生产基地，带动区域内的新村镇体系构建与建设模式快速发展。

（2）以国内外成功建设模式为借鉴。广泛借鉴国内外村镇建设的成功模式，形成武汉市城乡接合部的村镇体系与村镇建设模式。例如：英国的新市镇建设、韩国的新村运动等国际经验；镇江的"三新"模式、成都市统筹城乡的规划建设模式、安徽芜湖市区域整体发展的村庄聚集模式、佛山市边缘区农村城市化建设模式等。

（3）以武汉市区域资源优势为基础。以武汉市区域的资源优势为基础构建符合区域发展要求的新村镇体系。武汉市城乡接合部山水资源丰富，产业发展已粗具规模，村镇体系的构建要以此为基础，村镇建设模式的确定要充分发挥区域内的资源优势和产业基础，并实现山水资源的保护、生态环境的改善、产业发展的升级，实现城乡统筹协调发展。

（4）以武汉市城市圈两型社会建设综合配套改革试验为契机。以国务院关于武汉城市圈资源节约型和环境友好型社会建设综合配套改革试验为契机，构建与之相适应的武汉市城乡接合部村镇体系，创新滨江滨湖生态建设机制，探索产业结构、城市功能和空间布局三位一体的城市规划体制，建立起与城市发展目标相适应、与城市发展地位相匹配、与城市综合实力相衔接的城市功能结构，合理高效利用城市空间，最大限度地提升城市综合承载力和综合服务能力，构建具有武汉特色的新型城市化道路与合理的新村镇体系。

以城乡统筹和区域协调发展为目标，加快推进农业向规模经营集中、郊区工业向园区集中、农民居住向城镇集中，突破城乡分割的制度障碍和行政区划壁垒，破解二元结构难题，构建城乡互动、区域协调、共同繁荣的新型城乡关系和区域一体化格局，切实提高城乡公共服务均等化水平，切实促进生产要素的合理流动。

8.1.2 武汉市城乡接合部的规划建设体系

8.1.2.1 武汉市城镇发展总体格局

武汉市域的城镇体系规划应严格控制主城人口规模，适度扩展主城用地范围；积极促进小城镇的发展，强化建设一批重点城镇，形成以主城为核心，城镇地区为主体，区城关镇、中心镇、一般建制镇为基础，辐射到广大农村集镇居民点的多层次、网络状的城镇体系（周捷，2007）。

市域城镇体系由四级构成。第一级为主城；第二级为阳逻、北湖、宋家岗、蔡甸、常福、纸坊、金口等 7 个重点镇和纱帽、吴家山、黄陂城关（前川镇）、新洲城关等 4 个区城关镇；第三级为乌龙泉、仓埠、新沟等 33 个中心镇；第四级为大集、潘塘等 52 个一般建制镇。各级城镇主要沿长江、汉江、京广铁路、318 国道等主要发展轴展开，呈辐射状圈层式分布格局。

主城是城镇体系的核心，集中体现武汉作为现代化国际性城市和中国中部地区经济、金融、贸易、科教和信息中心的主要功能，重点强化第三产业，使第二产业逐步向外围地区转移，在带动整个市域发展和促进区域协调发展方面起着枢纽和组织作用。

重点镇距主城一般在 15 至 25 千米，主要承担疏散主城人口，容纳农业转化人口，以及工业、对外交通、仓储业等城市重要功能的发展。要通过规划，布置重大建设项目，改善基础设施条件，吸引人口和产业的聚集以形成规模。纱帽镇、吴家山镇、黄陂城关（前川镇）、新洲城关已是区（县）政治、经济、文化及综合性生产服务中心，将进一步部分承担疏散主城人口、截流农业转化人口的功能，成为主城产业转移与乡镇企业发展的基地。

中心镇是各区、县对农村地区辐射力较强的城镇，是城镇体系的重要基础，由现状交通、经济、资源条件较好的城镇发展而成。33个中心镇中15个功能性中心镇承担主城交通、工业、旅游等部分功能，18个综合性中心镇是地域内农业生产及农副产品加工、流通、服务中心。中心镇规划建设要注重节约土地资源，加强环境保护，通过第二产业，尤其是乡镇企业的发展，促进城镇建设水平的提高。建制镇是城乡交流的基础环节，以及所辖地区内社会、经济及生产服务中心，到2020年建制镇新增32个，达到52个。

8.1.2.2 武汉市城乡接合部村镇体系格局

（1）武汉市城乡接合部村镇体系。在武汉市域城镇体系总体格局的基础上，依据武汉市城乡接合部村镇体系构建思路，遵循村镇体系构建的指导思想与原则，依托新村镇体系的构建导向，提出武汉市城乡接合部的规划建设体系（见图8-1）。

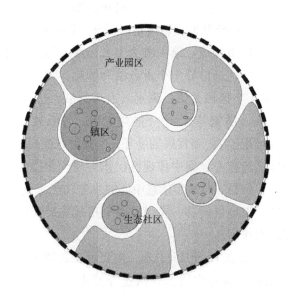

图8-1　武汉市城乡接合部村镇体系构建示意图

依托镇区和生态社区打造现代化的农民生活居住新模式；以园区化发展引导乡镇一、二、三产业的发展。实施"镇区 + 社区 + 园区"的区域规划建设体系。

镇区（新市镇）——中心单元。镇区是乡域行政、经济、文化、服务中心，主要承担乡镇产业和居住功能，是打破城乡二元结构、联结城乡的现代化新型小城镇，用地规模一般为 1~3 平方千米。

生态社区——基本生活单元。在镇区以外满足生产需求而设置的，以居住功能为主的小型社区。应避让生态敏感区域，临近耕作地点、交通干线，可选择现状规模比较大、位置适中、交通便捷的村庄设置，配置相对完善的基础设施和公共服务设施，服务半径为 2.5~3 千米。

产业园区——产业聚集单元。符合非集中建设区准入条件的产业类型的各类园区，包括特色农业园、观光农业园、旅游景园、农产品加工园等，以产业规模化、园区化推动乡镇产业经济发展。

（2）不同类型乡镇的规划建设体系。针对不同类型乡镇的特色，遵照区域差异性原则与不同类型乡镇的资源优势与特色产业，在武汉市城乡接合部总体村镇体系的基础上，构建武汉市城乡接合部不同类型乡镇的村镇建设体系（见表8-1）。

表8-1　武汉市城乡接合部不同类型乡镇发展体系

乡镇类型		村镇建设体系
大类	中类	
生态控制型乡镇	生态控制型 A 类乡镇	新市镇 + 生态社区
	生态控制型 B 类乡镇	集中建设区 + 新市镇 + 生态社区
	生态控制型 C 类乡镇	集中建设区 + 生态社区
	其他生态控制型乡镇	居民全部迁出
引导发展乡镇	引导发展型 A 类乡镇	集中建设区 + 生态社区
	引导发展型 B 类乡镇	集中建设区 + 新市镇 + 生态社区
	引导发展型 C 类乡镇	新市镇 + 生态社区
城镇发展型乡镇	城镇发展型 A 类乡镇	集中建设区 + 生态社区
	城镇发展型 B 类乡镇	集中建设区

8.2 武汉市城乡接合部规划建设模式

8.2.1 武汉市城乡接合部新市镇建设模式

新市镇建设是武汉市城乡接合部乡镇或多个乡镇的区域行政、经济、文化、服务中心，主要承担乡镇产业和居住功能，是打破城乡二元结构、联结城乡的现代化新型小城镇。在建设模式上，要选择基础条件好的乡镇作为城乡接合部重点发展的小城镇，将其建设成为承担都市产业和居住功能的农村区域性经济、文化、服务中心，联结城乡的现代化小城市，为远城区新型工业化战略服务。建设标准参照国家规范《镇规划标准 GB 50188—2007》进行新市镇的建设。

8.2.1.1 镇村体系建设

镇村体系规划应依据县（市）域城镇体系规划中确定的中心镇、一般镇的性质、职能和发展规模进行制定。

镇村体系规划应包括：①调查镇区和村庄的现状，分析其资源和环境等发展条件，预测一、二、三产业的发展前景以及劳力和人口的流向趋势；②落实镇区规划人口规模，划定镇区用地规划发展的控制范围；③根据产业发展和生活提高的要求，确定中心村和基层村，结合村民意愿，提出村庄的建设调整设想；④确定镇域内主要道路交通，公用工程设施、公共服务设施以及生态环境、历史文化保护、防灾减灾防疫系统。

镇区和村庄的规划规模应按人口数量划分为特大、大、中、小型四级（见表 8-2）。

表 8-2 镇区与村庄规划规模分级 （人）

规划人口规模分级	镇区	村庄
特大型	>50 000	>1 000
大型	30 001~50 000	601~1 000
中型	10 001~30 000	201~600
小型	≤10 000	≤200

镇区人口规模以县域城镇体系规划预测的数量为依据，结合镇区具体情

况进行核定；村庄人口规模在镇域镇村体系规划中进行预测。镇区人口的现状统计和规划预测，应按居住状况和参与社会生活的性质进行分类，按照常住人口（包括户籍人口和暂住人口）、通勤人口、流动人口进行镇区规划期内的人口分类预测。

8.2.1.2　镇土地利用分类

镇区土地应按土地使用的主要性质划分为居住用地、公共设施用地、生产设施用地、仓储用地、对外交通用地、道路广场用地、工程设施用地、绿地、水域和其他用地9大类、30小类（见表8-3）。

表8-3　镇土地利用分类及说明①

类别代号		类别名称	范　围
大类	小类		
R		居住用地	各类居住建筑和附属设施及其间距和内部小路、场地、绿化等用地；不包括路面宽度等于和大于6米的道路用地
	R1	一类居住用地	以一至三层为主的居住建筑和附属设施及其间距内的用地，含宅间绿地、宅间路用地；不包括宅基地以外的生产性用地
	R2	二类居住用地	以四层和四层以上为主的居住建筑和附属设施及其间距、宅间路、组群绿化用地
C		公共设施用地	各类公共建筑及其附属设施、内部道路、场地、绿化等用地
	C1	行政管理用地	政府、团体、经济、社会管理机构等用地
	C2	教育机构用地	托儿所、幼儿园、小学、中学及专科院校、成人教育及培训机构等用地
	C3	文体科技用地	文化、体育、图书、科技、展览、娱乐、度假、文物、纪念、宗教等设施用地
	C4	医疗保健用地	医疗、防疫、保健、休疗养等机构用地
	C5	商业金融用地	各类商业服务业的店铺，银行、信用、保险等机构，及其附属设施用地
	C6	集贸市场用地	集市贸易的专用建筑和场地；不包括临时占用街道、广场等设摊用地

---

①　中华人民共和国建设部，中华人民共和国国家质量监督检验检疫总局. 中华人民共和国国家标准：镇规划标准 GB50188-2007 [S]. 北京：中国建筑工业出版社，2007.

续表

类别代号		类别名称	范 围
大类	小类		
M		生产设施用地	独立设置的各种生产建筑及其设施和内部道路、场地、绿化等用地
	M1	一类工业用地	对居住和公共环境基本无干扰、无污染的工业，如缝纫、工艺品制作等工业用地
	M2	二类工业用地	对居住和公共环境有一定干扰和污染，如纺织、食品、机械等工业用地
	M3	三类工业用地	对居住和公共环境有严重干扰、污染和易燃易爆的工业，如采矿、冶金、建材、造纸、制革、化工等工业用地
	M4	农业服务设施用地	各类农产品加工和服务设施用地；不包括农业生产建筑用地
W		仓储用地	物资的中转仓库、专业收购和储存建筑、堆场及其附属设施、道路、场地、绿化等用地
	W1	普通仓储用地	存放一般物品的仓储用地
	W2	危险品仓储用地	存放易燃、易爆、剧毒等危险品的仓储用地
T		对外交通用地	镇对外交通的各种设施用地
	T1	公路交通用地	规划范围内的路段、公路站场、附属设施等用地
	T2	其他交通用地	规划范围内的铁路、水路及其他对外交通路段、站场和附属设施等用地
S		道路广场用地	规划范围内的道路、广场、停车场等设施用地，不包括各类用地中的单位内部道路和停车场地
	S1	道路用地	规划范围内路面宽度等于和大于6米的各种道路、交叉口等用地
	S2	广场用地	公共活动广场、公共使用的停车场用地，不包括各类用地内部的场地
U		工程设施用地	各类公用工程和环卫设施以及防灾设施用地，包括其建筑物、构筑物及管理、维修设施等用地
	U1	公用工程用地	给水、排水、供电、邮政、通信、燃气、供热、交通管理、加油、维修、殡仪等设施用地
	U2	环卫设施用地	公厕、垃圾站、环卫站、粪便和生活垃圾处理设施等用地
	U3	防灾设施用地	各项防灾设施的用地，包括消防、防洪、防风等

续表

类别代号		类别名称	范 围
大类	小类		
G		绿地	各类公共绿地、防护绿地；不包括各类用地内部的附属绿化用地
	G1	公共绿地	面向公众、有一定游憩设施的绿地，如公园、路旁或临水宽度等于和大于5米的绿地
	G2	防护绿地	用于安全、卫生、防风等的防护绿地
E		水域和其他用地	规划范围内的水域、农林用地、牧草地、未利用地、各类保护区和特殊用地等
	E1	水域	江河、湖泊、水库、沟渠、池塘、滩涂等水域；不包括公园绿地中的水面
	E2	农林用地	以生产为目的的农林用地，如农田、菜地、园地、林地、苗圃、打谷场以及农业生产建筑等
	E3	牧草和养殖用地	生长各种牧草的土地及各种养殖场用地等
	E4	保护区	水源保护区、文物保护区、风景名胜区、自然保护区等
	E5	墓地	
	E6	未利用地	未使用和尚不能使用的裸岩、陡坡地、沙荒地等
	E7	特殊用地	军事、保安等设施用地；不包括部队家属生活区等用地

8.2.1.3 镇规划建设用地标准

（1）建设用地类型。建设用地应包括用地分类中的居住用地、公共设施用地、生产设施用地、仓储用地、对外交通用地、道路广场用地、工程设施用地和绿地8大类用地之和。规划的建设用地标准应包括人均建设用地指标、建设用地比例和建设用地选择三部分。

（2）人均建设用地指标。人均建设用地指标应为规划范围内的建设用地面积除以常住人口数量的平均数值。人口统计应与用地统计的范围相一致。人均建设用地指标分为四级（见表8-4）。

表8-4　人均建设用地指标分级

级别	一	二	三	四
人均建设用地指标（m²/人）	(60~80]	(81~100]	(101~120]	(121~140]

新建镇区的规划人均建设用地指标应按表 8 - 4 中第二级确定。对现有的镇区进行规划时，其规划人均建设用地指标应在现状人均建设用地指标的基础上，按表 8 - 5 规定的幅度进行调整。

表 8 - 5　规划人均建设用地指标

现状人均建设用地指标（m²/人）	规划调整幅度（m²/人）
≤60	增 0 ~ 15
(60 ~ 80]	增 0 ~ 10
(81 ~ 100]	增、减 0 ~ 10
(101 ~ 120]	减 0 ~ 10
(121 ~ 140]	减 0 ~ 15
>140	减至 140 以内

（3）建设用地比例。镇区规划中的居住、公共设施、道路广场以及绿地中的公共绿地四类用地占建设用地的比例按照表 8 - 6 的标准进行控制，邻近旅游区及现状绿地较多的镇区，其公共绿地所占建设用地的比例可大于所占比例的上限。

表 8 - 6　镇区建设用地比例控制范围

类别代号	类别名称	占建设用地比例（%）	
		中心镇镇区	一般镇镇区
R	居住用地	28 ~ 38	33 ~ 43
C	公共设施用地	12 ~ 20	10 ~ 18
S	道路广场用地	11 ~ 19	10 ~ 17
G1	公共绿地	8 ~ 12	6 ~ 10
四类用地之和		64 ~ 84	65 ~ 85

（4）建设用地选择。建设用地的选择应根据区位和自然条件、占地的数量和质量、现有建筑和工程设施的拆迁和利用、交通运输条件、建设投资和

经营费用、环境质量和社会效益以及具有发展余地等因素，经过技术经济比较，择优确定。建设用地宜选在生产作业区附近，并应充分利用原有用地调整挖潜，同土地利用总体规划相协调。需要扩大用地规模时，宜选择荒地、薄地，不占或少占耕地、林地和牧草地。建设用地宜选在水源充足，水质良好，便于排水、通风和地质条件适宜的地段。

8.2.2 武汉市城乡接合部新型社区建设模式

武汉市城乡接合部的新型社区建设应以生态化社区为主要建设模式。按照所属乡镇类型的不同、生态区位不同，生态社区可以分为五种类型，每种类型社区规模、服务设施配置标准、人均建设用地指标不同。相应的社区类型与说明见表 8 - 7。

表 8 - 7　武汉市城乡接合部生态社区类型划分与说明

生态社区类型		不同类型生态社区说明
所属乡镇分类	生态社区分类	
生态控制型乡镇	Ⅰ 型	位于山边水边保护区之外的一般禁建区内，生态较不敏感性区域，人口规模为 600 ~ 1 000 人，人均村庄建设用地控制为 80 平方米左右，主要是为保障农业生产配置的基本居民生活点，远景可逐步迁出
	Ⅱ 型	位于限建区内，生态敏感性较弱，人口规模为 800 ~ 1 200 人，人均用地控制在 75 平方米
引导发展型乡镇	Ⅲ 型	位于山边水边保护区之外的一般禁建区，生态较不敏感区域，人口规模为 1 200 ~ 1 500 人，人均建设用地控制为 75 平方米左右
	Ⅳ 型	位于限建区内，生态敏感性较弱，人口规模为 1 500 ~ 1 800 人，人均用地控制在 90 平方米左右
城镇发展型乡镇	Ⅴ 型	位于限建区内，生态敏感性较弱，人口规模为 2 000 ~ 2 500 人，人均建设用地控制在 90 ~ 105 平方米，可按照 2 ~ 3 个行政建制村设置

对不同类型生态社区的建设规模和各类建设指标进行初步限定，相应的标准见表 8 - 8。

表8-8　武汉市城乡接合部生态社区建设指标

生态社区类型		指标类别					
乡镇分类	生态社区分类	人均建设用地（㎡/人）	人口密度（人/k㎡）	人口规模（人）	建筑密度	容积率	建筑限高
生态控制型乡镇	Ⅰ型	80	100～500	600～1 000	0.25	0～0.5	15
	Ⅱ型	75	1 000～3 000	800～1 200			
引导发展型乡镇	Ⅲ型	75	6 000～8 000	1 200～1 500	0.2	0.5～1.0	45
	Ⅳ型	90	8 000～10 000	1 500～1 800			
城镇发展型乡镇	Ⅴ型	90～105	10 000～12 000	2 000～2 500	0.2	1.0～1.2	81

　　同时，生态社区的公共配套设施建设要同步进行，相应的教育、医疗卫生、文化体育、商业金融、市政公用设施等也要制定相应的初步标准，见表8-9。

表8-9　武汉市城乡接合部生态社区公共配套设施

类别	设施名称	配置要求	备注
教育	◎托幼（儿）园	1 000人以上原则上配置托幼一处，生均占地面积15平方米左右	用地规模2 700～4 700平方米
	◎中、小学	（按规划设置）	按中小学布局规划设置
	可综合利用学校设施，以学校为基础扩展兼具基础教育、职业教育、农村继续教育功能的新型农村学校		
医疗卫生	◎卫生站	建筑面积60平方米以上	原则上依据"居住区规范"，每处建筑面积300平方米
	◎养老院、"民福院"	（按规划设置）	
文化体育	◎文化活动中心：老年活动中心、儿童活动中心、农民培训中心◎图书室◎科技服务点		每处建筑面积500～1 000平方米
		建筑面积50～200平方米，1 000人以下的社区取下限值	
	●全民健身设施（场地）	结合小广场、集中绿地设置，用地面积不小于100平方米	60～120平方米/千人

续表

类别	设施名称	配置要求	备注
商业金融服务	◎农贸市场	占地面积 100～300 平方米，1 000 人以下的社区取下限值	建筑面积 100～200 平方米/千人，可利用建筑底层设置
	◎邮政、储蓄代办点	结合商业服务设施设置	
市政公用	●垃圾收集点	服务半径不大于 70 米，垃圾集中处理率达 70% 以上	建筑面积 50～140 平方米/千人
	●公厕	建筑面积 25 平方米左右，每千人 1～2 座	
	◎公交站	（按规划设置）	
	◎配电房	建筑面积 50 平方米左右	
	●水泵房	非集中供水区域内社区设置	
	●污水处理	因地制宜，可集中，可分散	
社区管理及综合服务	●社区（村级）综合服务中心用房	建筑面积 150 平方米以上，具备社区主要功能。	社区居委会和警务室，建筑面积 34～40 平方米/千人

注1：●基本目标（必设）◎提高目标（条件允许设置）

注2：备注栏为武汉市新建地区公共设施配套标准指引中居住小区级公共设施配置指标

生态社区的建设要实施户籍制度、产业发展、社会文化和生活方式的全方位转变，是原有居民点的整体跨越式发展，需要据区域的实际发展水平和农民意愿逐步推进。

8.2.3　武汉市城乡接合部村庄集并模式

武汉市城乡接合部现有村庄 650 个，通过武汉市城乡接合部实施规划要对村庄进行合理集并，确定科学可行的村庄集并模式是保障区域建设发展的重要步骤。

按照环境整治模式、产业带动模式、城镇拉动模式、旧村改造模式与体制创新模式等不同的模式，根据区域实际情况进行集并，分为搬迁型村庄、控制性村庄和发展型村庄，具体划分见表 8 - 10，村庄集并后其建设模式及其标准的选择要以新型社区建设标准为参考进行社区化建设。

表 8 - 10   武汉市城乡接合部村庄集并类型分类表

乡镇类型	村庄类型	名称	数量
生态控制型乡镇	搬迁型村庄	后湖村、永胜村、清江大队、新塔村等	66
	控制型村庄	东湖大队、栗庙村、西湖村、马鞍村等	30
	发展型村庄	先锋村、铁板洲、淮山村、锦绣村等	21
	小计		117
引导发展型乡镇	搬迁型村庄	东风村、九峰村、新跃村、花山渔场等	121
	控制型村庄	关山村、建强村、曙光村、光明村等	72
	发展型村庄	东方村、同兴村、武东村、道店村等	55
	小计		248
城镇发展型乡镇	搬迁型村庄	三眼桥村、十里村、快活岭村、花园村等	152
	控制型村庄	先锋大队、金王村、龙王庙村、李桥村等	68
	发展型村庄	万山村、凤山村、幸福村、永利村等	65
	小计		285
合计			650

8.2.4   武汉市城乡接合部村民生产生活模式

村民生产生活模式关系到城乡接合部村镇建设实施的成效，应按照产业带动、公共配套的原则吸引村民自愿迁居新型社区，同时要保障村民的生产与发展权。可借鉴"政府—开发商—村民"合作模式，把政府、村民、开发商作为同一个事业的利益主体整合在一个体系中，一起合作，一起分享利润，并逐渐允许外来资本和外来人口的进入，以达到各方的多赢，为城市化创造条件。通过土地开发与经营、农村管理体制、就业和社会保障等作为一个整体系统来处理，尊重各个环节之间的相互联系。

另外，要构建农民持续稳定增收机制，通过完善农用地租金收入、房屋出租固定收入、集体经济组织分红收入、劳动转移工资收入来拓展农民收入渠道，实现集体经济组织的壮大、产业项目的就业与居住环境的改善、医疗卫生教育的保障、村民生产生活模式的变革。

8.3 武汉市城乡接合部适宜的产业发展模式

8.3.1 武汉市城乡接合部产业发展导向

8.3.1.1 推进综合配套改革试验，增强发展动力与活力

坚持以改革破解发展难题，突出抓好"两型社会"建设综合配套改革试验，着力消除体制机制障碍；坚持以开放促改革促发展，构建更具活力更加开放的体制与环境。

8.3.1.2 实施远城区新型工业化，构建城乡一体化发展新格局

坚持统筹城乡发展，围绕农民持续增收，着力提高远城区工业化、城镇化和农业现代化水平，提升城市整体实力。通过实施远城区工业发展空间规划和产业规划，促进项目向园区集中；调整优化农业结构，大力发展现代都市农业。加快小城镇建设步伐，按照城乡一体、功能统筹的思路，全面规划、分步建设基础设施，提高小城镇规划、建设和管理水平，加快重点镇和特色镇建设，打造一批各具特色的示范小城镇。

8.3.1.3 结构调整作为经济发展的战略主线

坚持扩大内需特别是消费需求的方针，在稳步提高投资需求和出口需求的基础上，努力增强居民消费能力，着力培育消费新热点，促进经济增长由主要依靠投资拉动向依靠消费、投资、出口协调拉动转变，构建内需型经济重要支点。推进产业结构大调整加快建设以高新技术产业为先导，先进制造业和现代服务业为支撑，现代都市农业相协调的现代产业体系。科学确定区域主体功能定位和产业分工，坚持错位发展、差异竞争，优化生产力布局，建设中心城服务业聚集区、远城区新型工业化发展区，进一步强化园区产业集聚和配套服务功能。

8.3.1.4 城乡建设作为功能提升的重要支撑

坚持用现代化大都市的理念指导城乡规划，谋划城市的功能定位、空间框架、产业布局和重大基础设施建设，提高城市发展品位。坚持建管并重，改变传统的城乡建设模式，努力增加城乡建设管理中的创新元素。加大基础设施建设力度、加快建设一批交通枢纽性工程，加快建设环形放射状路网和大运量轨道交通系统，积极推进武汉城市圈城际铁路建设，进一步强化交通

枢纽功能。加强信息、能源、环卫等基础设施建设，拓展公共服务功能，提升现代商务服务功能，彰显生态宜居功能。以完善基础设施建设为重点，推动各类功能区尽快形成城市发展新空间和经济发展新增长极。

8.3.1.5 民生改善，作为和谐社会的基础保障

落实教育优先发展战略，统筹城乡教育均衡协调发展，积极创建学习型城市。整合优化医疗卫生资源，努力建设中部地区医疗卫生服务中心。大力推进公民创业，多方开辟就业渠道。加快形成合理有序的收入分配结构，较大幅度提高中低收入者的收入水平，加快建立覆盖城乡居民的社会保障体系，使人人享有基本生活保障。持续推进安居工程，加强经济适用房和廉租房建设，逐步扩大住房保障范围。坚持城乡统筹发展。坚持工业反哺农业、城市支持农村的方针，以工业化致富农民、产业化提升农业、城镇化带动农村，着力推进远城区新型工业化、农业产业化、新型城镇化和城乡公共服务均等化。

8.3.1.6 统筹城乡发展，加快城乡一体化进程

实施都市农业发展取向，全面提高农业现代化水平。继续推进农业结构战略性调整，不断拓展农业功能，大力推进农业机制和体制创新，努力提高农业科技应用水平，加快农业产业升级步伐，基本形成装备现代化、生产集约化、管理科学化、服务社会化的现代都市农业产业体系，全面提高农业综合生产能力。

推进农村基础设施建设，发展农村公共事业。加快城乡基础设施一体化进程，推进农村公路建设，实施村湾环境整治和农村清洁工程，大力抓好农田水利建设。进一步完善农村公共服务体系，扩大公共财政覆盖农村的范围，优先发展农村教育、科技、文化、卫生等各项社会事业，提升农村社会保障水平，完善城乡养老保险制度衔接办法，全面提升农村社会救助水平。

8.3.2 武汉市城乡接合部产业发展模式

8.3.2.1 确定产业发展模式

依据武汉市城乡接合部的社会经济背景、区域土地利用特征以及武汉市的产业发展导向，并广泛借鉴国内外类似区域的产业发展经验，以两型社会综合配套改革试点与中部崛起战略的深入实施为契机，依托武汉市着力打造全国重要的先进制造业中心、现代服务业中心和综合性高新技术产业基地、综合交通枢纽基地，努力把武汉建设成为中部地区崛起的龙头城市、全国重

要的中心城市，成为全国两型社会建设和自主创新典型示范区。按照这一战略目标提出的武汉市城乡接合部的产业发展总体模式为：以远城区新型工业化为支撑，城乡接合部生态化产业发展相协调的现代产业体系（李强，2014）。

远城区新型工业化是武汉市产业结构布局调整的方向，是实现武汉市战略发展目标的重要部分，城乡接合部的产业发展要以此为支撑，实施生态化产业发展，建立农业产业科技园区，大力发展农产品加工业，并推进都市农业发展，将都市农业作为武汉市城乡接合部农业发展的主要方向。

8.3.2.2 生态化产业发展策略

系统分析借鉴国内外生态化产业发展的策略，基于武汉市的资源优势，制定武汉市城乡接合部生态化产业发展的方向。

（1）系统借鉴新苏南模式。借鉴新苏南模式，构建混合所有制经济为主体，由外资、民资、国资所共同构成的所有制结构；以规模企业为龙头，大、中、小企业并存的企业结构，杜绝"小而散"的乡镇企业发展现象；以工建农、以城带乡为特征，一体化统筹协调发展的城乡结构，实现"工业向园区集中、人口向城镇集中、住宅向社区集中"发展策略。建立强市场强政府并行模式，企业经营靠市场，社会服务和综合管理靠政府的调节结构，使充分发挥作用的"看不见的手"和强有力的"看得见的手"结合；实施按劳分配和按要素分配相结合的分配结构，调动劳动和投资积极性。

（2）依托武汉市远城区新型工业化战略，加速城乡接合部配套建设。武汉市远城区新型工业化发展作为武汉市的重要发展方向，是承接产业转移与加速产业结构调整的重要手段，城乡接合部的产业发展要以此为依托，做好为远城区新型工业化发展配套的服务设施建设，走生态化产业发展之路。

（3）实施差异化规划建设。依托特色农业，确立乡镇主导的产业发展方式，重点发展农产品深加工业，创建知名品牌。对各乡镇建设项目进行策划，从农业生产项目、农家乐休闲旅游项目、其他项目等方面按项目进行招商引资。

（4）加大城乡接合部基础设施建设力度。加强区域基础设施建设，加大财政支持，形成与主城区一体的交通网络、信息网络、公共服务网络，吸引农村居民和城市居民，建设具有地区特色的城乡接合部定居社会，构建特色区域，提高生活舒适性，既服务远城区工业化发展，也带动区域产业的吸引力。

8.3.3.3 都市农业发展模式

（1）都市农业发展总体思路。武汉市都市农业发展模式应是生产、经济功能和生态、社会功能兼顾的模式，即武汉市现代都市农业应该是一个有主有辅的多功能、立体全面、具有滨江临湖的"江湖"特色的发展模式。其中，要求政府主导、企业带动、市场拉动、农民合作经济组织推动这四项驱动力相结合，共同促进武汉市都市农业的发展。

政府主导是要求政府建立健全农业标准体系，构建一个能够吸引多种主体参与的推广实施农业标准的平台。重点扶持建立标准化生产基地或示范区，扶持大宗农作物标准、国家强制性标准和高新技术标准的推广实施工作。

企业带动是通过龙头企业在资金、技术、加工、储运、市场信息和销售渠道等方面的扶持和引导，使农民按照标准化要求，生产出优质、高效的原料，提高农产品的深加工度，从而促进农业标准的推广实施。

市场拉动是要求充分发挥市场机制对资源配置的基础性作用，引导消费，拉动生产，引导农民走农业标准化之路。

农业合作经济组织要求采取特色农业生产格局，统一供应优良种子、种苗，统一供应肥料、农药、饲料、兽药等生产资料，统一产品质量标准，统一产品检测检验，统一产品包装或品牌包装，统一产品运销等，使农业生产进一步趋向专业化、专门化、规模化和区域化。

（2）都市农业发展对策。立足资源优势，合理规划布局。城乡接合部都市农业发展的资源优势明显，通过科学规划，调整农业产业结构，重点发展特色种植业、集约畜牧业、高效水产业和优势种子种苗业，形成都市农业发展的特色区域。

走农业产业化道路，发挥都市农业规模效益。通过实施有效的土地使用权流转机制，形成农业规模经营的基础，加快培育有竞争优势和带动力强的龙头企业，建立信任、公平、合理的利益联结机制，充分发挥政府在产业发展中的职能作用，推进都市农业规模化、生态化发展。

加快农业科技创新，提高都市农业科技含量。依托武汉市的科技人才优势，大力推进以生物技术、信息技术和标准化技术及现代农产品深度加工技术、农业生态保护与休闲应用技术为核心的新的农业科技革命，提高农产品质量和经济效益，以实现武汉市都市农业由单纯的农产品生产型向农业的生态综合的开发与利用转变，由数量型向质量效益型转变。

推进生态环境建设，实现都市农业可持续发展。武汉市发展都市农业必须建立在可持续发展的基础上。只有坚持农业可持续发展战略，才有都市农业的经济可持续、生产可持续和生态可持续三大目标的协调发展。通过与土地管理政策相结合，实施土地综合整治、提高集约节约化程度，加强林业建设与山水资源保护，构建山水林田湖完备的土地利用生命共同体。

（3）都市农业发展的重点。依托都市农业体系规划，按照都市农业体系规划确定的旅游休闲林业产业带、水产养殖区、畜禽养殖区、园艺和观光旅游农业区和现代生态农业园，实施重点发展，以园区建设带动区域发展，依托区域水体资源优势制定区域内都市农业布局（见图 8－2）实现非集中建设区都市农业的整体跨越。

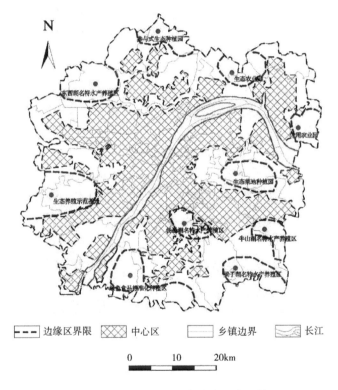

图 8－2　武汉市城乡接合部都市农业布局体系图

发展都市农业要以生态承载力与生态安全为原则，集约化利用与保护相结合，提高农田水利设施的利用效率，扩大园地、林地、渔业用地的规模，适当增加畜禽饲养地、设施农业用地。集中建设洪北农业现代化示范区、东西湖西南部现代设施农业区、汉南绿色食品标准化综合示范区、走马岭农产品加工园、双柳都市农业园等现代生态农业区、绿色园艺和观光旅游农业区、集约化畜禽养殖区、名特水产养殖区和都市林业发展区等重点都市农业项目。

8.3.3.4 不同类型乡镇的产业发展方向

结合武汉市城乡接合部的村镇分类，制定不同类型乡镇的产业发展方向（见表8－11）。

表8－11 武汉市城乡接合部不同类型乡镇产业发展方向

乡镇类型		产业发展类型	空间管制要求	禁限建项目准入程序
生态控制型	A类乡镇	风景旅游、特色农业种植	空间管制要求最为严格，非集中建设区内禁止有污染的工业进入，控制生态社区数量，乡镇产业用地向集中建设区、新市镇、限建区集中	严格遵循禁限建区的项目准入类型，建设项目需进行选址论证和环境影响评价
	B类乡镇	观光农业、特色农业种植		
	C类乡镇	观光农业、水产养殖、花卉苗木		
	其他生态控制型乡镇	生态旅游、体育运动		
引导发展型	A类乡镇	蔬菜基地、特色农庄、观光农业、花卉苗木	鼓励在限建区内大力发展生态社区，集并零散村湾	
	B类乡镇	特色农业、水产养殖		
	C类乡镇	生态旅游、体育运动、观光农业、水产养殖		
城镇发展型	A类乡镇	观光农业、花卉苗木	村湾向集中建设区迁并，产业用地以集中建设区布局	
	B类乡镇	观光农业、苗圃		

9

城乡接合部规划建设实施驱动力分析及模式优化研究

城乡接合部规划建设涉及土地利用总体规划、城市总体规划两个层面，且城乡接合部的土地利用类型呈现多样性和复杂性。本研究基于公众对城乡接合部规划建设实施的认知程度，关注民众所身处的城乡接合部规划实施现状以及民众所希望推进的规划建设模式，从个人特征变量、规划实施现状特征变量以及规划实施意愿特征变量调查分析入手，运用 Logistic 多元回归模型分析城乡接合部土地利用结构变化与驱动因素之间的关系，优化城乡接合部规划建设实施模式，促进区域城市规划、土地规划的有机结合与有效实施。

9.1　规划建设实施驱动力模型构建

目前国内外学者主要采用经验模型和统计模型的方法对驱动力进行定量分析，而统计模型主要包括相关分析、主成分分析与回归分析。

多元 Logistic 回归分析模型是基于数据抽样，确定解释变量 X_n 在预测分类应变量 Y 发生概率的作用和强度。多元 Logistic 回归能假定 X 是反应变量，P 是模型的响应概率，相应的回归模型如下：

$$Ln\left[\frac{p_1}{1-p_1}\right] = \alpha + \sum_{k=1}^{k}\beta_k X_{ki}$$

式中，$p_1 = p(y_i = 1 \mid X_{li}, X_{2i}, X_{ki}, \cdots)$，为在给定系列自变量 X_{1i}，X_{2i}，X_{ki}，$\cdots$的值时事件的发生概率，α 为截距，β 为斜率。

发生事件的概率是一个由解释变量 X_i 构成的非线性函数，表达式如下：

$$p = \frac{EXP(\alpha + \beta_l X_l + \beta_2 X_2 + \beta_n X_n + \cdots)}{1 + EXP(\alpha + \beta_1 X_1 + \beta_2 X_2 + \beta_n X_n + \cdots)}$$

Logistic 回归分析模型预测是通过最大似然估计评价，它包括回归系数、回归系数估计的标准差、回归系数估计的 Wald 统计量和回归系数估计的显著性水平（李洪等，2012）。正的回归系数值表示解释变量每增加一个单位值时发生比会相应增加，相反，当回归系数为负值时说明增加一个单位值时发生比会相应减少。Wald 统计量表示在模型中每个解释变量的相对权重，用来评价每个解释变量对事件预测的贡献力（杨云龙等，2011）。

但是，建立模型并进行假设检验只能表明模型中的回归系数是否具有统计学意义，并不表明模型的拟合效果。故本研究选择 Pearson 系数进行拟合优度检验：显著性水平大于 0.05 显示无统计学意义，即模型拟合较好；显著性水平小于 0.05 显示具有统计学意义，即模型拟合较差。

9.2　规划建设实施变量分析及选择

9.2.1　规划建设实施变量分析

9.2.1.1　个人特征变量

个人特征变量描述的是受访者的基本情况，包括受访者的年龄、职业、户籍类型、住房类型及收入来源。年龄与职业是受访者最为基本的特征信息，不同年龄与职业有着不同的选择偏好以及不同的思考深度。年龄与职业可以较好地反映出受访者的基本情况。

目前我国在户籍制度上仍然为"城乡二元"户籍管理制度，在城乡接合部的研究中，必须考虑到不同户籍人口对城乡接合部规划建设实施模式的偏好。特别是数量庞大的流动人口，更是城乡接合部"瓦片经济"的主要参与者。居住在自有宅基地本地村民与居住在出租屋中的外来流动人口，对于城乡接合部规划建设实施模式有着明显不同的倾向。此外，收入是描述个人特征的重要指标，但考虑到调查问卷中难以直接得到真实有效的受访者收入，故本研究选择以收入来源代替真实收入。综上，本研究选择年龄、职业、户籍类型、住房类型和收入来源描述受访者的个人特征变量。

9.2.1.2　规划实施现状特征变量

规划实施现状特征变量描述的是受访者所在区域地城乡接合部规划建设实施现状，包括是否了解区域规划、建设发展是否与规划相符、公共基础设施是否完善、环境状况是否满意以及土地利用主要问题。本研究主要采取的是随机抽样的调查问卷方式，更关注受访者的感受。因此，规划实施现状特征变量也是由受访者感受出发，试图通过区域规划、公共基础设施、环境状况等方面描述出现有城乡接合部规划建设实施的现状特征。而土地利用主要问题也是从受访者的角度出发，试图挖掘身在城乡接合部区域的"局中人"认为的城乡接合部土地利用主要问题。

9.2.1.3　规划实施意愿特征变量

规划实施意愿特征变量描述的是受访者希望实现的城乡接合部规划建设实施模式，包括拆迁安置补偿标准、拆迁安置补偿方式、产业发展如何推进、耕地如何利用以及最迫切的土地利用举措。本研究通过随机抽样的问卷调查方法，在城乡接合部区域寻找受访者。受访者作为城乡接合部规划建设实施模式的主要参与者，最在意的莫过于如何进行拆迁安置。拆迁安置补偿标准和拆迁安置补偿方式是城乡接合部规划建设实施过程中必须考虑的问题。与此同时，城乡接合部规划建设的实施离不开产业的支持、环境的保障。因此，规划实施意愿特征变量中还包含产业发展如何推进、耕地如何利用以及最迫切的土地利用举措三个特征变量，希望借此能够较为全面地描述规划实施意愿特征变量。

9.2.2 基于公众视角的规划建设实施驱动变量选择

本研究通过应用 SPSS 18.0 软件的 Logistic 函数分城市完成样本的 Logistic 回归分析，分析个体的特征变量与城乡接合部规划建设模式的相关关系，从而分析何种因素影响城乡接合部规划建设模式的选择。

基于博弈论及相关动力机制的研究，城乡接合部土地利用模式可分为政府主导型、自主改造型、市场动力型，又可细分为土地储备、村企合作、土地综合整治、自主改造四类。本书将因变量的取值限定在 [1, 4]，分别把"土地储备"定义为 $y = 1$，"村企合作"定义为 $y = 2$，"自主改造"定义为 $y = 3$，"土地综合整治"定义为 $y = 4$。

根据已有研究成果及问卷调查内容，本研究将自变量分为以下几个方面：①个体差异特征变量，包括年龄、职业、户籍类型、住房类型、收入来源。②规划实施现状特征变量，包括是否了解区域规划、建设发展是否与规划相符、公共基础设施是否完备、环境状况是否满意、土地利用主要问题。③规划实施意愿特征变量，包括拆迁安置补偿标准、拆迁安置补偿方式、产业发展如何推进、耕地如何利用、最迫切的土地利用举措。各自变量的具体定义见表 9 – 1。

表 9 – 1　城乡接合部规划实施驱动力分析自变量分类表

特征变量	自变量指标	指标编号	指标说明
个体差异	年龄	X_1	60 岁以上 = 1；51 ~ 60 岁 = 2；36 ~ 50 岁 = 3；25 ~ 35 岁 = 4；25 岁以下 = 5
	职业	X_2	农民 = 1；工人 = 2；个体经商 = 3；机关事业单位 = 4；其他 = 5

续表

特征变量	自变量指标	指标编号	指标说明
个体差异	户籍类型	X_3	本市城镇户口 =1；本市农业户口 =2；外地城镇户口 =3；外地农业户口 =4
	住房类型	X_4	个人所有商品房 =1；农村宅基地自建房 =2；租住商品房 =3；租住村民房屋 =4
	收入来源	X_5	打工 =1；出租房屋 =2；农业种植 =3；投资 =4；集体经济分红 =5；其他 =6
规划实施现状	是否了解区域规划	X_6	是 =1；否 =0
	建设发展是否与规划相符	X_7	是 =1；否 =0
	公共基础设施是否完备	X_8	是 =1；否 =0
	环境状况是否满意	X_9	是 =1；否 =0
	土地利用主要问题	X_{10}	违法建设多 =1；权属不清 =2；征而不用 =3；缺少规划 =4；管理机制不完善 =5；其他 =6
规划实施意愿	拆迁安置补偿标准	X_{11}	户籍人口 =1；房屋面积 =2；土地面积 =3；综合制定 =4
	拆迁安置补偿方式	X_{12}	安排就业 =1；经营用房 =2；商品住房 =3；货币补偿 =4；全选 =5
	产业发展如何推进	X_{13}	政府实施开发区建设 =1；发展集体产业经济 =2；集体组织进行园区开发（出租厂房）=3；集体组织出租土地 =4
	耕地如何利用	X_{14}	种植粮食作物 =1；蔬菜花卉种植 =2；进行建设开发 =3；发展休闲农业 =4
	最迫切的土地利用举措	X_{15}	同地同权 =1；严格保护耕地 =2；制定建设规划 =3；实施土地综合整治 =4

9.3　城乡接合部规划建设实施模式选择

利用 SPSS 18.0 软件进行多元 Logistic 回归模型分析，基于自变量的变化趋势对因变量进行预测。针对分类型的因变量，会产生各个分类因变量的预测值。将调查问卷数据进行统计分析产生的观测值与 SPSS 18.0 软件产生的因变量预测值进行比对，可以更好地分析得出因变量的变化趋势。本节将问卷调查中的受访者选择最多的城乡接合部规划建设模式与多元 Logistic 回归模型产生的因变量预测值进行对比，找寻城乡接合部最受公众认可的规划建设实施模式。

9.3.1　北京市城乡接合部规划建设模式选择

由调查问卷的统计分析以及 SPSS 18.0 软件回归分析可知，土地综合整治模式是北京市城乡接合部规划实施模式的首选，土地储备模式、村企合作模式与自主改造模式紧随其后。在数值上，土地综合整治、土地储备、村企合作和自主改造模式的观测值依次为 42.9%、33.6%、16.4% 和 7.1%，近乎等差数列，见图 9-1。

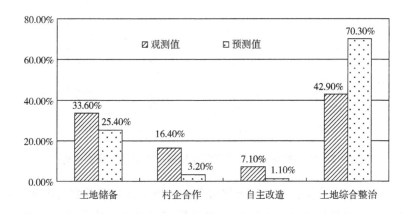

图 9-1　北京市城乡接合部规划实施模式观测值与预测值对比

在 SPSS 18.0 软件产生的预测值比对中，土地综合整治模式优势更为明显，超过七成的可能性成为北京市城乡接合部规划建设的实施模式。从参与主体方面来看，北京市城乡接合部规划建设实施模式选择过程中更为倾向于选择多元主体的协同参与，尤其是对政府寄有厚望。除土地综合整治模式以外，土地储备、村企合作、自主改造模式三种模式中对民众参与积极性的要求依次上升，而北京市城乡接合部受访者对上述三种模式的倾向性却在降低。可见，北京市城乡接合部民众相对缺乏参与规划建设实施的积极性，在城乡接合部的规划建设实施过程中较多地依赖政府力量。

9.3.2 杭州市城乡接合部规划建设模式选择

杭州市城乡接合部规划建设实施模式中最受受访者欢迎的也是土地综合整治模式，自主改造模式、村企合作模式、土地储备模式紧随其后。在数值上，土地综合整治模式的观测值比自主改造模式的观测值高出 10 个百分点，是观测值最低的土地储备模式的 9 倍。而自主改造模式与村企合作模式的观测值相差不多，近四分之一的受访者选择村企合作模式或自主改造模式。土地储备模式的观测值和预测值都是四种城乡接合部规划建设模式中最低的，观测值仅为 4.4%，预测值也仅为 5.6%，见图 9 - 2。

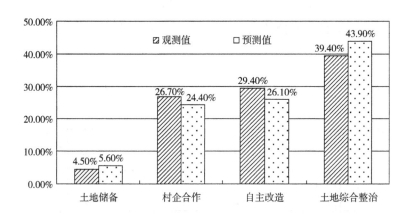

图 9 - 2 杭州市城乡接合部规划实施模式观测值与预测值对比

由此可见，土地综合整治是杭州市首选的城乡接合部规划建设实施模式，民众具有强烈的参与意识，另外自主改造模式与村企合作模式也较受杭州市城乡接合部的受访者欢迎。

9.3.3 成都市城乡接合部规划建设模式选择

成都市最受欢迎的城乡接合部规划建设实施模式为土地综合整治模式，无论是观测值还是预测值均远远高于其他三种模式。在数值上，村企合作模式的观测值为 18.7%，是选择土地综合整治模式观测值的三分之一，而土地储备模式与自主改造模式的观测值基本相同，图 9 - 3。

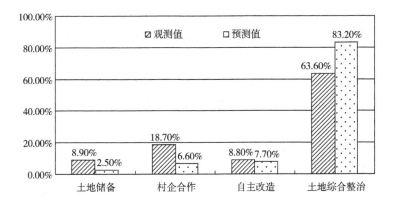

图9-3 成都市城乡接合部规划实施模式观测值与预测值对比

由此可见，成都市城乡接合部规划建设实施模式选择最多的仍然是土地综合整治模式。政府、企业与民众三者任一主导的规划建设实施模式都不能实现成都市城乡接合部规划建设的有效实施。只有政府、企业、民众三者互动协作的城乡接合部规划建设实施模式才能解决成都市城乡接合部现有土地利用问题。

9.3.4 三市城乡接合部规划建设模式选择分析

观测值是指由北京、杭州、成都三市642份有效调查问卷经描述统计得出的土地储备、村企合作、自主改造以及土地综合整治模式的选择比例，随机抽样获取的调查问卷可以有效反映北京、杭州、成都三市民众对城乡接合部规划建设实施模式的偏好，图9-4。

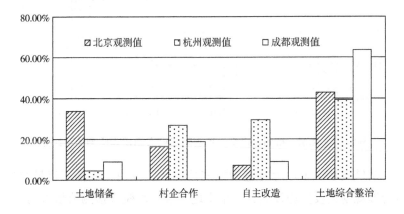

图9-4 北京、杭州、成都三市规划建设实施模式观测值对比图

分析结果显示，土地综合整治是北京、杭州、成都三市最受欢迎的城乡接合部规划建设实施模式，三市城乡接合部选择土地综合整治模式的观测值依次为42.9%、39.4%和63.7%，成都市超六成受访者选择了土地综合整治模式。

分规划建设实施模式来看，土地储备模式选择最多的是北京市，村企合作和自主改造模式选择最多的均为杭州市，而土地综合整治模式选择最多的是成都市。

北京、杭州、成都城乡接合部在选择规划建设实施模式时偏好不同。首都北京因其独特的区位条件，土地价格一路高涨，北京市城乡接合部受访者就更为偏好"以地生财"，通过土地储备的方式尽快实现土地价值的升值变现。杭州市身处南方经济发达省份，民众具有较强的独立自主意识。在选择规划建设实施模式时，杭州市城乡接合部民众更希望是民众有较多参与的村企合作或自主改造模式。成都市作为我国西南区域的重要城市，城乡接合部土地利用需求迫切问题显著，超六成的成都市受访者选择政府、企业、民众共同参与的土地综合整治模式为城乡接合部规划建设实施模式。

预测值是指由多元 Logistic 回归模型产生的北京、杭州、成都三市城乡接合部规划建设实施模式选择比例，是基于调查问卷数据进行多元回归分析产生的结果，见图9-5。

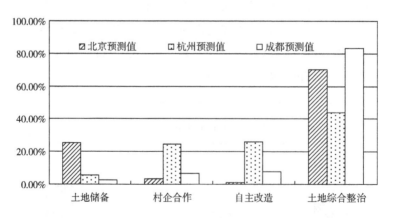

图9-5 北京、杭州、成都三市规划建设实施模式预测值对比图

分析结果显示，土地综合整治模式是北京、杭州、成都三市最受欢迎的城乡接合部规划建设实施模式，三市土地综合整治模式预测值依次为70.4%、43.9%和85.7%。

通过具体的规划建设实施模式来看,有四分之一的北京市城乡接合部民众倾向土地储备模式,各有四分之一的杭州市城乡接合部民众选择了村企合作或自主改造模式,超过八成的成都市城乡接合部民众选择土地综合整治模式。就预测值来看,北京、杭州、成都三市对于土地综合整治模式的偏好更为明显,远超过土地储备、村企合作以及自主改造模式。

由观测值与预测值的对比统计可知,土地综合整治模式是北京、杭州、成都三市城乡接合部规划建设实施模式共同的选择,其中成都市对于土地综合整治模式的渴望最为迫切。虽然北京、杭州、成都最受欢迎的规划建设实施模式相同,均为土地综合整治模式,但土地储备、村企合作、自主改造与土地综合整治四种模式的相对关系有显著不同。北京市城乡接合部规划建设实施模式选择中对政府的依赖性最大,对土地储备、村企合作、自主改造模式的倾向性依次递减。杭州市城乡接合部规划建设实施模式选择中更加注重民众自身的参与,村企合作模式和自主改造模式在杭州市城乡接合部地区也很受欢迎。成都市城乡接合部受访者对土地综合整治模式的偏好显得尤为突出,土地综合整治模式的预测值高达85.7%,远超北京、杭州两市的预测值之和,也是由于成都市城乡统筹配套制度改革实施过程中,城乡接合部农(居)民对区域内规划建设实施模式的认同。

9.4 城乡接合部规划建设实施驱动要素分析

9.4.1 城乡接合部规划建设实施驱动要素分析方法

城乡接合部规划建设模式实施驱动变量共有3大类15项自变量,因为自变量均为分类变量且自变量数目较多,本研究选择在多元 Logistic 回归分析之前先进行卡方检验,将分类型自变量进行筛选,有效提升多元 Logistic 模型的回归效果。利用 SPSS 18.0 软件进行卡方检验时,当卡方检验的 Sig. 值小于0.05时,意味着在95%的置信水平下,该因素对模型具有显著影响。当卡方检验的 Sig. 值小于0.001时,意味着在99%的置信水平下,该因素对模型具有极其显著影响。

将卡方检验筛选出来的北京、杭州、成都三市城乡接合部规划建设模式驱动因素代入 SPSS 18.0 软件中的多元 Logistic 回归模型进行回归分析,可得到多

城乡接合部规划建设模式与土地利用协调机制研究

元 Logistic 回归模型。该回归模型的回归效果由拟合优度检验 Pearson 系数衡量，当 Pearson 系数的 Sig. 值大于 0.05 时，统计不显著，即多元 Logistic 回归模型拟合效果较好。当拟合效果较好时，说明经卡方检验筛选出的自变量对因变量的选择确实具有驱动影响，是城乡接合部规划建设模式的驱动因素。

9.4.2　北京市城乡接合部规划建设驱动因素分析

在北京市城乡接合部规划建设实施模式统计数据的卡方检验过程中，个人特征变量中的户籍类型（X_3）、住房类型（X_4）、规划实施现状特征变量中的环境状况是否满意（X_9）以及土地利用主要问题（X_{10}）的 Sig. 值依次为 0.034、、0.022、0.027、0.008。上述 4 个自变量卡方检验中的 Sig. 值均小于 0.05，即在 95% 的置信水平下，户籍类型（X_3）、住房类型（X_4）、环境状况是否满意（X_9）、土地利用主要问题（X_{10}）4 个自变量对于北京市城乡接合部规划建设实施模式的选择具有显著影响，具体分析结果见表 9 - 2。

表 9 - 2　北京市城乡接合部规划建设驱动要素卡方检验结果

自变量		值	df	渐进 Sig.（双侧）
个人特征变量	年龄（X_1）	8.367	12	0.756
	职业（X_2）	10.291	12	0.590
	户籍类型（X_3）	18.089	9	0.034
	住房类型（X_4）	19.457	9	0.022
	收入来源（X_5）	11.582	15	0.710
规划实施现状特征变量	是否了解区域规划（X_6）	0.932	3	0.818
	建设发展是否与规划相符（X_7）	2.837	3	0.417
	公共基础设施是否完备（X_8）	1.390	3	0.708
	环境状况是否满意（X_9）	9.186	3	0.027
	土地利用主要问题（X_{10}）	31.407	15	0.008
规划实施意愿特征变量	拆迁安置补偿标准（X_{11}）	8.359	9	0.498
	拆迁安置补偿方式（X_{12}）	18.240	12	0.109
	产业发展如何推进（X_{13}）	8.557	9	0.479
	耕地如何利用（X_{14}）	10.715	9	0.296
	最迫切的土地利用举措（X_{15}）	6.539	9	0.685

9.4.3　杭州市城乡接合部规划建设驱动因素分析

在杭州市城乡接合部规划建设实施模式统计数据的卡方检验过程中，若选择95%的置信水平，15个自变量中有10个因素对模式具有显著影响。即当Sig.值小于0.05时，职业（X_2）、住房类型（X_4）、是否了解区域规划（X_6）、建设发展是否与规划相符（X_7）、土地利用主要问题（X_{10}）、拆迁安置补偿标准（X_{11}）、拆迁安置补偿方式（X_{12}）、产业发展如何推进（X_{13}）、耕地如何利用（X_{14}）以及最迫切的土地利用举措（X_{15}）共计10个自变量对杭州市城乡接合部规划建设实施模式具有显著影响。

杭州市有效统计样本仅为180个，若将10个因素代入多元Logistic回归模型，回归模型的拟合效果较差，难以说明问题。故选择99%的置信水平，即当Sig.值小于0.001时，该因素对模型具有显著影响。

个人特征变量中的职业（X_2）、住房类型（X_4）、规划实施意愿特征变量中的拆迁安置补偿方式（X_{12}）、产业发展如何推进（X_{13}）、耕地如何利用（X_{14}）以及最迫切的土地利用举措（X_{15}）的Sig值均为0.000。所以，杭州市城乡接合部规划建设实施模式受到职业（X_2）、住房类型（X_4）、拆迁安置补偿方式（X_{12}）、产业发展如何推进（X_{13}）、耕地如何利用（X_{14}）以及最迫切的土地利用举措（X_{15}）6个因素的影响，具体分析结果见表9-3。

表9-3　杭州市城乡接合部规划建设驱动要素卡方检验结果

	自变量	值	df	渐进 Sig.（双侧）
个人特征变量	年龄（X_1）	18.348	12	0.106
	职业（X_2）	41.012	12	0.000
	户籍类型（X_3）	15.540	9	0.077
	住房类型（X_4）	39.754	9	0.000
	收入来源（X_5）	20.696	15	0.147
规划实施现状特征变量	是否了解区域规划（X_6）	9.527	3	0.023
	建设发展是否与规划相符（X_7）	14.338	3	0.002
	公共基础设施是否完备（X_8）	3.672	3	0.299
	环境状况是否满意（X_9）	3.321	3	0.345
	土地利用主要问题（X_{10}）	29.506	15	0.014

续表

自变量		值	df	渐进 Sig.（双侧）
规划实施意愿特征变量	拆迁安置补偿标准（X_{11}）	27.229	9	0.001
	拆迁安置补偿方式（X_{12}）	36.622	12	0.000
	产业发展如何推进（X_{13}）	33.010	9	0.000
	耕地如何利用（X_{14}）	46.855	9	0.000
	最迫切的土地利用举措（X_{15}）	84.630	9	0.000

9.4.4　成都市城乡接合部规划建设驱动因素分析

在进行成都市城乡接合部规划建设实施模式驱动力分析时，首先进行卡方检验以减少分类变量带来的影响。当卡方检验的 Sig. 值小于 0.05 时，在 95% 的置信水平下，该因素对模型具有显著影响。

在成都市城乡接合部规划建设实施模式统计数据的卡方检验过程中，规划实施现状特征变量中的是否了解区域规划（X_6）、建设发展是否与规划相符（X_7）、环境状况是否满意（X_9），规划实施意愿特征变量中的拆迁安置补偿方式（X_{12}）的 *Sig.* 值依次为 0.016、0.005、0.000 和 0.000。故是否了解区域规划（X_6）、建设发展是否与规划相符（X_7）、环境状况是否满意（X_9）、拆迁安置补偿方式（X_{12}）对成都市城乡接合部规划建设实施模式有显著影响，具体分析结果见表 9-4。

表 9-4　成都市城乡接合部规划建设驱动要素卡方检验结果

自变量		值	df	渐进 Sig.（双侧）
个人特征变量	年龄（X_1）	11.419	12	0.493
	职业（X_2）	14.389	12	0.277
	户籍类型（X_3）	11.034	9	0.273
	住房类型（X_4）	9.091	9	0.429
	收入来源（X_5）	13.749	15	0.545

自变量		值	df	渐进 Sig.（双侧）
规划实施现状特征变量	是否了解区域规划（X_6）	10.369	3	0.016
	建设发展是否与规划相符（X_7）	13.044	3	0.005
	公共基础设施是否完备（X_8）	4.173	3	0.243
	环境状况是否满意（X_9）	20.336	3	0.000
	土地利用主要问题（X_{10}）	21.646	15	0.117
规划实施意愿特征变量	拆迁安置补偿标准（X_{11}）	10.355	9	0.323
	拆迁安置补偿方式（X_{12}）	42.330	12	0.000
	产业发展如何推进（X_{13}）	6.414	9	0.698
	耕地如何利用（X_{14}）	4.630	9	0.865
	最迫切的土地利用举措（X_{15}）	16.691	12	0.054

9.4.5 三市城乡接合部规划建设驱动因素比较

北京、杭州、成都三市所处区域不同、所处发展阶段不同，因此影响城乡接合部规划建设实施模式的驱动因素也有显著不同。

就驱动因素的数量上来看，北京市受到 4 个驱动因素的影响，分别为户籍类型（X_3）、住房类型（X_4）、环境状况是否满意（X_9）、土地利用主要问题（X_{10}）。杭州市受到驱动因素较多，职业（X_2）、住房类型（X_4）、拆迁安置补偿方式（X_{12}）、产业发展如何推进（X_{13}）、耕地如何利用（X_{14}）以及最迫切的土地利用举措（X_{15}）6 个因素均影响杭州市城乡接合部规划建设实施模式的选择。而成都市受到 4 个驱动因素的影响，分别为是否了解区域规划（X_6）、建设发展是否与规划相符（X_7）、环境状况是否满意（X_9）、拆迁安置补偿方式（X_{12}）。

就三大类特征变量来看，北京市受到个人特征变量和规划实施现状特征变量的影响，杭州市受到个人特征变量、规划实施意愿特征变量的影响，而成都市受到规划实施现状特征变量以及规划实施意愿特征变量的影响。

北京、杭州、成都三市在城乡接合部规划建设模式实施的驱动因素存在明显差异，比较情况见表 9-5。

表9-5 北京市、杭州市、成都市城乡接合部规划建设驱动要素对比分析

自变量		北京市驱动因素	杭州市驱动因素	成都市驱动因素
个人特征变量	年龄（X_1）			
	职业（X_2）		√	
	户籍类型（X_3）	√		
	住房类型（X_4）	√	√	
	收入来源（X_5）			
规划实施现状特征变量	是否了解区域规划（X_6）			√
	建设发展是否与规划相符（X_7）			√
	公共基础设施是否完备（X_8）			
	环境状况是否满意（X_9）	√		√
	土地利用主要问题（X_{10}）	√		
规划实施意愿特征变量	拆迁安置补偿标准（X_{11}）			
	拆迁安置补偿方式（X_{12}）		√	√
	产业发展如何推进（X_{13}）		√	
	耕地如何利用（X_{14}）		√	
	最迫切的土地利用举措（X_{15}）		√	

　　分析其产生原因可以看出，北京市更多地受到个人以及规划实施现状的驱动，民众所希望的规划实施模式并没有产生很大影响，在北京市城乡接合部规划建设实施过程中，民众的意愿还需要得到更多的重视。

　　杭州则受到更多个人以及规划实施意愿的驱动，规划实施现状对于杭州市城乡接合部规划建设实施模式的选择影响甚微，而规划实施意愿对杭州市城乡接合部规划建设实施模式选择则有着深刻的影响，5个规划实施意愿特征变量中的4个自变量都有着显著影响。杭州市城乡接合部土地利用过程中对民众规划意愿的重视程度可见一斑。

　　对成都市城乡接合部规划建设模式实施而言，规划实施现状与规划实施意愿具有较强的驱动力。对成都而言，发展现状与民众意愿是其选择城乡接合部规划建设实施模式的出发点与立足点。

　　北京、杭州、成都三市作为东西部不同区域的代表性城市，其城乡接合

部规划建设实施模式选择的驱动因素在数量以及类型上均有显著差异。比较之下,亦有很多借鉴之处,如对民众意愿的尊重以及对规划现实的实际考量。以人为本的城镇化建设是城乡接合部规划建设实施模式自始至终应秉承的理念。

9.5 城乡接合部规划建设模式多元 Logistic 回归分析

9.5.1 北京市城乡接合部多元 Logistic 回归结果分析

根据卡方检验筛选出的自变量结果,户籍类型（X_3）、住房类型（X_4）、环境状况是否满意（X_9）、土地利用主要问题（X_{10}）与因变量土地利用模式（Y）代入 SPSS 18.0 软件中进行多元 Logistic 模型回归分析。

拟合优度检验中 Pearson 系数的 Sig. 值为 0.794,大于 0.05,统计不显著,即模型的拟合效果较好。得到如下模型回归结果（见表 9 – 6）。

表 9 – 6   北京市城乡接合部规划建设模式多元 Logistic 模型回归结果

自变量	土地储备模式			村企合作模式			土地综合整治模式		
	B	Wald	显著水平	B	Wald	显著水平	B	Wald	显著水平
截距	- 17.345	406.121	0.000	- 18.007	276.330	0.000	- 17.178	0.000	0.993
[X_3=1]	- 0.184	0.025	0.875	0.191	0.019	0.889	1.165	0.850	0.356
[X_3=2]	0.084	0.005	0.943	1.462	1.141	0.286	1.368	1.160	0.281
[X_3=3]	- 1.382	1.186	0.276	- 0.226	0.024	0.878	0.466	0.122	0.727
[X_3=4]	0b	.	.	0b	.	.	0b	.	.
[X_4=1]	1.293	1.529	0.216	0.836	0.515	0.473	1.596	2.679	0.102
[X_4=2]	1.850	3.589	0.058	1.016	0.861	0.354	1.521	2.750	0.097
[X_4=3]	2.302	2.896	0.089	2.173	2.295	0.130	1.978	2.264	0.132
[X_4=4]	0b	.	.	0b	.	.	0b	.	.
[X_9=1]	- 0.042	0.004	0.948	- 0.637	0.756	0.385	- 0.919	1.941	0.164

续表

自变量	土地储备模式			村企合作模式			土地综合整治模式		
	B	Wald	显著水平	B	Wald	显著水平	B	Wald	显著水平
$[X_9=0]$	0b	.	.	0b	.	.	0b	.	.
$[X_{10}=1]$	16.886	408.267	0.000	15.791	218.944	0.000	16.363	0.000	0.993
$[X_{10}=2]$	18.100	542.661	0.000	18.189	495.277	0.000	17.237	0.000	0.993
$[X_{10}=3]$	16.789	552.164	0.000	15.783	308.726	0.000	16.118	0.000	0.994
$[X_{10}=4]$	19.343	281.725	0.000	18.929	251.543	0.000	17.749	0.000	0.993
$[X_{10}=5]$	17.615			17.277			16.671	0.000	0.993
$[X_{10}=6]$	0b			0b			0b		.

参考类别是自主改造模式。

由多元 Logistic 模型回归结果可知，北京市城乡接合部规划建设实施模式中，土地综合整治模式的选择比例最高，土地利用主要问题对于北京市城乡接合部规划建设实施模式的选择具有显著影响。

就户籍类型来看，本市城镇户口与本市农业户口均倾向于土地综合整治模式，其回归系数依次为 1.165 和 1.368，贡献率分别为 0.850 和 1.160。而外地城镇户口则倾向于土地储备模式，其回归系数为 −1.382，贡献率为1.186。可见，居住在北京市城乡接合部的本地人口对于自身生存空间的发展格外看重，倾向于全方位多维度的土地综合整治模式。

就住房类型来看，个人拥有商品房的受访者偏好土地综合整治模式，其回归系数为 1.596，贡献率为 2.679；在农村宅基地上拥有自建房以及租住商品房的受访者偏好土地储备模式，其回归系数依次为 1.850 和2.302，贡献率依次为 3.589 和 2.896。可见，住房不具有完全产权的受访者更偏好土地储备模式，寄希望于土地储备过程中，能够更多分享土地增值收益。

就环境状况是否满意来看，该项对于土地综合整治模式的贡献率最高，其回归系数为 −0.919，贡献率为 1.941。具体来看，82.50% 的调查问卷受访者表示对于城乡接合部环境状况不满意，其中44.29%的受访者对于垃圾堆放问题不满意，这也在一定程度上反映出城乡接合部管理体制混杂所带来的公共事业"三不管"现象亟须改善。

就土地利用主要问题来看，受访者均偏向于选择土地储备模式。整体来看，违法建设多、权属不清、征而不用、缺少规划以及管理机制不完善这五大问题对于北京市城乡接合部土地利用模式选择具有显著影响。

9.5.2　杭州市城乡接合部多元 Logistic 回归结果分析

根据卡方检验筛选出的自变量结果，将因变量土地利用模式（Y）与自变量职业（X_2）、住房类型（X_4）、拆迁安置补偿方式（X_{12}）、产业发展如何推进（X_{13}）、耕地如何利用（X_{14}）以及最迫切的土地利用举措（X_{15}）代入 SPSS 18.0 软件中进行多元 Logistic 模型回归分析。拟合优度检验中 Pearson 系数的 Sig. 值为 0.932，大于 0.05，统计不显著，即模型的拟合效果较好。模型回归结果见 9 - 7。

由多元 Logistic 模型回归结果可知，土地综合整治模式选择比例最高，职业、住房类型、拆迁安置补偿方式对于杭州市城乡接合部规划实施模式的选择具有显著影响。就职业来看，无论是农民、工人还是个体经商户都倾向于选择土地综合整治模式，其回归系数依次为 - 1.734、0.800、- 0.587，贡献率依次为 2.072、0.341、0.204。可见，不同职业的受访者对于土地利用模式具有相似的偏好，对土地综合整治模式具有较高的认同度。就住房类型来看，个人拥有商品房或者租住在商品房内的受访者倾向于选择土地综合整治模式，其回归系数依次为 - 1.676 和 - 2.266，贡献率依次为 1.768、2.646。生活在商品住宅区内的受访者已然感受到城市生活的便利，更希望通过土地综合整治模式不仅实现生活环境的改善，也获得生活品质的提升。就拆迁安置补偿方式来看，选择村企合作模式的受访者希望得到的拆迁安置补偿方式为安排就业和经营用房，其回归系数依次为 0.045 和 0.200，贡献率为 0.832 和 0.655。选择土地综合整治模式的受访者更希望得到的拆迁安置补偿方式为商品住房和货币补偿，其回归系数为 - 0.597 和 - 1.990，贡献率为 0.824 和 5.425。由此可见，偏好村企合作模式的民众寄希望从村企合作中获得就业机会、分享经营收益，而偏好土地综合整治模式的民众则希望以更为直接的方式、更为快速地实现自身利益。

表9-7　杭州市城乡接合部规划建设模式多元 Logistic 模型回归结果

自变量	土地储备模式			村企合作模式			土地综合整治模式		
	B	Wald	显著水平	B	Wald	显著水平	B	Wald	显著水平
截距	-46.278	0.000	0.997	1.416	0.470	0.493	2.588	2.211	0.137
$[X_2=1]$	18.353	0.000	0.999	-1.809	1.637	0.201	-1.734	2.072	0.150
$[X_2=2]$	21.520	0.000	0.998	0.783	0.251	0.616	0.800	0.341	0.559
$[X_2=3]$	17.714	0.000	0.999	-0.659	0.184	0.668	-0.587	0.204	0.652
$[X_2=4]$	12.342	.	.	-19.102	.	.	0.367	0.056	0.813
$[X_2=5]$	0c	.	.	0c	.	.	0c	.	.
$[X_3=1]$	-40.322	.	.	-0.250	0.026	0.872	-1.676	1.768	0.184
$[X_3=2]$	-18.677	0.000	0.998	0.017	0.000	0.990	-0.744	0.573	0.449
$[X_3=3]$	-18.365	0.000	0.999	-21.132	.	.	-2.266	2.646	0.104
$[X_3=4]$	0c	.	.	0c	.	.	0c	.	.
$[X_{12}=1]$	1.730	0.000	1.000	0.234	0.045	0.832	-0.984	0.762	0.383
$[X_{12}=2]$	15.722	0.000	0.998	0.453	0.200	0.655	-0.164	0.038	0.845
$[X_{12}=3]$	0.832	0.000	1.000	-0.278	0.111	0.740	-0.597	0.824	0.364
$[X_{12}=4]$	-16.891	0.000	0.998	-2.023	2.345	0.126	-1.990	5.425	0.020
$[X_{12}=5]$	0c	.	.	0c	.	.	0c	.	.
$[X_{13}=1]$	31.472	0.000	0.997	0.388	0.138	0.710	0.931	1.097	0.295
$[X_{13}=2]$	-0.479	0.000	1.000	-0.118	0.015	0.901	0.233	0.090	0.764
$[X_{13}=3]$	15.930	0.000	0.999	-0.088	0.004	0.949	-1.060	0.710	0.399
$[X_{13}=4]$	0c	.	.	0c	.	.	0c	.	.
$[X_{14}=1]$	-2.024	1.667	0.197	-1.606	2.877	0.090	-0.131	0.022	0.882
$[X_{14}=2]$	-19.323	0.000	0.998	-0.484	0.160	0.689	0.695	0.385	0.535
$[X_{14}=3]$	-22.416	0.000	0.999	-0.341	0.103	0.749	0.784	0.662	0.416
$[X_{14}=4]$	0c	.	.	0c	.	.	0c	.	.
$[X_{15}=1]$	17.475	0.000	0.996	-0.367	0.112	0.737	-1.401	3.340	0.068
$[X_{15}=2]$	-17.546	0.000	0.998	0.182	0.038	0.845	-0.508	0.618	0.432
$[X_{15}=3]$	16.447	0.000	0.996	1.950	3.332	0.068	-0.090	0.010	0.920
$[X_{15}=4]$	0c	.	.	0c	.	.	0c	.	.

参考类别是自主改造模式。

9.5.3　成都市城乡接合部多元 Logistic 回归结果分析

根据卡方检验筛选出的自变量结果，将因变量土地利用模式（Y）与自变量是否了解区域规划（X_6）、建设发展是否与规划相符（X_7）、环境状况是否满意（X_9）、拆迁安置补偿方式（X_{12}）代入 SPSS 18.0 的软件中进行多元 Logistic 模型回归分析。拟合优度检验中 Pearson 系数的 Sig. 值为 0.285，大于 0.05，统计不显著，即模型的拟合效果较好。得到如下模型回归结果（见表 9 – 8）。

表 9 – 8　成都市城乡接合部规划建设模式多元 Logistic 模型回归结果

自变量	土地储备模式			村企合作模式			土地综合整治模式		
	B	Wald	显著水平	B	Wald	显著水平	B	Wald	显著水平
截距	0.312	0.042	0.837	1.166	0.824	0.364	2.750	5.722	0.017
$[X_6 = 1]$	16.811	0.000	0.992	15.271	0.000	0.992	15.220	0.000	0.992
$[X_6 = 0]$	0c	.	.	0c	.	.	0c	.	.
$[X_7 = 1]$	15.638	0.000	0.990	14.927	0.000	0.991	16.424	0.000	0.990
$[X_7 = 0]$	0c	.	.	0c	.	.	0c	.	.
$[X_9 = 1]$	– 16.770	0.000	0.990	– 17.679	0.000	0.989	– 18.090	0.000	0.989
$[X_9 = 0]$	0c	.	.	0c	.	.	0c	.	.
$[X_{12} = 1]$	– 0.312	.	.	19.974	0.000	0.999	– 0.769	0.000	1.000
$[X_{12} = 2]$	17.114	0.000	0.998	16.261	0.000	0.998	15.369	0.000	0.998
$[X_{12} = 3]$	– 0.105	0.003	0.954	– 0.122	0.004	0.950	– 0.341	0.044	0.834
$[X_{12} = 4]$	– 17.711	0.000	0.994	– 0.396	0.078	0.779	– 1.857	2.100	0.147
$[X_{12} = 5]$	0c	.	.	0c	.	.	0c	.	.

参考类别是。自主改造模式。

由多元 Logistic 模型回归结果可知，土地综合整治模式是选择比例最高的成都市城乡接合部规划建设实施模式，拆迁安置补偿方式对于成都市城乡接合部规划实施模式的选择具有显著影响。就拆迁安置补偿方式来看，偏好通过商品住房进行补偿的受访者更倾向于选择土地综合整治模式，其回归系数为 – 0.341，贡献率为 0.044。偏好货币补偿的受访者同样倾向于选择土地综合整治模式，其回归系数为 −1.857，贡献率为 2.100。

整体来看，是否了解区域规划、建设发展是否与规划相符、环境状况是否满意、拆迁安置补偿方式这四方面对于成都市城乡接合部土地利用模式选择具有一定影响，其中拆迁安置补偿方式的影响程度较大。

9.5.4　三市城乡接合部多元 Logistic 回归结果分析

9.5.4.1　结果比较

就北京、杭州、成都三市的多元 Logistic 回归统计结果来看，推动三市城乡接合部民众选择土地综合整治模式的原因各有异同。

（1）相同处。

第一，有将近七成受访者对于城乡接合部的规划情况不了解，由此可见普通民众在规划制定过程中参与程度极为有限。对区域规划情况的不了解也是一种信息掌握的不完全，缺少必备信息的民众在维护自身利益时将举步维艰。

第二，有接近80%的受访者对于城乡接合部的环境状况不满意。环境卫生问题一直都是城乡接合部管理的顽疾，"脏、乱、差"是民众对于城乡接合部的固有认知，也确实是一部分城乡接合部的现有状况，严重影响当地民众的幸福感。

第三，就拆迁补偿安置方式来看，北京、杭州、成都三市受访者一致倾向采取多种拆迁安置补偿方式并行。任何一种单一拆迁安置补偿方式都略显片面，不能满足民众对于现在及未来长远发展的诉求。

（2）差异处。

第一，成都市城乡接合部的规划与实施现状相符程度较高。北京市和杭州市仅有22.90%、37.20%的受访者认为规划和现实相符，而成都市这一数据高达61.50%。成都市城乡接合部规划实施较为顺畅，纸上规划与落地现实相符程度较高。

第二，就拆迁安置补偿标准来看，北京市更多的受访民众选择户籍人口和土地面积两项标准，杭州市受访者倾向于房屋面积为安置补偿标准，成都市受访者则更希望是综合制定拆迁安置补偿标准。

第三，北京市城乡接合部土地利用模式中政府依旧是社会意识中的主导力量，而民众受利益驱使更倾向于见效快的短期利益，往往重视建设开发忽视耕地保护。杭州市城乡接合部民众则对发展集体经济具有较高积极性，对于严格保护耕地具有较高的自觉性，乐意将土地开发利用与耕地保护有机地结合起来。成都市有52.70%的民众倾向于发展休闲农业，并且希望政府能够发挥主导作用，通过制定规划引导区域的协调发展。

9.5.4.2 基本结论

基于研究区域随机抽样的642份有效调查问卷，运用SPSS 18.0软件进行Logistic回归模型进行统计分析，得出住房类型、现状规划是否相符、环境状况、拆迁安置补偿方式4个自变量对于城乡接合部土地利用模式选择具有显著影响。

现有的城乡接合部规划实施模式可分为政府主导型、自主改造型、市场动力型，土地综合整治实施模式兼有上述3种模式的优势动力，也最受城乡接合部民众欢迎。

基于城乡接合部规划实施居民意愿调查与驱动力分析结果，在目前城乡接合部发展中需要统筹城乡接合部的各种规划纳入城市各项规划的统一管理中，统一编制城乡一体规划。应充分发挥规划的预见性、指导性、限制性，以生态合理性、经济可行性、社会可接受性，协调农业用地与非农建设用地，城市用地和农村用地之间的关系。同时，要深化行政体制改革，明确细化行政管理权力，解决由于地域交错而导致的是乡镇还是街道行使行政管理权力的矛盾，并在规划实施模式选择到具体工作执行都需要充分尊重民众意愿，调动民众积极性，最终实现政府、民众、市场三方博弈的均衡。

10

城乡接合部土地利用
机制系统构建

统筹城乡协调发展是区域发展的基本目标，研究制定统筹城乡接合部发展与优化土地利用的协调机制是本书研究的重点之一，也是破解城乡接合部规划建设难题的有效手段。本研究构建了民生保障、经济发展、空间布局、设施配置与环境改善的五大土地利用机制系统，力图实现管控、优化与促进并举，同时结合不同区域、不同类型城乡接合部规划建设的现实特征与需求，从利用政策、流转机制、产权制度与市场调节等方面，构建了差别化的土地利用应对机制，并结合武汉市城乡接合部规划建设实证，从土地利用机制、规划建设相关政策、产业发展、社会保障、生态补偿与景观恢复等方面，提出了土地利用政策协调机制的具体建议，也提出了适合现阶段我国不同区域、不同类型城乡接合部的规划建设模式框架与相应的土地利用改革思路。

10.1　城乡接合部土地利用机制系统体系

10.1.1　城乡接合部土地利用机制系统体系构建

　　基于城乡统筹发展理论与城市空间结构理论在城乡接合部区域的应用实践，根据二元结构理论、居（农）民、企业、集体和政府博弈关系在城乡接合部区域的实际情景，本研究从城乡接合部规划建设模式实施法制、机制、体制与技术保障制度等方面构建民生保障、经济发展、空间布局、设施配置与环境改善的五大土地利用机制系统。

　　规划建设模式与土地利用协调机制的实质在于根据规划建设模式的要求与实施效果，研究分析土地利用系统结构及其变化规律以制定保障规划建设实施的土地利用协调机制。规划建设模式实施是落实规划各项目标任务的具体措施和方法，通过制度上的设计，使得规划能够在各级部门间有效实施，其侧重点则在于贯彻规划方案所要实现的特定目的和既定任务而采取的不同管理途径与保障措施。通过实地调研了解公众对城乡接合部规划建设实施的建议及要求，系统分析城乡接合部的基本特征，比较不同规划建设模式实施的驱动要素，广泛借鉴土地利用规划、城市总体规划、主体功能区划等相关规划的实施保障制度经验，形成保障与规范城乡接合部规划建设模式实施的土地利用协调机制系统框架（见表 10 - 1）。

　　构建的框架体系包括三个层次：第一个层次为目标层，即保障与规范城乡接合部规划建设模式实施的土地利用协调系统；第二个层次为亚类层，即要实现的包括民生保障、经济发展、空间布局、设施配置与环境改善等五大土地利用机制系统；第三个层次相应亚类的机制系统层，即与规划建设模式相协调的土地利用法制、机制、体制和技术保障，以及在利用政策、流转机制、产权制度与市场调节等方面对具体措施层的细化。

表 10 −1　城乡接合部规划建设模式实施的土地利用协调系统框架

目标层	亚类层	机制系统层及相关措施	协调机制类型
城乡接合部规划建设模式实施的土地利用协调系统	民生保障	区域差异化的农民拆迁安置补偿机制	机制
		均等化的城乡接合部户籍制度	体制
		产业多元化的农民就业保障机制	机制
		城乡接合部民生服务平台系统	技术
		面向民众的平等化公共服务体制	体制
	经济发展	园区化产业发展的土地供给机制	机制
		自主经营导向下的土地利用模式	机制
		城乡统一的集体建设用地管理制度	体制
		房地一体的集体建设用地流转机制	机制
		规划导向下的产业准入制度	体制
		分区实施的集体土地集约利用标准	技术
	空间布局	多规合一的空间规划制度	体制
		大集中、小分散的建设用地布局模式	机制
		城乡一体的规划用地安排	机制
		区域统筹的规划实施时序机制	机制
		留白增绿的规划布局模式	机制
		权属清晰的城乡一体地籍数据库	技术
	设施配置	协调人口规模的公共设施用地配置	机制
		协调区域发展的公共设施建设时序安排	机制
		无缝衔接中心城区的交通体系用地保障	机制
		注重人口结构的公共设施规模配置	机制
	环境改善	生态安全法制建设	法制
		空间通透、共享建设保障机制	机制
		系统生态用地规划机制	机制
		人人参与的环境整治制度	体制

10.1.2　城乡接合部土地利用机制框架体系说明

10.1.2.1　目标层

土地利用协调机制作为保障城乡接合部规划模式实施的重要内容，也是面向社会的综合管理活动。城乡接合部规划建设模式实施的土地利用协调系统是从体制、机制方面形成保障规划有效实施的制度体系，为重大政策的制定奠定基础，为保障措施的实施、规划目标与任务的落实搭建平台。其根本目的是科学安排城乡接合部的土地利用活动以及与土地利用相关的经济、生活等事项，并在时间和空间上进行科学有序的合理布局，形成合理、高效、集约的土地利用结构，提高土地利用效率，促进土地利用、开发、整治活动的有序推进，维护土地利用的社会整体利益，促进经济社会的可持续发展。

因此，总目标层（城乡接合部规划建设模式实施的土地利用协调系统）应包含以下任务：一是保障相关法律、法规和政令的贯彻执行，维护规划建设模式的科学合理性与严肃权威性；二是在时间和空间上进行合理布局城乡接合部的规划建设项目，形成合理、高效、集约的土地利用结构，提高土地利用效率；三是统筹城乡发展，通过规划建设实施与土地利用机制系统的相互作用，促进城乡接合部区域健康发展；四是实现城乡接合部区域民生保障、经济发展、空间布局、设施配置与环境改善等5个机制系统的均衡发展，促进经济、社会、环境协调进步。

10.1.2.2　亚类层

城乡接合部规划建设模式实施的土地利用协调系统亚类层分为民生保障、经济发展、空间布局、设施配置与环境改善5类。

10.1.2.3　机制系统层及相关措施

依据城乡接合部规划建设模式实施的土地利用协调系统实施保障在民生保障、经济发展、空间布局、设施配置与环境改善方面的具体制度机制与要求，针对具体的机制系统层及相关措施体系，分别纳入法制保障、机制保障、体制保障和技术保障4个方面进行系统建设，结合国内外相关规划实施管理体系的研究与城乡接合部规划建设面临的实际情况，对民生保障、经济发展、空间布局、设施配置与环境改善5个系统进行具体化、可操作性措施机制设计。研究共形成25项保障城乡接合部规划建设的土地利用协调机制（见表10-1）。

10.2　城乡接合部土地利用协调模式创新

10.2.1　城乡接合部集体建设用地流转创新模式

10.2.1.1　集体建设用地流转需要明确的问题

（1）关于集体土地所有权主体问题。集体土地所有权主体必须是法律规定的集体经济组织，要真正代表农民利益，实现、维护和发展农民对集体土地的财产权。

（2）关于集体建设用地流转的合法性问题。对实施公开交易的增量集体建设用地，采取了建设用地整理、置换等方式，要明确农用地转用审批的问题，新增集体建设用地流转要按照农用地转用审批或城乡建设用地增减挂钩的有关规定，依法规范开展。

（3）关于集体建设用地流转市场问题。将农村集体建设用地使用权流转纳入现有的国有建设用地交易市场，构建城乡统一的有形土地市场，研究制定相关管理制度办法，确保公开规范运行。

（4）关于流转收益分配问题。对集体建设用地流转收益分配和管理，应建立明确具体的流转收益分配和监管办法，确定国家、集体、农户之间的利益分配关系。

10.2.1.2　集体建设用地流转的界定

集体建设用地流转实际上是集体建设用地使用制度改革和创新的问题，是处理国家和农民利益的关键。通过集体建设用地流转，改变集体建设用地的使用主体和土地利用方式，可使土地往高效利用方向转变。要使集体建设用地合法有序流转，就要基于土地权利的财产属性，参照国有建设用地的管理体系，逐步实现国家建设用地和集体建设用地平等对待，探索建立城乡统一的建设用地使用权交易市场，使集体建设用地和国有建设用地统一政策、统一调控、统一监管。

集体建设用地可以进行出让、转让、出租、作价入股、联营、抵押等形式的流转。

（1）集体建设用地使用权出让，是指土地所有者将集体建设用地使用权在一定年限内让与土地使用者，并由土地使用者向土地所有者支付土地使用权出让金的行为。集体土地使用权出让的地块范围、用途、年限、价格和其他条件，由市、县人民政府土地行政主管部门拟定，出让合同由集体建设用地所有者与集体建设用地使用者签订，报市、县人民政府土地行政主管部门备案。

（2）集体建设用地使用权转让，是指土地使用者将集体建设用地使用权再转移的行为，包括出售、交换和赠予。

（3）集体建设用地使用权出租，是指土地所有者将集体建设用地随同地上建筑物、其他附着物出租给承租人使用，由承租人与出租人签订一定年期的土地出租合同，并支付土地租金的行为。

（4）集体建设用地使用权作价入股，是指土地所有者将一定年期的集体建设用地使用权收益金折成股份，由土地所有者持股，参与分红的行为。

（5）集体建设用地使用权抵押，是指抵押人以其合法的集体建设用地使用权以不转移占有的方式向抵押权人提供债务履行担保的行为。

集体建设用地使用权采取出让、转让、出租、作价入股、联营、抵押等方式流转完成后，由市、县土地行政主管部门办理集体土地使用权登记，颁发集体建设用地使用证。

10.2.1.3　城乡接合部集体建设用地流转模式

城乡接合部集体建设用地流转模式的制定要充分发挥政府的引导推动和市场配置资源的作用，鼓励引导农村集体建设用地流转，构建城乡一体的体制机制，实现征地不失地、就业有保障、利益有补偿的集体建设用地流转模式。主要实施方式包括以下几种。

（1）制度建设。按照产权明晰、用途管制、节约集约、严格管理的原则，在农村探索建立归属清晰、权责明确、保护严格、流转顺畅的农村产权制度，制定集体土地确权登记及流转的基本思路和方法以及相关实施办法，制定集体建设用地使用权流转管理办法、集体建设用地使用权流转市场管理办法以及集体建设用地使用权流转合同示范等配套政策、文件，对流转方式、流转条件、交易程序等进行规定。

（2）集体土地确权登记。落实集体土地产权主体。实现农村集体建设用地流转，必须打破现行农村土地管理制度对"集体"的规定不清晰，农村土地产权主体缺位的状况。在集体建设用地使用权特别是宅基地使用权确权登记中，坚持"台账数据总量控制、发挥村民自治作用、实测不留遗留问题"

的原则，尊重历史、面对现实、积极探索，在地籍台账认可的农村居民点范围内，把超出标准面积的现状房屋、附属设施、独用院坝占地作为其他集体建设用地。

转化集体建设用地使用权形态。在落实集体建设用地产权主体后，进行产权登记中，按照新建立的村镇体系，对新村社区颁发集体土地使用权证，在集体土地使用权证上明确集体建设用地的面积，而没有与具体宗地一一对应，使原来集体建设用地使用权存在形态发生转化，进而简化确权登记工作。

形成集体土地收益合理分配机制。成立实体的集体经济组织作为集体建设用地所有权的主体，对节余的集体建设用地实行总量控制动态封闭运行，进行管理使用，在扣除新型农村社区用地及公共公益设施用地后节余的集体建设用地，由实体集体经济组织通过有形的土地市场统一对外流转。

（3）实施集体建设用地整治。对城乡接合部的现状集体建设用地在确权登记后实施集体建设用地综合整治，按照城乡接合部实施规划的村镇布局体系、建设标准，遵循"宜散则散、宜聚则聚"的原则，在集体建设用地总量控制的前提下进行综合整治。

在实施集体建设用地综合整治中，广泛采取农民参与、政府推进的方式制定合理的拆迁补偿标准，通过新型社区的建设满足农民居住、生产经营的要求与未来收益的分配。

（4）搭建集体建设用地流转服务平台。充分发挥市场在土地资源配置中的基础性作用，将集体建设用地使用权流转纳入交易平台公开交易，同时，加强对集体建设用地流转的监管，规范市场交易行为，保障农民和集体经济组织利益。

搭建集体建设用地流转交易平台。设立集体建设用地交易中心，设立城乡接合部各区县成立集体建设用地交易所，交易所主要是为集体建设用地使用权等农村产权流转服务，同时兼顾土地承包经营权的流转。国土资源行政主管部门派人到交易所对交易的集体建设用地进行审核把关，并加强对土地承包经营权流转的监督管理，坚持土地所有权不变、农用地用途不变，规范市场交易行为，保障农民和集体经济组织利益。区集体建设用地交易所将区国土、房管、规划三部门的相关职能进行整合，实现数据共享并联审批，统一负责区内城乡接合部土地和房屋的测绘、勘察，基础数据库的建立管理，区内农村土地和房屋产权登记、办证、流转等并联审批平台的建设管理，并负责区内集体建设用地使用权、农村土地承包经营权的超标、拍卖、挂牌等，并提供相关政策与信息咨询服务。

制定集体建设用地流转管理办法。为规范集体建设用地流转规范有序推进，实现从确权登记—数据库建立—交易申请—权属调查—产权交易—登记发证—数据库更新—再次交易—变更登记—数据库变更等各个环节的规范管理，及时制定《城乡接合部集体建设用地使用权流转规范》等相关管理办法。

（5）统筹集体建设用地流转综合效应。对于区域内集体建设用地流转，要坚持"规划先行产业支撑、政府引导集约利用、市场配置合理分配"的原则，统筹集体建设用地流转的综合效应。

通过统筹集体建设用地流转与城乡接合部规划建设，统筹集体建设用地流转与城乡用地增减挂钩的试点实施，统筹集体建设用地流转与区域产业发展，促进以集体建设用地流转为链条的各类措施有效实施，发挥其综合带动效应，通过农村土地不征地、农民不失地、就业有保障、利益有补偿的流转模式，破解城乡接合部发展的土地供给瓶颈，实现非集中建设区居住环境改善、收益增加、农民满意的协调发展局面。

10.2.2　城乡接合部农用地利用制度创新模式

城乡接合部农业产业发展是区域的重点发展方向，相应农用地利用制度创新模式的确定对保障区域农业产业发展有着重要的推动作用，是区域农业产业发展的基本支撑。城乡接合部区域农用地利用制度创新模式确定主要为促进区域实施生态化产业发展，建立农业产业科技园区，推进都市农业发展提供农用地资源保障和土地利用政策服务，具体实施模式包括以下几个方面。

10.2.2.1　农地使用权流转

没有土地规模经营就没有高效的农业产业化经营，建立科学有效的土地使用权流转机制，可以为发展规模化、集约化的都市农业创造条件。土地流转是一项政策性比较强的工作，在中央提出的明确所有权、稳定承包权、搞活使用权、强化管理权的基础上，有计划、有步骤地稳步推进，在稳定农村家庭联产承包责任制的基础上，实现农用地分散经营为一定规模上的集中经营。

首先要明确土地承包经营权的物权性质。《中华人民共和国物权法》规定，物权是指权利人依法对特定的物享有直接支配和排他的权利，包括所有权、用益物权和担保物权。因此，要进一步明确界定农民的土地权利，使农民真正享有占有、使用、收益和处置四权统一的承包经营权，特别是应将处置权赋予农民，明确土地承包经营权具有产权性质。同时，推进农村土地承包经营权资本化，在"依法、自愿、有偿"和不改变农用地性质的前提下，推行转让、转包、置换、质押、租赁、入股等多种农地流转方式，保障农民"失地不失权、失地不失利"。

逐步建立农村农用土地流转制度。针对城乡接合部农村市场经济发展滞后、农村集体经济组织发育滞后，农民的市场主体缺位、农民在土地流转过程中的权益难以保障的实际，按照人口向城镇和新村社区集中、产业向园区集中、土地向规模经营集中的原则，在农民自愿的前提下，建立以行政村和村集体经济组织为依托、以租赁为主、投资入股为辅、多种形式并存的农村土地承包经营权流转制度。

具体实施方式包括：①采用差别化流转方式，针对城乡接合部的具体情况，分不同类型探索土地流转制度。②建立市域统筹耕地保有量和建设用地指标转移调整制度。③综合集体建设用地流转平台建立独立的农村土地托管运营机构，并明确土地托管运营机构的具体职能。④根据农村土地承包法规定，农村土地承包合同由农业行政主管部门管理，土地用途转移由国土部门审批，应建立国土和农业管理部门联席办理农地承包经营权的流转制度。

10.2.2.2　耕地保护补偿

在耕地保护中，农民承受着效益较低的农业生产，而城市却享有农用地转用带来的土地收益和耕地保护产生的经济、社会和生态效益，农民缺乏保护耕地的内在动力，耕地保护处于被动，保护的责任难以落到实处，为促进城乡接合部耕地保护与生态农业的发展，亟待综合运用行政、法律、经济等各种手段，进一步明确和调整政府与农民之间的责、权、利关系，调动广大群众保护耕地的积极性和主动性，构建耕地保护共同责任机制。

为实现城乡接合部的耕地保护目标与发展生态农业的土地需要，在农业用地利用制度创新中，从城乡经济社会统筹发展的高度出发，建立以设立耕地保护基金为主要内容的耕地保护经济补偿和契约式管理机制，通过为承担耕地保护责任的农户提供养老保险补贴，加快建立农民养老保险体系，探索综合运用行政、经济、法律手段，提高农民保护耕地的积极性和主动性，做到权、责、利对称，形成城市支持农村、工业反哺农业的新局面，确保在统筹城乡发展中，广大农民能共享经济社会发展成果。

设立耕地保护基金制度。耕地保护基金以市为单位设置，以保护耕地为主要目的，主要从土地出让收入中筹集资金，通过财政转移支付方式，用于耕地流转担保、农业保险补贴、承担耕地保护责任农户养老保险补贴和承担耕地保护责任集体经济组织现金补贴的专项基金。其主要目的：一是通过建立耕地保护补偿机制，提高农户和农村集体经济组织保护耕地的积极性和主动性，切实落实耕地特别是基本农田保护目标；二是统筹城乡收益分配，通过财政转移支付，加快建立农民养老保险体系，切实增加农民收入。

在建立耕地保护补偿机制方面要明确资金来源、补贴对象、补贴标准、使用范围与保护责任，建立规范的耕地保护补偿机制实施办法。

（1）资金来源。按照"统一政策、分级筹集"的原则，耕地保护基金由市和区（市）县共同筹集。主要来源包括：每年市、区两级的新增建设用地土地有偿使用费，每年缴入市、区两级财政的土地出让收入的一定比例的资金，以上两项不足时，由政府财政资金补足。所筹资金全部纳入耕地保护基金专户，根据区域的耕地面积和类别进行统筹安排。

（2）补贴对象。耕地保护基金主要用于在市域范围内拥有土地承包经营权并承担耕地保护责任的农户。适用对象不因承包地流转而发生变化。即土地承包经营权流转后，耕地保护基金补贴仍归原土地承包经营权人；耕地保护责任也仍由原承包经营权人承担。

（3）补贴标准。根据区域内耕地质量和综合生产能力，按耕地等别对基本农田和一般耕地实行类别保护与补贴：对基本农田的补贴标准为每亩每年300元，对一般耕地的补贴标准为每亩每年150元，且耕地保护补贴标准根据区域经济社会发展状况和耕地保护基金运作情况，相应增长。

（4）使用范围。耕地保护基金主要用于承担耕地保护责任农户的养老保险补贴；承担未承包到户耕地保护责任的村组集体经济组织的现金补贴。

（5）保护责任。对耕地保护责任人未认真履行耕地保护责任、非法改变耕地用途或破坏耕作层致使耕地生产能力降低的，要立即责令在规定的期限内恢复耕地生产能力。对造成耕地永久性破坏的，已发放的耕地保护资金补贴，要全部予以追缴，并应限期复垦。

10.2.2.3　农用地整治

土地整治中的农用地整理对加强耕地和基本农田保护、提高耕地质量和生产能力、推进传统农业向现代农业的转变以及促进城乡产业互动方面均有积极作用，因此实施积极的土地整治措施是农业用地利用制度创新模式的重要内容，具体实施与土地综合整治模式创新相结合共同推进，现区域综合整治。

10.2.3　城乡接合部土地综合整治创新模式

目前，土地整治已成为破解"双保"难题的重要抓手，成为促进土地节约集约利用的重要手段，推进新农村建设与城乡统筹发展的重要平台，保障国家粮食安全的重要途径，构建国土生态安全的重要措施。土地综合整治则是聚合各类涉农资金，推动目前的田、水、路、林、村的单一整理向田、水、路、林、村的综合整治转变，促进耕地规模经营、人口集中居住、产业集聚发展，追求综合效益最大化，发挥"1＋1＞2"的效应（张正峰等，2011）。

党的十七大提出推进城乡统筹发展。目前我国已经到了以城带乡、以工促农、工业反哺农村的阶段，城乡接合部要以土地综合整治为平台和抓手，推进区域产业发展、村镇建设与城乡统筹，并结合区域特色和实际情况，进行土地综合整治是土地利用模式创新的重要内容，更有效地保障城乡接合部规划建设实施。

10.2.3.1　土地综合整治规划与实施

（1）编制城乡接合部土地综合整治规划。以城乡接合部的区级行政单位为整体，编制区域土地整治规划，指导和规范区域内农用地整理、村镇建设用地整治、土地生态环境整治以及相关的城乡统筹、增减挂的实施。并建立有重点、分年度的土地整治推进制度，保障土地整治规划的实施，以确保城乡接合部规划建设的有效实施。

（2）实施土地整治效果评价制度。建立土地整治实施效果评价机制，确保土地整治规划实施的质量和效果。一是规划实施管理的动态评价，包括：对土地整治规划编制的科学性进行动态评价，跟踪土地整治规划实施效果；分析评价土地整治规划年度目标任务完成与落实情况，对影响土地整治规划实施的各种因素进行分析，统筹土地整治规划任务的安排。二是土地整治项目的农用地质量、产能、生态评价，确定实施土地整治后农用地的等级变化。三是实施耕地占补平衡实施效果的评价，力求通过土地整治实现耕地质量与产能的平衡。

（3）推行土地整治市场化建设。以政府资金为主导，吸引社会资金投入，逐步推进土地整治规划实施的市场化建设，形成多渠道筹集土地整治资金的机制，并与土地整治效益分配机制相结合，通过一系列经济、金融、财政手段扩大资金筹集渠道，发挥财政杠杆作用，对通过市场化机制实施的土地整治项目，采取政府备案并组织开展项目实施效果评价。

要运用市场机制，积极探索引入社会资金、鼓励集体经济组织自行融资、集体建设用地指标上市交易等多元化筹资方式。农民集中居住区建设应以当地乡镇、集体经济组织为主体，鼓励农民群众投工投劳参加项目实施与监督。

同时，在不转变农用地用途的前体下，通过租赁、转租、转包、入股、流转等形式，以市场机制调节为手段，依法促进农用地使用权的流转，为实现耕地规模化经营种植、转变农地利用方式奠定基础，可以降低人工投入，节约生产成本，提高粮食产量，增加农民收益。在现有法律制度允许的范围内，试点实施农村建设用地市场机制，实现农村建设用地集约节约利用，建立城乡一体化的土地市场。

（4）规范土地整治权属调整。以推进新农村建设为平台，健全权属调整的法律支撑，完善权属调整的规章制度，建立权属调整工作的相关政策。明确权属调整的关系，为有序推进农村土地流转、降低耕地破碎程度、实现农业规模化经营与农业现代化发展奠定资源基础。要规范权属争议的处理，建立权属调整的操作程序，形成权属调整的补偿标准等，同时研究降低土地整治项目区地块破碎程度的有关政策，发挥地籍管理技术对土地权属调整工作的支撑作用，利用信息管理技术，完善地籍权属管理资料。

10.2.3.2　建设用地整治周转指标管理

（1）符合城乡接合部建设规划的土地综合整治项目，实施农村建设用地整治时，规划复垦面积要确保等于或大于建设占用耕地的面积，该类农村建设用地整治项目，可以申请核拨农村建设用地整治周转指标。

（2）农村建设用地整治周转指标核拨要以项目可研报告核定的安置户数和人数所需要用地量为依据，农村建设用地整治周转指标要优先用于保障迁移农户的安置需要。

（3）农村建设用地整治指标在市域范围内有偿调剂使用的，所得收益应专项用于农村土地综合整治项目建设，保障农村土地整理复垦、住房改建、基础设施和公共服务设施建设的需要。

10.2.3.3　耕地占补平衡新机制

（1）确保农村土地综合整治示范项目区内耕地、基本农田和标准农田总量不减、质量提高，而且实现建设用地增减平衡的前提下，将农村存量建设用地整治为耕地后，经过省级国土部门对整治后新增耕地的质量和面积验收，对符合基本农田标准的新增耕地与土地利用总体规划确定的规划建设用地区内的基本农田进行等质等量挂钩置换。

（2）农村土地综合整治后，要将整治后有条件的耕地划入基本农田保护区或基本农田整备区，加强后续管理，落实保护责任。同时，推进现代农业园区规划建设和经营管理，推动农业布局优化、规模集聚、产业融合、功能拓展，促进农业可持续发展。

（3）按照建设用地"先减后用、增减挂钩、平衡有余"原则，农村建设用地整治产生的新增耕地，增减平衡后，允许置换用于建设用地的，要通过空间置换方式优先用于城乡接合部基础设施建设和公共服务设施建设，节余的城乡建设用地增减挂钩指标可在县（市、区）范围内以市场价格进行交易。交易价格应参照旧房搬迁补助、宅基地复垦成本、新房建造补助、新安置点的土地取得成本和"三通一平"等费用确定。通过市场交易，实现指标市场价值，并最大限度地将土地级差收益返回城乡接合部区域。

10.2.4　城乡接合部生态补偿模式构想

（1）研究城乡接合部生态补偿的对象与标准。根据不同区域城乡接合部的发展方向与区域实际，将需要进行生态保护、限制产业发展的村镇列入补偿范围，范围内的村民为受补偿对象。

生态补偿标准的确定必须考虑两个方面及其博弈关系：一是需要补偿多少，二是可以补偿多少。需要补偿多少主要考虑生态保护过程中的直接投入和保护过程中限制产业发展所遭受的经济损失（机会成本）；可以补偿多少则主要考虑受益程度（资源使用量、资源产生的效益）、支付能力（区域经济水平）和支付意愿（生态服务的认知与环保意识）三个方面。

（2）建立城乡接合部耕地保护补偿机制。通过设立耕地保护基金，建立一种耕地保护补偿和激励机制，实现了政府保护耕地和农民增收的"双赢"，具有积极的社会效果，既提高了农民保护耕地的主动性和积极性，切实保护了耕地，又大幅度减少土地违法行为的发生，同时增加了农民收入，解决了农民社会保障资金难题，创新了农村社会保障模式，促进城乡统筹和谐发展。

（3）建立城乡接合部生态补偿途径。设计单纯地依靠政府财政转移支付来进行的生态补偿，转变为探索通过财政转移支付、实行信贷优惠、设立生态补偿基金、征收生态税等政策，并引入市场补偿机制、企业与个人参与的方式拓展生态补偿途径。

10.3　城乡接合部土地利用政策协调机制：基于武汉市实证的建议

10.3.1　城乡接合部土地利用机制

为保障武汉市城乡接合部实施规划的有效实施，针对区域土地利用特性，制定相关的土地利用政策。依据土地利用相关政策的方向可分为耕地保护、产权改革、征地补偿、执法监管和土地管理规范服务等内容。

10.3.1.1　耕地保护

为加强武汉市城乡接合部的耕地保护，有效实施区域内农业用地利用制度的创新模式创新，推进区域农业产业化、生态化发展，耕地保护是国家的基本方针，也是区域发展的资源基础保证，制定耕地保护的相关政策是区域土地利用政策的首要要求。

（1）依托《武汉市土地利用总体规划》制定与武汉市城乡接合部相适应的基本农田实施管理办法。

（2）设立武汉市城乡接合部耕地保护基金，制定相应的耕地保护基金使用管理办法与实施细则。

（3）对建设占用或者土地整理等，制定耕地耕作层土壤剥离管理办法，为补充耕地实现占补平衡服务。

10.3.1.2　产权改革

产权改革是武汉市城乡接合部发展的核心，受国家现行法律法规的限制，也是较难突破的领域。因此在国家法律法规的框架范围内，制定科学合理可行的产权改革政策，尤其是有关集体土地流转方面的政策，是城乡接合部村镇建设、产业发展目标实现的基础和重要保障。因此，以区域集体建设用地流转、城乡建设用地增减挂钩、农地使用权流转等创新模式的实现为目标，配套相关的产权改革政策是武汉市城乡接合部土地利用政策的核心内容。

（1）在符合现行法律与规划的前提下，集体建设用地以作价入股、联营等方式用于发展工业、旅游业、服务业等，允许在城镇建成区范围内，结合旧城改造并具备一定条件后，对原集体土地确认为国有，允许通过成片整理和零星整理等方式置换使用存量建设用地，以此为主要内容制定武汉市城乡接合部集体建设用地使用管理办法。

（2）通过对集体建设用地的产权主体、整理储备、流转形式、流转范围、流转方式、流转程序、流转用途、增值收益等问题的明确规定，制定武汉市城乡接合部集体建设用地使用权流转管理办法。

（3）为规范集体建设用地使用权出让、出租、转让等流转行为，出台武汉市城乡接合部集体建设用地使用权流转合同示范文本。

（4）出台集体建设用地交易中心管理办法与集体建设用地交易规则。

（5）对集体建设用地使用权确权登记的原则、范围、类型与程序等，制定武汉市城乡接合部集体建设用地使用权确权登记规范。

（6）对集体农用地的流转，配套相应的武汉市城乡接合部农用地流转管理办法、实施细则与合同示范等。

（7）为规范土地整治与相关流转中涉及的权属调整，制定武汉市城乡接合部集体建设用地权属调整实施办法。

10.3.1.3 征地补偿

征地补偿关系到区域内农民失地后的生活保障，社会稳定，制定合理的补偿标准与农民安置办法是保障武汉市城乡接合部发展的关键。

（1）建立农用地级别基准地价体系，实现城乡地价一体化，为制定合理的征地补偿标准奠定基础；实施广泛的公众参与机制，制定武汉市城乡接合部征地补偿标准。

（2）制定失地农民安置办法，解除农民的后顾之忧，实现农民征地不失地、就业有保障、利益有补偿，生活水平有提高。

10.3.1.4 执法监管

执法监管是保障武汉市城乡接合部各项创新模式与相关政策有效落实并防止违法行为的有效手段，对此，要制定一系列的执法监管制度与规范，特别是对集体土地使用、流转的监督管理。

（1）实施科技手段监测区内违法用地行为，应用高分辨率卫星影像定期监测区域内土地利用变化情况，防止不符合规划、违法用地现象发生。

（2）加强规划实施监管，形成及时有效的反馈机制，通过监管保障规划实施。

（3）会同纪检监察部门建立起对土地违法行为的联合监管机制，有效发挥纪委、监察部门对党员干部的管理作用，制定国土资源管理干部规范，健全对集体土地使用监管的长效机制，形成土地利用管理部门跟踪监督、执法检查机关执法检查、社会公众参与监管的综合监管机制，防止该领域的违法违规行为。

10.3.2　城乡接合部规划建设相关政策

武汉市城乡接合部规划建设相关政策是为保障区域内村镇体系布局，重点镇、新市镇与新村社区建设以及区域统筹发展提出的相关政策建议，主要包括统筹发展、建设标准和管理体制等。

10.3.2.1　统筹发展

（1）在土地管理上提出建立新村社区农村宅基地和房屋产权管理制度，在重点镇、新市镇积极推行农村居民居住用房统一规划、集中建设的政策，提出完善农村土地制度实行有偿平衡用地指标的实施制度，进而制定统筹城乡经济社会发展，推进城乡一体化进程的实施办法。

（2）出台关于加快重点镇、新市镇、新村社区建设的意见，在土地政策上要统筹协调，利用好土地资源。强调重点镇、新市镇用地要通过土地整治、盘活存量土地解决。鼓励和支持农民在城镇化的住宅区统建住房或到规划的新村社区居住，退出的宅基地经土地整治还耕还绿后，扣除新建住房占地与公共基础设施占地，多出的面积可作为重点镇或新市镇发展的建设用地指标。

（3）结合土地整治项目的实施，积极推进"三个集中"，在尊重农民意愿的前提下，积极稳妥地分层次逐步推进武汉市城乡接合部农民向城镇、新村社区集中居住。

（4）加强武汉市城乡接合部农村集体经济组织租赁经营用房管理，出台相关政策，对农村集体经济组织为弥补新村社区及基础设施配套建设、社区管理资金不足，利用节余的建设用地修建经营性房屋出租的有关建设规模、管理经营、报件程序及权属登记等问题做出规定。

10.3.2.2　建设标准

参照国家相关标准、结合区域实际情况，对武汉市城乡接合部重点镇、新市镇、新村社区各项建设项目的建设标准做出规定，以规范区域内各类建设项目的规模。

10.3.2.3 管理体制

制定关于深化户籍制度改革及其配套的相关社会保险政策，推进城乡一体化的实施，吸引区域内农民集中居住、规模化生产，并健全区域内建设项目的管理制度与办法，使各类项目建设有序开展。

10.3.3 城乡接合部产业发展政策

城乡接合部产业政策是依托区域内产业发展模式，为保障产业发展目标的实现、推进产业结构转换与生态产业发展提出的相关政策建议，主要包括产业规划与科技创新等。

10.3.3.1 产业规划

制定武汉市城乡接合部农业产业发展规划，通过调整农业产业结构、发展特色种植业、集约化畜牧业、高效水产业以及优势种子种苗业实现农业稳步发展，大力发展农产品深加工，形成龙头产业品牌，带动区域农业产业化、规模化发展，为区域内产业发展提供指南与具体的发展目标。

制定实施生态产业发展规划和都市农业发展规划，形成新的农业产业发展方向，实现区域农业持续发展，拓展农民经营致富渠道，改善区域环境状况，增加农民收入。

10.3.3.2 科技创新

制定农业科技创新政策，提高农业科技含量。发挥武汉市科技人才集中的优势，鼓励高校、科研机构加大科技创新，加快农业科研成果转化为生产力。完善由农业行政主管部门和科研、推广、教育部门联合的方式，形成科研部门带头，农业推广部门负责推广的农科教相结合的农业科技帮扶机制。

建立农业科技知识培训体制，为农民举办各种类型的培训教育机会，学习先进农业生产技术、提高劳动者素质与科学种植生产的能力。建立一支由农业高等教育、农村普通教育和职业教育相配合的农业科技队伍，实行产、学、研相结合的农业科技队伍，指导农民科学生产经营，应用先进适用技术。

10.3.4 城乡接合部社会保障政策

为保障区域内农民权益，减轻农民的后顾之忧，加快新市镇与新村社区建设，促进非集中建设区实施规划的落实，对区域公共基础设施建设以及有关农民的养老、医疗、就业等提出的社会保障政策建议。

（1）公共基础设施建设政策。为加强武汉市城乡接合部的公共基础设施建设，制定加快区域公共基础设施建设的实施办法，从建设规划、实施、资金筹集、运行管理、设施维护等方面出台详细的可操作的实施办法。

（2）农民保障性政策。以扩大保障面和实行社会化为基本方向，按照整体规划、城乡一体、共同负担、多元筹资、分类指导、分步实施的原则，逐步建立功能齐全，服务优良，规范化、法制化的全社会统一的社会保障制度。

建立面向所有非农产业就业人员的失业保险和医疗保险；尽快建立城镇居民与农村居民统一体系中层次不同的、标准不同的社会保险体系，即农村居民养老保险实行"低标准缴费、低标准享受"的原则，以使养老保险能覆盖更多的低收入人群；利益导向鼓励进城务工人员以土地承包经营权换社保，对进城务工人员自愿以土地经营权换社保的参保人员，由政府财政给予优惠的补贴支持。按照归并业务、简化程序、统一信息、提高效率、方便群众的原则，对社会保障资源进行整合利用，建立科学、统一、协调、高效的社会保障管理新体制。

针对城乡公共服务差距大，教育、医疗卫生等基础设施欠账大，社会文化事业发展滞后，解危解困难度大这一现状，创新公共服务体制以政府为主导，以公共财政做支撑，充分发挥市场机制作用，通过体制和机制的创新，增大城乡接合部区域公共服务产品的供给，实现城乡居民公共服务共享的均衡化。

10.3.5　城乡接合部生态补偿与景观恢复政策

为保护武汉市城乡接合部山水资源及区域环境，提升武汉市整体环境质量，从建设限制、生态补偿、景观恢复几个方面提出相关政策建议。

（1）编制武汉市城乡接合部生态保护与控制规划。生态保护与控制规划是协调城市建设与生态保护的有效手段。在区域范围内划定了禁建区、限建区、适建区，明确区域内各项控制性指标取值及范围，防止城市向外无序蔓延和扩张，严格保护和合理利用城市自然资源。

（2）建立区域发展权补偿与生态补偿并行机制。研究制定武汉市城乡接合部发展权补偿与生态补偿标准，对区域内限制建设并进行生态保护的区域，实施发展权补偿与生态补偿并行的方式进行补偿，出台相关实施办法，规范补偿标准与补偿资金来源，尝试建立补偿基金或产业帮扶补偿的实施。

（3）制定严格的污染排放标准。对区域内企业和集中生活居住区，制定严格的污染物排放标准，严格监管，防止对区域环境产生污染。

（4）景观恢复与污染治理政策。制定景观恢复与污染治理方面的激励政策，通过多方融资的形式加大景观恢复与污染治理力度，保护并改善武汉市城乡接合部的环境状况，同时大力发展生态产业，实现区域可持续发展。

10.4 城乡接合部规划建设模式实施的重点

10.4.1 优化城乡接合部规划实施驱动要素

10.4.1.1 发扬民主，尊重民意

由 Logistic 模型回归分析结果来看，不同的户籍类型、住宅类型对于城乡接合部土地利用模式选择的倾向是不同的。由统计分析结果来看，北京、杭州、成都三市城乡接合部 70% 左右的受访者不了解区域规划情况。城乡接合部规划实施过程中，参与群体众多、牵涉利益广泛。规划制定前期，需要落实听证会制度，积极听取民众心声。在规划实施过程中，需要畅通信息沟通渠道，确保政府、企业、民众掌握完全信息，具有相对平等的对话地位，可以对牵涉公共利益的问题做出民主决策。在城乡接合部土地利用过程中面对的是成千上万不同的个体，各家各户家庭状况不尽相同，利益诉求更是各有偏好，因此从最初土地利用模式的选择到随后具体工作的执行都需要充分发扬基层民主，尊重民众意愿。

10.4.1.2 整治环境，美化生活

由统计数据分析结果来看，642 份有效调查问卷中 508 份调查问卷对于城乡接合部环境状况不满意，比例高达 79.13%。这一数据与传统认知中城乡接合部"脏、乱、差"的环境相一致，可见长久以来，城乡接合部环境问题一直没有得到有效的解决。美好环境是居住生存的必要需求，而在城乡接合部这一管理相对缺失地带，管理权责不清导致公共服务的提供者缺位，亟须人力物力财力在环境整治方面的大力投入。只有彻底整治城乡接合部环境，转变"脏、乱、差"的环境面貌，才能实现城乡接合部土地增值，提升城乡接

合部民众的幸福感知。

10.4.1.3　规划先行，按规行事

随着"多规合一"深入推行，城乡接合部作为特殊区域，统一编制城乡一体规划，实现"多规合一"，将各种规划纳入城乡一体规划的统一管理中，有利于充分发挥规划的预见性、指导性、限制性，将土地这一劳动生产要素与人口、产业、经济发展等专项规划相协调，协调农业用地与非农建设用地，城市用地和农村用地之间的关系，确保规划成为城乡接合部土地开发、管理和监督的依据。规划先行不仅仅是指规划的制定要走在建设开发之前起到"龙头"作用，更是指在规划实施过程中按规行事将纸上规划落实在现实生活中。按规行事，要避免"领导说说，纸上画画"，不能因为当前短期利益的诱惑任意修改既定规划。

10.4.1.4　树立规划用地意识

规划是对未来整体性、长期性活动的思考与愿景，在土地利用管理过程中，必须树立规划用地意识，突出强调规划先行，严格遵守各级各项规划设定的控制红线，不能肆意违背、修改规划既定内容。树立规划用地意识，不仅仅是土地利用管理者的义务更是土地利用各环节每个参与者的义务。城乡接合部规划实施不仅仅是政府对土地进行开发利用，也离不开企业的参与支持以及民众的配合协调。对土地管理工作者而言，强调规划用地意识是其日常工作正常开展的实质保障。对土地开发参与者而言，强化规划用地意识是遵纪守法进行土地利用开发的思想保障。对于普通民众而言，关注规划实施，积极参与规划征求意见及公示环节，是对切身利益的最好保障。尊重规划的法定效力，梳理规划用地意识，是科学用地管地最为基础的前提。

10.4.1.5　完善法律法规体系

在城乡接合部这一城乡村交错地带，违法违规用地现象频发，其原因一方面在于城乡接合部土地权属不清，另一方面更在于法律法规管理的缺位与错位。城乡接合部多重管理体制并存，土地利用管理过程中产生收益众人争抢，发生问题彼此扯皮，防止此类现象的发生，离不开完善的法律法规体系，而法律法规的生命力在于执行。立法者需要根据经济社会的变迁及时调整旧有法律法规的漏洞，确保土地原有使用者的权利不受侵犯。执法者需要根据现有法律法规严格执法，有法必依，违法必究，执法必严。通过树立法律权威，引导民众遵纪守法，实现土地的科学管理与利用。

10.4.1.6　构建平等对话平台

城乡接合部土地利用过程中牵涉群体众多，以北京、杭州、成都三市共同倾向的土地综合整治模式为例，需要政府、企业、民众三方实现有效互动。而有效的多中心互动需要多中心的相对平等。只有相对的平等对话，才能保证制度供给时各方具有相等话语权，才能保证多方对彼此的承诺默契是可信的，才能保证各个中心在互动协作过程中可以实现有效的监督。政府需要放下原有传统公共管理理论中政治权威的代表形象，以公共治理服务者的角色与企业、民众对话。企业需要放下固有的对自身利益的考量，需要以更广阔的视角考虑社会及自身的长远发展。民众需要放下的是对自身权利的非理智捍卫，需要以积极谋求发展的态度对话沟通。在城乡接合部土地利用过程中，往往冲突不断，参与各方谋求自身利益却忽略城市发展大计。这种情况下，更需要政府、企业、民众三方平等对话，以长远的眼光谋求城乡接合部区域的更好发展。

10.4.1.7　建立监督评价机制

公共政策的执行离不开有效的监督评价机制，监督评价机制是公共政策执行的晴雨表，及时地进行反馈，有助于公共政策更好地实施。城乡接合部土地利用过程中，现有的监督评价机制已初步建立，但是在具体执行过程中仍存在着监督不力、评价滞后等问题。就规划实施监督机制来看，政府、企业、民众三方的共同监督是规划有效实施的保障之一，但这往往受制于信息获取的不平等，特别是民众难以监督政府、企业的土地利用行为。另外，事后评价难以给予规划实施者及时有效的反馈，规划实施评价结果也往往束之高阁，缺少对现有规划实施的修正与完善。建立城乡接合部规划建设实施的监督评价机制，是未来规划实施管理的重要一环。

10.4.1.8　健全配套保障政策

从北京、杭州、成都三市城乡接合部的规划建设实施模式选择来看，单方面主导的规划实施模式不受欢迎，多方互动协调的土地综合整治模式最受欢迎。土地综合整治模式是对规划建设实施要求最高的模式，一方面要求各方的参与配合，另一方面也需要多重政策机制的配套保障。就补偿标准和补偿方式的诉求来看，民众并不倾向单一的经济补偿，而是考虑未来的长远发展，有就业、养老、医疗、教育等多种社会保障的诉求。这些社会保障的提供离不开财政资金的支持，而财政资金又依赖于经济社会的发展。因此，在城乡接合部规划建设模式实施过程中，必须高度重视产业发展，以产业发展带动区域经济发展，为该地区的民生发展提供最基础的经济保障。健全配套保障政策是城乡接合部规划建设持续健康发展的重要因素。

10.4.2　协调土地利用机制管理的重点方向

10.4.2.1　用地时序管理

用地时序管理是指通过一定的手段确保城乡接合部土地的有序利用。首先，通过编制用地年度计划，协调规划目标在年度间的分配从而保障规划任务持续有序推进，确保规划目标的实现；其次，在城乡接合部用地规划实施管理中注重各层次、各部门之间的相互联系、相互作用，在体现不同层次独特功能的前提下，使各层次间的组成要素趋向和谐有序，以利于城乡接合部规划整体功能的发挥，减少信息成本和不确定性，把阻碍合作的因素减少到最低限度；最后，通过确定规划管理目标以及目标的部门分解，对各级、各部门的用地规划管理主体进行监督管理。

10.4.2.2　用地性质管理

规划建设模式与土地利用协调机制的目的是使规划有效实施。用地性质管理是指对城乡接合部用地性质进行监督、管理。首先，保证用地用途要符合规划规定的用地性质，通过加大用地审批制度的监管力度，严格限定用地性质；其次，要确保区域用地变更信息的现势性与准确性，保证地块规划用途与地块适应性协调，防止违法更改土地用途的现象发生；最后，要根据区域发展定位，确保合理使用土地，在保障经济效益的基础上保护社会效益和生态效益不受破坏，防止低效利用土地，更要避免重复建设占用大量土地，不能擅自改变用地性质和规模，杜绝违法占地情况。

10.4.2.3　用地规模管理

用地规模管理首先要通过对建设项目用地严格预审，重点审查项目选址、布局、用地规模等内容，从源头上严格控制产业用地规模，确保建设用地规模在建设过程中不超过规划用地规模；其次要加强对各类园区建设用地的规划管理，按照有关规定严格控制新建或扩大各类园区，严格控制限制开发区和禁止开发区的产业用地，实现合理节约利用土地的目的；最后还要遏制各级政府领导的"长官意识"，要充分尊重规划，树立新的用地观和发展观，从可持续发展高度提高执行规划的自觉性，防止"规划跟着项目走"，"长官意志代替规划"等破坏规划实施的违法行为出现。

10.4.2.4 用地强度管理

用地强度管理是指对城乡接合部用地集约利用程度进行监管控制，正确引导区域用地方式从外延粗放型向内涵集约型的转变，实现节约集约用地。通过合理的用地结构和布局安排，提高用地的使用效率，增加用地的单位效益；根据产业部门生态特点以及生产要素的组合方式，设定产业用地准入门槛，提高产业用地的集约程度；通过提高技术水平，改善交通、投资环境，提高产业经济效益，从侧面提高产业用地价值，促进土地集约利用，确保建设规模和投资强度符合批准的文书。

10.4.2.5 用地全程管理

用地全程跟踪管理是指利用遥感技术等现代先进技术对城乡接合部用地的动态变化情况进行监察，实时监督各类用地的使用情况，防止土地闲置以及违法转用等现象的发生，严格按照土地用途管制，合理开发利用建设用地。首先，多层次、分阶段、多角度地对规划实施的目标、效益、影响等情况进行系统、客观的总结与分析，找出规划实施过程中出现的问题并提出改进意见，提高规划的合理性、有效性、科学性和预见性，保证规划的顺利实施；其次，通过对规划实施情况的实时监督，定量调控用地规划实施进度，以及是否按照规划的标准与内容进行规划实施；最后，完善城乡接合部不同用途用地的进入与退出机制，设定进入门槛，选择适合当地经济社会发展趋势的产业进入，并实行定期考核，对于不符合城乡接合部发展方向的产业用地以及临时用地实行适当的退出机制，确保用地规划符合当地的经济发展政策和未来发展方向。实施城乡接合部用地的全程管理，对于杜绝违法建设、确保各类用地高效利用将起到积极作用。

10.4.2.6 绿色空间用地管理

（1）优化结构、增强功能。城乡接合部区域要优先保护战略性生态节点和廊道，对生态不敏感地区可进行指标上的空间置换，适当降低区位较好、发展动力强劲区域的规划绿地规模，将其置换到生态敏感地带或通风廊道等绿色空间内，用更积极的线性绿道取代消极的绿隔区域，实现对生态敏感地区的保护，促进游憩空间的延伸和提高公共可达性。在绿色空间用地管理中，从强调指标到强化功能转变，积极发展郊野公园和开展绿道规划，有序保留农业用地发展现代农业和以休闲为核心的第三产业。

（2）转化空间、科学规划。以绿道、公园环等规划建设为加法，以限建区、绿楔等规划控制为减法；以低效土地积极利用为挖潜手段，以财政转移支付和农游共进为开源手段，严控生态节点。进而严格控制城乡接合部关键区域，按照生态敏感性评价，及时开展村庄搬迁规划，划分空间类型，制定时序安排。政府积极承担责任，增大对绿化建设的财政支持；适度放宽产业限制政策，适度增加游憩休闲等高端服务业用地。

科学规划城乡接合部公园环状布局，打造区域绿道，功能上提高游憩性和参与性、交通上提高可达性、空间上强调整体性，使绿道成为绿意浓融的绿色开敞空间和百姓可以自由参与的游憩休闲空间，迅速提升城乡接合部地区生活品质、提升城乡一体化认同感。

10.4.3 城乡接合部规划建设实施保障建议

（1）管理体制保障。构建城乡一体的管理体制，简化和规范行政审批，全面推行并联审批和集中服务；推进公共服务改革，促进城乡公共服务均等化；推进城乡户籍、就业制度改革，逐步建立起城乡一元化户籍制度，建立城乡一体的劳动力市场和就业培训、就业优惠政策、就业援助、就业工作责任制等体系；推进城乡社会保障制度改革，建立征地农转非人员社会保险制度、农民养老保险制度、新型农村合作医疗制度、农村居民最低生活保障等制度和城乡一体的社会救助体系，基本实现城乡社会保险制度全覆盖；推进城乡教育、卫生等公共服务体制改革，促进城乡教育、医疗卫生等社会事业均衡发展。并且，通过对管理体制方面进行整合促进城乡接合部的管理制度创新，保障发展。

（2）政策法规保障。为保障城乡接合部发展，应出台相关管理办法以规范指导区域的发展。建议不同城市结合实际情况出台《城乡接合部管理办法》，对区域发展涉及的人口户籍制度、社会医疗保障、产业发展、用地规划、房屋产权管理、环境保护等分章制定细则，从政策上保障城乡接合部的发展。编制《城乡接合部建设规划》，作为《土地利用总体规划》与《城市总体规划》的专项实施规划，确立规划严格执行的法律地位。

（3）产业扶持保障。通过充分发挥"看不见的手"和强有力的"看得见的手"的共同作用，实现强市场和强政府的有机结合，发挥科技扶持、政策扶持以及财政扶持方式为区域产业发展建立城乡接合部产业保障措施，扶植城乡接合部的产业发展方向，培育优势产业。

（4）基础设施与公共设施建设保障。调整财政支出，确保对城乡接合部农村投入的增加，建立城乡统一的基础设施建设投入和管理机制。推进农村公共服务设施建设，实现城乡公共服务硬件设施均衡配置，引进优质教育、医疗资源；完善农村市政公用设施建设，改善农村生产生活环境，全面推进水、电、气、路、电视、电话、网络等农村基础设施配套建设。结合土地综合整治建设与区域整体开发，实施多方筹集资金，建立资金平衡机制。

（5）农民就业与人才保障。建立城乡统一的就业、培训、保障联动的服务机制，健全城乡统一的劳动力就业管理和服务机构，实现城乡劳动力平等就业，鼓励农民向城市、新市镇迁移；并建立吸引专业人才的人才储备机制。

（6）监测检查与监管保障。对区域土地利用与环境状况建立监测检查网络，形成实时监控体系；加大土地执法检查力度，对区域土地流转、项目用地进行全程跟踪监控，加强对区域建设资金监管，并引导社会公众参与监管。

参考文献

[1]蔡银莺,王亚运,朱兰兰.城市边缘区农户耕地利用功能对土地转出的影响:武汉、成都、苏州1022户农民的典型实证[J].自然资源学报,2016,31(10):1648-1661.

[2]曹广忠,刘涛,缪杨兵.北京城市边缘区非农产业活动特征与形成机制[J].地理研究,2009,28(5):1352-1364.

[3]曹广忠,缪杨兵,刘涛.基于产业活动的城市边缘区空间划分方法:以北京主城区为例[J].地理研究,2009,28(3):771-780.

[4]曾丽群,何杰,单国彬.城市化进程中城市边缘区的土地利用规划:以成都市正兴片区为例[J].安徽农业科学,2008,36(7):2867-2869.

[5]曾赞荣,王连生."绿隔"政策实施下北京市城乡接合部土地利用问题及开发模式研究[J].城市发展研究,2014,21(7):24-28.

[6]陈良文,杨开忠.集聚与分散:新经济地理学模型与城市内部空间结构、外部规模经济效应的整合研究[J].经济学:季刊,2007,7(1):53-70.

[7]陈晓华,张小林,梁丹.国外城市化进程中乡村发展与建设实践及其启示[J].世界地理研究,2005,14(3):13-18.

[8]陈晓军,张洪业,刘盛和.北京城市边缘区土地用途转换宏观动因机制研究[J].地理科学进展,2003,22(2):149-157.

[9]陈新,柴秀梅,王魁.城市边缘区空间扩展规划策略研究:以天津市环外新家园居住区选址建设评价研究为例[J].城市,2009,(9):42-44.

[10]陈佑启.北京城乡交错带土地利用问题与对策研究[J].经济地理,1996,16(4):40,46-50.

[11]陈佑启.城乡交错带名辩[J].地理学与国土研究,1995,11(1):47-52.

[12]陈佑启.城乡交错带土地利用模式探讨[J].中国土地科学,1997,11(4):32-36.

[13]陈佑启.试论城乡交错带土地利用的形成演变机制[J].中国农业资

源与区划,2000,21(5):22 – 25.

[14]程连生,赵红英. 北京城市边缘带探讨[J].北京师范大学学报:自然科学版 ,1995,31(1) : 127 – 133.

[15]崔功豪,马润潮. 中国自下而上城市化的发展及其机制[J].地理学报,1999,54(2): 106 – 115.

[16]崔功豪,武进. 中国城市边缘区空间结构特征及其发展:以南京等城市为例[J].地理学报. 1990, 45 (4): 399 – 411.

[17]戴宾,杨建. 城市边缘区与统筹城乡发展[J].重庆工商大学学报:西部论坛,2004,(5):35 – 38.

[18]戴宾. 成都:现实与未来[M].成都:西南交通大学出版社,2006.

[19]邓楚雄. 上海都市农业可持续发展研究[D].上海:华东师范大学,2009.

[20]丁成日. 城市空间结构理论:单中心城市静态模型[J].城市发展研究,2006,13(4):121 – 126.

[21]丁蔓琪,冯静,刘鷖. 新农村背景下的城市边缘区农民新村住居建设初探:以杭州杨家牌楼村为例[J].华中建筑,2009,27(12):173 – 175.

[22]董祚继,尚波,苏孝宽,等. 国家土地督察局成都局课题组:重庆市和成都市全国统筹城乡综合配套改革试验区土地制度创新调研报告[R].2009.

[23]董祚继. 中国现代土地利用规划理论、方法与实践[M].北京:中国大地出版社,2008.

[24]方创琳,刘海燕. 快速城市化进程中的区域剥夺行为与调控路径[J].地理学报,2007,62(8):849 – 860.

[25]方晓. 浅议上海城市边缘区的界定[J].地域研究与开发, 1999, 18 (4) : 65 – 67.

[26]房世波,潘剑君,成杰民,等. 南京市郊蔬菜地土壤中重金属含量的时空变化规律[J].土壤与环境, 2002, 11(4): 339 – 342.

[27]费孝通. 农村、小城镇、区域发展:我的社区研究历程的再回顾[J].北京大学学报:哲学社会科学版,1995,(2):4 – 14.

[28]冯娟. 城市化进程中的村镇主体空间行为研究[D].武汉:华中师范大学,2008.

[29]顾朝林,陈田,丁金宏,等. 中国大城市边缘区特性研究[J].地理学

报,1993,48(4):317 - 328.

[30]顾朝林,吴莉娅. 中国城市化研究主要成果综述[J]. 城市问题,2008(12):2 - 12.

[31]顾朝林,熊江波. 简论城市边缘区研究[J]. 地理研究,1989,8(3):95 - 101.

[32]顾朝林. 中国大城市边缘区研究[M]. 北京:科学出版社,1995.

[33]国务院发展研究中心课题组. 北京城乡接合部集体建设用地入市与农民自主城镇化[N]. 中国经济时报,2014 - 2 - 11:第005版.

[34]何芳,魏静. 城市化与城市土地集约利用[J]. 中国土地,2001(3):24 - 26.

[35]胡铁成. 发展经济学二元结构理论与我国城市化的困境[J]. 江海学刊,2003(2):59 - 64.

[36]胡智清,周俊,洪江. 城市边缘区域村庄规划策略研究:以经济发达、村镇密集地区为例[J]. 规划师,2003,19(11):19 - 21.

[37]黄晶晶,张坤,魏朝富. 重庆市农村建设用地流转模式比较[J]. 中国人口·资源与环境,2013,23(11):376 - 379.

[38]贾瑞芬,吕世辰. 英国农村发展模式对中国新农村建设的启示[J]. 山西高等学校社会科学学报,2008,20(3):81 - 84.

[39]贾铁飞,郑辛酉,倪少春. 上海城市边缘区样带 LUCC 的生态效应分析[J]. 地理与地理信息科学,2006,22(4):84 - 88.

[40]姜广辉,张凤荣. 城市边缘区土地利用规划中的景观谐调问题[J]. 中国土地科学,2005,19(3):15 - 18.

[41]姜维镇,管凤久. 城乡接合部的土地问题与对策[A]//中国土地问题研究——中国土地学会第三次会员代表大会暨庆祝学会成立十周年学术讨论会论文集. 北京:中国经济出版社,1990:109 - 110.

[42]靳晓雯,欧名豪. 城市边缘区土地利用规划的思考[J]. 国土资源科技管理,2008,25(3):30 - 34.

[43]李翅. 城市新区发展的战略决策模式探讨[J]. 城市发展研究,2007,14(5):24 - 30.

[44]李洪,宫兆宁,赵文吉,宫辉力. 基于 Logistic 回归模型的北京市水库湿地演变驱动力分析[J]. 地理学报,2012(3):357 - 367.

[45]李强,李小波,刘剑锋.城乡接合部规划建设模式评析与土地利用导向设计[J].地域研究与开发,2015,34(5):143-147.

[46]李强,苏强,赵烨,等.基于土地产能的城郊农用地健康评价体系与方法探讨[J].地理与地理信息科学,2008,24(1):70-74.

[47]李强,严金明.武汉市城市边缘区村镇发展模式与土地利用政策研究[J].地理与地理信息科学,2012,28(2):76-79.

[48]李强,赵烨,严金明.城市化驱动机制下的农用地健康评价[J].农业工程学报,2010,26(9):301-307.

[49]李强.城市边缘区村镇发展与土地利用协调机制研究[M].北京:中国大地出版社,2014:8-11.

[50]李世峰,白人朴.基于模糊综合评价的大城市边缘区地域特征属性的界定[J].中国农业大学学报,2005,10(3):99-104.

[51]李世峰.大城市边缘区的形成演变机理及发展策略研究[D].北京:中国农业大学,2005.

[52]李晓俐.德国农业农村发展模式及其启示[J].中国乡镇企业,2010(1):92-96.

[53]林坚,汤晓旭,黄斐玫,等.城乡接合部的地域识别与土地利用研究[J].城市规划,2007,31(6):36-44.

[54]刘耀林,国洪艳,唐旭,等.网络参与式土地利用规划决策博弈研究[J].中国土地科学,2011,25(9):22-27.

[55]刘英杰.德国农业和农村发展政策特点及其启示[J].世界农业,2004(2):36-39.

[56]龙开元,谢光辉,谢炳庚.湖南省城市边缘区工业结构演变及优化对策[J].经济地理,1999,19(6):71-74.

[57]吕蕾,周生路,任奎.城市边缘区建设用地扩张空间特征及影响因素定量研究:以南京市江宁区为例[J].地域研究与开发,2008,27(3):103-107.

[58]马祖琦,刘君德.浦东新区"功能区域"的管理体制与运行机制[J].城市问题,2009(6):71-76.

[59]纳什,等.博弈论经典[M].韩松,等,译.北京:中国人民大学出版社,2012.

[60]倪少春,贾铁飞,郑辛酉.城市边缘区土地利用与城市化空间过程:以

上海市西南地区为例[J].地域研究与开发,2006,25(2):92 - 95.

[61]庞永师.城市发展进程中周边小城镇规划建设研究:以广州市番禺区为例[J].城市规划,2002,26(10):44 - 47.

[62]裴丹,李迪华,俞孔坚.城市边缘区农村城市化和谐发展的模式研究:以佛山市顺德区马岗片区为例[J].城市发展研究,2006(3):111 - 116.

[63]戚本超,周达.北京城乡接合部的发展演变及启示[J].城市问题,2007(1):61 - 64.

[64]钱建平,周勇,杨信廷.基于遥感和信息熵的城乡接合部范围界定[J].长江流域资源与环境,2007,16(4):451 - 455.

[65]钱紫华,陈晓键.西安城市边缘区空间扩展研究[J].人文地理,2005,83(3):54 - 58.

[66]曲福田,陈江龙,陈雯.农地非农化经济驱动机制的理论分析与实证研究[J].自然资源学报,2005,20(2):231 - 241.

[67]阮松涛,吴克宁.城镇化进程中土地利用冲突及其缓解机制研究:基于非合作博弈的视角[J].中国人口·资源与环境,2013,23(11):388 - 392.

[68]史育龙.Desakota 模式及其对我国城乡经济组织方式的启示[J].城市发展研究,1998(5):8 - 13.

[69]司马文妮.中国城市化进程中的土地利用问题研究:以甘肃省为例[D].咸阳:西北农林科技大学,2011.

[70]宋吉涛,方创琳,宋吉强,等.大都市边缘区乡镇土地集约利用与增长方式转变评价指标体系研究:以北京市海淀区北部新区 4 镇为例[J].资源科学,2007,29(4):170 - 178.

[71]宋家宁,张清勇.国内城乡接合部土地利用研究综述[J].中国土地科学,2009,23(11):76 - 80.

[72]宋金平,李丽平.北京市城乡过渡地带产业结构演化研究[J].地理科学,2000,20(1):20 - 26.

[73]宋金平,赵西君,于伟.北京城市边缘区空间结构演化与重组[M].北京:科学出版社,2012.

[74]粟敏,宋金平,方琳娜,等.城市边缘区土地权属变化分析:以北京市大兴区为例[J].中国农业资源与区划,2010,31(6):52 - 57.

[75]藤田昌久,保罗·克鲁格曼,安东尼·J.维纳布尔斯.空间经济学:

城市、区域与国际贸易[M].梁琦,译.北京:中国人民大学出版社,2011.

[76]涂人猛.城市边缘区初探:以武汉市为例[J].地理学与国土研究, 1990,6(4):35-39.

[77]汪淳,张晓明.快速城市化过程中城市边缘区绿色空间界定研究:以福建省莆田市城市绿心范围界定为例[J].福州大学学报:自然科学版,2006, 34 (6):836-840.

[78]汪娟萍.大都市边缘区城乡协调发展模式研究:以成都市龙泉驿区为例[J].特区经济,2011(10):203-205.

[79]王宝刚.日本的村镇建设[J].小城镇建设,2002,(6):86-89.

[80]王炳君,花盛,丁卫,等.城市边缘区土地利用总体规划创新探讨[J].安徽农业科学,2008,36(28):12377-12378.

[81]王发曾,唐乐乐.郑州城市边缘区的空间演变、扩展与优化[J].地域研究与开发,2009,28(16):51-57.

[82]王国强,王令超.城乡接合部土地利用研究[J].地域研究与开发, 2000,19(2):32-35.

[83]王海鹰,张新长,赵元.基于逻辑回归模型的城市边缘区界定方法研究[J].测绘通报,2010(10):7-10.

[84]王宏伟.中国城市增长的空间组织模式研究[J].城市发展研究, 2004,11(1):1-4.

[85]王纪武,金一,李王鸣.基于城市边缘区判定的城市地域空间结构研究:以杭州市为例[J].城市规划,2015,39(9):21-26,52.

[86]王开泳,陈田,袁宏,等.大都市边缘区城乡一体化协调发展战略研究:以成都市双流县为例[J].地理科学进展,2007,26(1):106-113.

[87]王雷,李丛丛,应清,等.中国1990—2010年城市扩张卫星遥感制图[J].科学通报,2012,57(16):1388-1399.

[88]王万茂,严金明,王群,等.土地利用规划学[M].第7版.北京:中国大地出版社,2008.

[89]王万茂,朱德明,徐惠.江苏省城乡接合部土地资源利用状况与对策[J].资源开发与保护,1993,9(4):252-255.

[90]王晓明,张鸣鸣.城乡统筹的关键是乡镇产业发展:以成都市郫县安德镇为例的实证分析[J].农村经济,2010,(4):37-41.

[91]吴良镛,刘健.北京城乡交接带土地利用的发展变化[J].北京规划建设,1997(4):45 - 49.

[92]吴晓隽.上海大都市圈的功能结构与体系研究[D].上海:复旦大学,2006.

[93]吴铮争,宋金平,王晓霞,等.北京城市边缘区城市化过程与空间扩展:以大兴区为例[J].地理研究,2008,27(2):285 - 293.

[94]向俊波,谢惠芳.新城建设:从伦敦、巴黎到北京——多中心下的同与异[J].城市问题,2005,(3):12 - 14.

[95]许新国,陈佑启.城乡交错带空间边界界定研究进展[J].中国农学通报,2009,25(17):265 - 269.

[96]闫梅,黄金川.国内外城市空间扩展研究评析[J].地理科学进展,2013,32(7):1039 - 1050.

[97]严金明,王晨.城乡统筹发展中土地制度改革的价值判断与导向选择[J].四川改革,2009(8):17 - 21.

[98]严金明,王晨.基于城乡统筹发展的土地管理制度改革创新模式评析与政策选择:以成都统筹城乡综合配套改革试验区为例[J].中国软科学,2011(7):1 - 8.

[99]严金明.中国土地利用与规划战略实证研究[M].北京:中国大地出版社,2010.

[100]杨军,郑袁明,陈同斌,等.北京市凉凤灌区土壤重金属的积累及其变化趋势[J].环境科学学报,2005,25(9):1175 - 1181.

[101]杨琳,何芳.基于耗散理论的城市边缘区土地利用的弹性管理研究[J].地理科学,2007,27(5):655 - 660.

[102]杨荣南,张雪莲.城市空间扩展的动力机制与模式研究[J].地域研究与开发,1997,16(2):1 - 4.

[103]杨山.城市边缘区空间动态演变及机制研究[J].地理学与国土研究,1998,14(3):1039 - 1050.

[104]杨新刚.城市边缘区空间扩展模式分析:以合肥市为例[J].安徽建筑工业学院学报:自然科学版,2006,14(6):75 - 79.

[105]杨永春.西方城市空间结构研究的理论进展[J].地域研究与开发,2003,22(4):1 - 5.

[106]杨云龙,周小成,吴波.基于时空 Logistic 回归模型的漳州城市扩展预测分析[J].地球信息科学学报,2011(6):374－382.

[107]叶剑平.中国城乡接合部地区土地利用困境:路径抉择与机制设计[M].北京:中国经济出版社,2012.

[108]叶健文,杨建宇,张超,等.城市边缘区村镇建设用地节约集约利用评价研究[J].中国农业科技导报,2010,12(4):126－132.

[109]殷文兴.大都市郊区发展的理论与实践探索:以上海市郊区发展为例[D].上海:华东师范大学,2007.

[110]于伯华,吕昌河.城市边缘区耕地面积变化时空特征及其驱动机制:以北京市顺义区为例[J].地理科学,2008,28(3):348－353.

[111]于伟,宋金平,毛小岗.城市边缘区内涵与范围界定述评[J].地域开发与研究,2011,30(5):55－59.

[112]袁中金.中国小城镇发展战略研究[D].上海:华东师范大学,2006.

[113]张建明,许学强.城乡边缘带研究的回顾与展望[J].人文地理,1997,12(3):5－8,33.

[114]张静.大城市理性扩张中的新城成长模式研究:以杭州市为例[D].杭州:浙江大学,2007.

[115]张棉娴.上海郊区宅基地置换试点模式及案例研究[J].城市规划,2010,34(5):59－65.

[116]张宁,方琳娜,周杰,等.北京城市边缘区空间扩展特征及驱动机制[J].地理研究,2010,29(3):471－480.

[117]张晓军.国外城市边缘区研究发展的回顾及启示[J].国外城市规划,2005,24(4):72－75.

[118]张衍毓,刘彦随.大城市边缘区统筹城乡土地利用战略探讨:以天津市东丽区为例[J].中国土地科学,2010,24(2):3－8.

[119]张毅.大城市边缘区村镇规划建设存在的问题及对策:以广州市为例[J].村镇建设,1998(9):50－51.

[120]张正峰,杨红,刘静,等.城市边缘区城乡统筹的一体化土地整治策略[J].中国土地科学,2011,25(7):45－49.

[121]章文波,方修琦,张兰生.利用遥感影像划分城乡过渡带方法的研究[J].遥感学报,1999,3(3):199－202.

[122]赵曦,刘耀林. 基于时空分析的城市边缘区耕地演变机理研究:以武汉市黄陂区为例[J]. 华中师范大学学报:自然科学版,2006,40(3):437 – 441.

[123]赵烨,杨燕敏,王黎明. 面向环境友好的土地资源管理模式研究:北京市土地规划实施管理与土地开发整理[M]. 北京:中国环境科学出版社,2006.

[124]郑伟元. 中国城镇化过程中的土地利用问题及政策走向[J]. 城市发展研究,2009,16(3):16 – 19.

[125]郑有贵. 中国城乡经济的分割与一体化改革[J]. 中国经济史研究,2008,(4):20 – 25.

[126]周春山,叶昌东. 中国城市空间结构研究评述[J]. 地理科学进展,2013,32(7):1030 – 1038.

[127]周捷. 大城市边缘区理论及对策研究——武汉市实证分析[D]. 上海:同济大学,2007.

[128]周婕,李海军. 城市边缘区绿色空间体系架构及优化对策[J]. 武汉大学学报:工学版,2004,37(2):149 – 152.

[129]周明生. 新苏南模式:若干认识与思考[J]. 江苏行政学院学报,2008(2):43 – 51.

[130]朱跃龙. 京郊平原区生态农村发展模式研究[D]. 北京:中国农业大学,2005.

[131]Afshar F. Balancing global city with global village[J]. Habitat Intl. 1998, 24(4): 375 – 387.

[132]Anas, H J Rhee. Curbing excess sprawl with congestion tolls and urban boundaries[J]. Regional Science and Urban Economics. 2006(36): 510 – 541.

[133]Breman J. At the bottom of the urban economy. Economic and Political Weekly, 2003, 38 (39): 4151 – 4158.

[134]Desai A, Gupat S. Problem of Changing land use pattern in the metropolitan fringe[M]. Washington DC: Island Press, 1987.

[135]Emerson H J, Gillmor D A. The rural environment protection scheme of the Republic of Ireland [J], Land Use Policy,1999(16): 235 – 245.

[136]Foley J A, Defries R, Asner G P, et al. Global consequences of land use [J]. Science,2005(309): 570 – 574.

［137］Friedberger M. The rural – urban fringe in the late twentieth century. Agric［J］. Hist. 2000,74（2）:502 – 514.

［138］Ganta R L, Robinsonb G M, Fazalc S. Land – use change in the "edgelands": Policies and pressures in London's rural – urban fringe［J］. Land Use Policy, 2011(28): 266 –279.

［139］Gorman M, Mannion J, Kinsella J, Bogue P. Connecting environmental management and farm household livelihoods: the Rural Environment Protection Scheme in Ireland［J］. Journal of Environmental Policy and Planning,3(2): 137 – 147.

［140］H Taubenböck, T Esch, A Felbier, et al. Monitoring urbanization in mega cities from space［J］. Remote Sensing of Environment, 2012(117): 162 – 176.

［141］Hammond S V. Can city and farm coexist? The agricultural buffer experience in California. Great Valley Center Agricultural Transactions Program, University of California Cooperative Extension Program. Modesto, CA. , Great Valley Center, 2002.

［142］Hasse J E, Lathrop R G. Land resource impact indicators of urban sprawl［J］. Applied Geography, 2003(23): 159 – 175.

［143］Jianquan Cheng, Ian Masser. Urban growth pattern modeling: A case study of Wuhan city, P R China［J］. Landscape and Urban Planning, 2003(62): 199 – 217.

［144］McMillen D P, Smith SC. The number of subcenters in large urban areas ［J］. Journal of Urban Economics. 2003(53):321 – 338.

［145］Minghong Tan, Xiubin Li, Hui Xie, et al. Urban land expansion and arable land loss in China—A case study of Beijing – Tianjin – Hebei region ［J］. Land Use Policy, 2005(22):187 – 196.

［146］Patricia Gober, Elizabeth K Burns. The size and shape of phoenix's urban fringe ［J］. Journal of Planning Education and Research, 2002 (21): 379 – 390.

［147］Pavao – Zuckerman M A, Coleman D C. Urbanization alters the functional composition, but not taxonomic diversity, of the soil nematode community ［J］. Applied Soil Ecology, 2007(35):329 – 339.

[148] Pengjun Zhao. Planning for social inclusion: The impact of socioeconomic inequities on the informal development of farmland in suburban Beijing[J]. Land Use Policy, 2016(57):431 –443.

[149] Robinson G M. E EC agricultural policy and the environment: land use implications in the UK [J]. Land Use Policy, 1991, 95 – 107.

[150] Roy A. Urban informality: toward an epistemology of planning [J]. Journal of the American Planning Association, 2005, 71 (2), 147 – 158.

[151] Russwurm L. Urban Fringe and Urban Shadow [M]. Toronto: Holt, Rinehart and Winston, 1975.

[152] Sullivan W C, Anderson O M, Lovell S T. Agricultural buffers at the rural – urban fringe: an examination of approval by farmers, residents, and academics in the Midwestern United States [J]. Landscape and Urban Planning, 2004(69): 299 – 313.

[153] Sun Sheng Han. Urban expansion in contemporary China: What can we learn from a small town? [J]. Land Use Policy, 2010(27): 780 – 787.

[154] Taubenbock H, Esch T, Felbier A, et al. Monitoring urbanization in megacities from space Remote Sens [J]. Remote Sensing of Environment. 2012 (117):162 – 76

[155] Van Rensburg T M, et al. Commonage land and farmer uptake of the rural environment protection scheme in Ireland [J], Land Use Policy, 2009 (26): 345 – 355.

[156] Vander Vlist M J. Land use planning in the Netherlands: finding a balance between rural development and protection of the environment [J]. Landscape and Urban Planning, 1998(41):135 – 144.

[157] Wei Yaping, Zhao Min. Urban spill over vs. local urban sprawl: Entangling land – use regulations in the urban growth of China's megacities[J]. Land Use Policy, 2009(26):1031 – 1045.

[158] Wilson G A. German agri – environment schemes – Ⅰ: A preliminary view [J]. Journal of Rural studies,1994(10):27 – 45.

[159] Wilson G A. German agri – environmental schemes – Ⅱ: The MEKA Programme in Baden – Wurttemberg [J]. Journal of Rural studies,1994(11):149 –

159.

［160］Xu C, Liu M, An S, et al. Assessing the impact of urbanization on regional net primary productivity in Jiangyin County, China ［J］. Environmental Management, 2007(85)：597 –606.

［161］Yongjiao Wu, Suocheng Dong, Jun Zhai, et al. Land management institution as a key confinement of urbanization in Baotou, China – Application of proposed endogenous urbanization model ［J］. Land Use Policy, 2016 (57)：348 –355.

附录　调查问卷

_____城乡接合部规划建设方向与土地利用问题调查问卷

尊敬的市民/村民朋友：

您好！为优化城乡接合部规划建设模式，建立相应的土地利用协调机制，了解社会各界对城乡接合部的规划建设期望，以及您对城乡接合部土地利用中存在问题的看法，开展此次问卷调查，感谢您的支持与配合。

为了我们的家园更加宜居宜业、和谐美好，敬请发表您的真知灼见，这将是我们规划建设模式调整与政策制定的最有力参照，对您的认真参与表示真挚感谢！

《城乡接合部规划建设模式与土地利用协调机制》项目组

调查位置：　区（县）　乡（镇、街道）　村（社区）

一、基本信息

1. 您的户籍类型是_____。

   　A. 本市城镇户口　　　　　B. 本市农业户口

   　C. 外地城镇户口　　　　　D. 外地农业户口

2. 您的年龄段是_____。

   　A. 60 岁以上　　　　B. 51～60 岁　　　　C. 36～50 岁

   　D. 25～35 岁　　　　E. 25 岁以下

3. 您的职业是_____。

   　A. 农民　　　　　　B. 工人　　　　　　C. 个体经商户

   　D. 机关事业单位人员　　E. 其他

4. 您的住房类型_____。

   　A. 个人所有商品房　　　　B. 农村宅基地自建房

   　C. 租住商品房　　　　　　D. 租住村民房屋

5. 您现在主要收入来源是_____。

    A. 打工   B. 出租房屋   C. 农业种植

    D. 投资   E. 集体经济分红   F. 其他

二、规划实施情况

6. 您是否了解所在区域的规划情况？A. 是   B. 否

7. 您认为所在区域的建设与发展是否按照规划实施？A. 是   B. 否

8. 您认为所在区域的公共基础设施是否完备？A. 是   B. 否

9. 如果您认为所在区域的基础设施不健全，主要体现在哪些方面？

    A. 商业   B. 医疗   C. 教育

    D. 交通   E. 文化体育   F. 公园绿地

10. 您对所在区域的环境状况是否满意（是 否）？如不满意，有何体现？

    A. 绿色空间少   B. 噪声大

    C. 建筑扬尘多   D. 垃圾堆放乱

11. 如果您是当地村民，在拆迁安置中，按照_____标准制定补偿最合理。

    A. 户籍人口   B. 房屋面积

    C. 土地面积   D. 综合制定

12. 如果您是当地村民，最容易接受的拆迁安置补偿方式是_____。

    A. 安排就业   B. 经营用房   C. 商品住房

    D. 货币补偿   E. 全选

13. 您认为城乡接合部区域适合以何种形式推进产业发展？

    A. 政府实施开发区建设   B. 发展集体产业经济

    C. 集体组织进行园区开发（出租厂房）   D. 集体组织出租土地

14. 您认为哪种规划建设模式，最易于您所在区域的城乡接合部的实施？

    A. 土地储备   B. 村企合作   C. 土地综合整治

    D. 自主改造   E. 整建制转居

三、土地利用

15. 您所在区域是否为国有土地与集体所有土地并存？

    A. 是   B. 否，均为国有土地   C. 否，均为集体所有土地

16. 您认为集体所有土地（土地使用权）是否可以出让、转让？

    A. 是，应和国有土地同地同权

B. 否，集体土地要经征收（购）才可出让

17. 您认为城乡接合部的土地利用问题突出体现在哪些方面？

    A. 违法建设多　　　　　　　　　B. 土地权属不清

    C. 土地征而不用，闲置浪费　　　D. 土地利用散乱，缺少规划

    E. 管理机制不完善　　　　　　　F. 其他

18. 您认为城乡接合部区域的耕地应该如何利用？

    A. 种植粮食作物　　　　　　　　B. 种植蔬菜、花卉

    C. 进行建设开发　　　　　　　　D. 发展休闲农业

19. 您认为如何有效加强城乡接合部土地利用结构与布局优化？

    A. 纳入城市规划范围，实施城市总体规划

    B. 集体组织进行自有用地规划

20. 为推进城乡接合部科学健康发展，您认为哪些土地利用举措最为迫切？

    A. 实现集体土地与国有土地同地同权　　B. 严格保护耕地

    C. 制定城乡接合部建设规划　　　　　　D. 实施土地综合整治

21. 对于城乡接合部的规划建设与土地利用保障，您有何具体建议？